我国健康植物多酚产业发展研究

於洪建　著

天津大学出版社
TIANJIN UNIVERSITY PRESS

图书在版编目(CIP)数据

我国健康植物多酚产业发展研究 / 於洪建著. —天津:天津大学出版社,2017.2

ISBN 978-7-5618-5755-7

Ⅰ.①我…　Ⅱ.①於…　Ⅲ.①植物—多元酚—产业发展—研究—中国　Ⅳ.①F426.77

中国版本图书馆 CIP 数据核字(2017)第 039515 号

出版发行　天津大学出版社
地　　址　天津市卫津路 92 号天津大学内(邮编:300072)
电　　话　发行部:022-27403647
网　　址　publish.tju.edu.cn
印　　刷　廊坊市海涛印刷有限公司
经　　销　全国各地新华书店
开　　本　185mm×260mm
印　　张　11.25
字　　数　288 千
版　　次　2017 年 2 月第 1 版
印　　次　2017 年 2 月第 1 次
定　　价　68.00 元

前　言

1969 年我国开始从银杏叶中提取黄酮这一植物多酚[当时称为植物单宁(plant tannin),1981 年才由 Haslam 根据单宁的分子结构及相对分子质量提出“植物多酚”(plant polyphenol)这一概念],用于生产药品舒血宁片剂和注射剂[1]。目前我国规模化生产的茶多酚、葡萄多酚、白藜芦醇、大豆异黄酮等多种植物多酚原料,占据了全球绝大部分生产量,被欧美日韩制造成健康产品在全球销售。我国利用植物多酚生产的药品和健康食品逐步为消费者所接受,多酚健康产品的市场需求迅速扩大,前景十分看好。目前我国已经规模化生产的多酚类产品主要有茶多酚、葡萄多酚、苹果多酚、大豆异黄酮、水飞蓟素、白藜芦醇、槲皮素、绿原酸等原料及其片剂、胶囊、软胶囊、口服液、固体饮料、浓缩汁等各种剂型。当前国家提出健康中国的发展战略,植物多酚产业如何沿着正确的发展方向做大做强,急需现代产业理论的指导。

本书利用产业发展理论,结合我国植物多酚产业现状,在深入企业进行调查、针对消费者进行调研的基础上,分析了我国植物多酚产业的总体情况,并对产业链中的原料生产、中间体生产、加工和消费等阶段进行研究,定量分析了企业和消费者行为,发现了限制产业快速升级的多个重要影响因子,探索了解决的路径和方法,提出了实操性强的建设性意见。

本书可供从事天然产物化学、医药、健康食品、食品等领域相关工作的科研工作者、投资者、技术管理干部参考,特别是对于企业在多酚健康领域的投资具有十分现实的指导意义。

本书共分 9 章。第 1 章是绪论,说明课题研究背景、意义、方法、目标和内容。第 2、3 章是理论分析。第 2 章归纳评述植物多酚产业的国内外发展现状和研究现状,指出科学技术层面研究集中,产业研究极少,同时说明本研究的创新点与不足。第 3 章简单分析植物多酚产业成长特征,确定植物多酚相关定义,划分植物多酚产业成长阶段,说明产业生命周期特点。第 4 ~7 章是实证分析。第 4 章分析我国植物多酚原料行业,采用各种表格展示国内植物多酚生产企业的技术、品种、布局、规模等相关数据。第 5 章收集各种数据,分析、研究植物多酚市售终端产品和本土企业,指出目前植物多酚终端企业面临的市场和政策机会,指出本土企业受到政策性歧视的产业生态,发现目前本土植物多酚企业在营销过程中的优势、机会和主要问题,提出品牌发展和集群发展的建议。第 6

章采用 Logistic 二元回归模型对银杏黄酮、花青素和葡萄多酚三种代表性多酚产品进行消费者行为问卷分析，通过请北京、上海、重庆、天津的网络用户以及武汉、荆州、襄阳市的各大连锁超市、大型百货、专卖店等的随机消费者填写问卷并收集的方法获得数据，统计分析相应的结果。第 7 章以尖峰集团发展多酚产品为例，运用 SWOT 分析法，具体阐述企业发展多酚产品的战略。第 8、9 章为政策分析和结论。研究、分析我国多酚产业政策，提出相应的政策建议，对全书做出总结，为我国多酚原料、成品企业的快速、稳定、健康发展提供有力支持。

植物多酚产业涵盖范围十分广泛，限于编者的水平和知识面，本书在内容编写上可能存在一些缺陷甚至错误，请读者多多指导，十分感谢。

本书是编者 2010—2016 年在沈阳药科大学攻读药事管理博士学位期间的全面学习总结，并得到了导师吴春福教授的悉心指导，同时本书的出版得到了天津市益倍建生物技术有限公司的大力支持，在此一并表示衷心的感谢。

编者

2016 年 8 月于沈阳药科大学

目　录

第1章　绪论

1.1　研究背景

一个国家和地区，如果人均国内生产总值(GDP)达到6 000美元，就进入了中等收入阶段，消费升级空间广阔。据国家统计局2016年1月19日公布的经济数据显示，2015年我国全年国内生产总值为67.67万亿元人民币，在世界排名第二，仅次于美国，人均GDP为5.2万元人民币(按13亿人口计)，约合8 016美元，而我国人均国民总收入(GNI)约合7 880美元。按2015年7月1日世界银行的归类，中等收入国家的人均国民总收入在4 126～12 735美元之间，很显然我国已经进入中等收入国家的行列。

我国人均GDP突破1万美元的省、直辖市、自治区已经有10个，包括北京、上海、天津、浙江、江苏、福建、广东、辽宁、山东和内蒙古。在这个收入阶段，人们高度关注身体健康和生活健康。《中共中央关于制定国民经济和社会发展第十三个五年规划的建议》，将"推进健康中国建设"作为"十三五"时期的发展目标，更是契合这一阶段的社会发展特征。然而，我国正处在最关键的经济转型期，大宗商品交易低迷疲软，在这样的大背景下，寻找一批符合新的经济形势、政治形势和生活形势的细分行业，推动其快速健康地发展显得尤为迫切。植物多酚行业恰恰属于这些细分行业之一。

从最早用单宁(鞣质)处理皮革开始，到1981年Haslam提出"植物多酚"的概念，以前植物多酚基本应用于皮革、石油和木材加工业，较少应用于健康行业。尽管我国人民自古就有饮茶的习惯，也一直认为饮茶有益健康，但并没有对茶叶进行健康方面的系统研究。从1970年Saijyo等和Sanderson在研究制茶发酵的过程中发现氨基酸与儿茶素氧化偶联可形成醛类化合物开始，到我国的杨贤强发现茶多酚的抗自由基作用，再到建立第一家茶多酚工厂——杭州东亚茶多酚厂，率先生产出千克级的茶多酚，这是茶多酚应用于健康行业的开始。1969年北京制药厂成功研制出银杏黄酮制剂"6911"，则标志着我国工业化植物多酚开始应用于医药行业。1996年，连云港正大天晴制药第一次生产出95%的葡萄多酚(葡萄籽提取物)500千克并以480美元/千克的价格出口美国，表明我国的健康植物多酚产品开始走向国际市场。到2015年，我国葡萄多酚的年产量已经达到约1 000吨，以葡萄多酚为主要原料的保健品从国家审批第一个产品[必绿胶囊卫食健字(1998)第371号]到目前已有接近150个保健品文号。目前，几乎所有的健康品公司都有葡萄籽系列健康品。水飞蓟素、苹果多酚、花青素等产品也迅速成为健康品新宠。原料茶多酚、水飞蓟素、葡萄多酚、花青素等植物多酚已经广泛应用于医药、保健食品、食品、化妆品等多个健康领域。在人们崇尚天然、保护环境、循环经济的大环境下，健康植物多酚行业将成为一个朝阳产业。选择这个产业作为研究对象有以下理由。

1.1.1 植物多酚的原料资源丰富，利用空间大

健康植物多酚的原料大多为植物的叶、花、果等，我国这类资源储藏量大，大量资源没有被有效利用。我国的银杏树资源主要分布在江苏、江西、山东、浙江、安徽、河南、河北、湖北、广西、广东、福建、四川、贵州等省区的60多个市县。从资源分布量来看，以江苏、山东、浙江、湖北、安徽、四川、广西、江西、贵州等省区为最多，并且各省区资源分布不均衡，集中在特定市县，如江苏邳州、泰州，山东郯城，湖北随州、安陆，广西灵川、兴安，贵州盘县等。全国银杏种植面积达40多万公顷(6 000多万亩)，以每公顷年产干叶2～3吨计算，理论年产量在80万吨以上。每年我国银杏干叶的需求量在5万吨以上，向德国、法国、韩国、瑞典、日本等国家出口银杏干叶超过5 000吨，加上零星其他应用，每年最多使用6万吨，其余大量的银杏叶资源被浪费[2]。

茶多酚的原料来自老茶叶。2015年全国18个产茶省茶园面积为4 316万亩①，分布在四大产区。一是江北茶区。它位于我国长江中下游北部，南起长江，北到淮河、秦岭。二是江南茶区。它位于我国长江中下游南部，长江以南，连江、梅江、雁石溪、大樟溪以北，包括苏南、皖南、鄂南、湘、浙、赣、闽中北、桂北、粤北等地，为我国茶叶主产区。三是西南茶区。它位于我国西南部，包括大巴山、昆仑山以南，盈江、南盘江、红水河以北，武陵山、方斗山、巫山、神农架以西，大渡河以东的地区，是我国最古老的茶区。四是华南茶区。它位于我国南部，盈江、保山、无量山、南盘江、红水河、浔江、连江、梅江、雁石溪、大樟溪以南，滇南、桂南、闽中南、粤中南、台湾、海南等范围均属华南茶区，是我国茶树最适合生长的区域。这四个产区均有茶多酚工厂分布，江南茶区工厂较多[3]。不能做茶的修枝茶每亩至少可产50千克，全国就有可以提取茶多酚的原料215万吨以上，但2015年全国茶多酚产量总计5 000吨左右，所用老茶叶原料最多只需要几万吨，只占资源量的极少部分。

苹果多酚的原料主要来自未成熟的苹果和苹果深加工后的废弃物。2015年全国苹果种植面积为3 500万亩，每亩有疏果(未成熟的苹果)15千克左右，全国共有疏果52.5万吨。目前国内的苹果多酚产量很少，绝大部分原料被废弃。

葡萄多酚的原料葡萄籽资源丰富，2015年我国葡萄种植面积为80万公顷(约1 200万亩)，已经超越法国，在全球排名第二，按最低产量每亩1吨葡萄计算，葡萄产量在1 200万吨左右，每吨葡萄平均出籽率不低于2%，高的能到5%，全国就有不少于24万吨的葡萄籽原料。目前国内葡萄多酚的年产量大约在1 000吨，按由葡萄籽提取葡萄多酚的最低得率2%计算，仅利用葡萄籽2～5万吨。

1.1.2 植物多酚的医药健康作用超乎想象

2003年，哈佛大学的戴维·辛克莱(David Sinclair)和康拉德·霍维兹(Konrad Howitz)在《自然》杂志上发表的关于白藜芦醇的文章使新的多酚——白藜芦醇成为健康产品的新

① 1亩=666.67平方米，下同。

热点。一直在研究寿命科学的辛克莱(Sinclair)实验室选择低等真核生物之一——酵母进行研究,结果发现白藜芦醇能激活他们以前发现的长寿蛋白(Sirtuin):空白试验中酵母在培养基中平均繁殖 22.9 代,在含有白藜芦醇的培养基中平均繁殖 36.8 代。给药白藜芦醇的酵母更不容易产生突变(产生肿瘤的概率大大降低),在容易致癌的电离辐射下,喂养白藜芦醇的人体细胞存活率明显上升,表明白藜芦醇有保护 DNA 复制的稳定性的功能,亦即有抑制肿瘤的功能。这一研究引起了巨大的轰动。2003 年赛特里斯(Sirtris)公司成立,辛克莱教授成为公司的一名联合创始人。随后他们在《自然》杂志上又发表了多篇研究论文。他们以小鼠为试验对象,用高热量食物喂食小鼠,使其迅速变得肥胖,然后小鼠的死亡率也随之上升。然而对照组用高热量食物 + 白藜芦醇喂食小鼠,小鼠尽管肥胖,死亡率却降到了正常水平。这是因为白藜芦醇降低了小鼠的血糖,消除了小鼠的脂肪肝。报道称白藜芦醇及其衍生物增加了细胞内线粒体的数量,能使衰老的细胞重新获得活力。这项研究的结果发表于 2006 年的《自然》杂志。他们通过进一步研究筛选出了一些新的能够激活长寿蛋白的化合物,这些化合物比白藜芦醇结合力强 1 000 倍,更有望成为有效的药物。这些化合物在小鼠模型中也能起到降糖作用,能提高小鼠对胰岛素的敏感性——推论能够治疗 2 型糖尿病。随着多篇论文,特别是 2006 年的论文在《自然》杂志上的发表,赛特里斯公司和他们的化合物成了许多药厂追逐的目标,葛兰素史克(GSK)在 2008 年以 7.2 亿美元的价格收购了赛特里斯公司[4]。

随着老龄化社会的来临,医疗费用增幅逐年升高,化学药的毒副作用日益凸显,全球植物医药制剂市场增长速度远高于化学药。2006 年,第一个植物处方新药茶多酚 Polyphenon® E(商品名为 Veregen®,主要成分为茶多酚)被美国食品药品监督管理局(FDA)批准,这在当年我国医药领域引起了极大震动。因为茶多酚成药的基础是我国程书钧院士于 1984 年研究的儿茶素抗突变、抑制肿瘤作用的机理,我国由于不了解欧美市场植物药规则和资金不足而错失良机。

众多研究表明,葡萄多酚原花青素具有很高且多样的生物活性。Bagchi 等的研究表明葡萄多酚是一种比胡萝卜素和维生素 C 及 E 更强的自由基清除剂。葡萄多酚可抑制 NO 和 PGE_2的产生,抑制 iNOS 的表达及 NF-κB 向胞内移位,从而有抗炎作用。Li 等的研究表明,葡萄多酚在三硝基苯磺酸诱导的急性结肠炎试验中通过下调某些炎症介质、抑制炎性细胞浸润和氧化损伤、改善氧化应激、促进损伤组织修复、减少致炎细胞因子 IL-1β 及增加抗炎细胞因子 IL-2 和 IL-4 发挥较强的抗炎作用。葡萄籽原花青素能减轻异丙肾上腺素诱导的心肌损伤,提高心肌细胞线粒体酶和呼吸链酶的活性,同时降低溶酶体酶的活性,维持血清和心肌组织中游离脂肪酸、甘油三酯、磷脂类、胆固醇的正常水平,对抗异丙肾上腺素导致的血清中三磷酸腺苷、磷脂类、线粒体细胞色素类(b、c、c1 、a、a3)、维生素 C、维生素 E、铜蓝蛋白(CP)、还原型谷胱甘肽的减少和恢复线粒体的正常功能,并且具有剂量依赖性。葡萄多酚能纠正血浆中甘油三酯和低密度脂蛋白(LDL)胆固醇的水平,延缓高胆固醇血症和脂肪肝的发展,抑制肝脏脂肪生成的关键调节蛋白的表达和极低密度脂蛋白(VLDL)合成的关键调节蛋白(如 SREBP1、MTP 和 DGAT2)的表达,从而改善高脂饮食导致的血脂异常[5]。牟艳华等研究发现原花青素对乙醇引起的神经元抗坏血酸释放有积极的影响,另外发现原花青素 B2 对人恶性胶质瘤 U-87 细胞具有抑制增殖的作用[6]；李灿等对原花青素（PC）对人骨肉瘤 Saos-2 细胞增殖的影响及机制展开研究，体外培养人骨肉瘤 Saos-2 细胞，用 MTT 法检测细胞增殖抑制率，用 PI 染色法检测细胞凋亡率，用 ELISA 法检测 Caspase（细胞凋亡蛋白酶）-9、Caspase-12、Survivin（存活蛋白）的含量，用 Bradford 法检测超氧化物歧化酶（SOD）、丙二醛（MDA）的含量，结果发现 PC 在 48 h 和 72 h 时对 Saos-2 细胞的体外增殖均具有抑制作用，并具有浓度和时间依赖性，40、80、160 μg/mL 浓度的 PC 均诱导 Saos-2 细胞凋亡，促进 Caspase-9 和 Caspase-12 蛋白表达，抑制 Survivin 蛋白表达，增强细胞内 SOD 的活性，降低 MDA 的含量[7]。葡萄多酚能抑制紫外线辐射导致的皮肤癌的发生是通过抑制紫外线诱导炎症和炎性的介质的产生来实现的。Hsu 等的研究表明，葡萄多酚通过消除线粒体跨膜电位激活 Caspase-3 的机理来抑制结肠癌细胞 HT29、SW480 和 LoVo 增殖并具有剂量反应关系。

杨静玉等对苹果多酚的研究首次发现，苹果多酚对 CCl_4、D-GalN、乙醇和 CP 造成的小鼠化学性肝损伤有不同程度的保护作用，表现为小鼠肝比重降低，血清中谷丙转氨酶（ALT）和谷草转氨酶（AST）活性降低，肝组织病理变化有改善；对部分肝切除小鼠的肝再生有显著促进作用；能不同程度地减少 CCl_4、D-GalN、乙醇及 CP 所致小鼠肝损伤组织中丙二醛（MDA）的生成和谷胱甘肽（GSH）的消耗，提高超氧化物歧化酶（SOD）的活性。同时苹果多酚还可以显著提高 CCl_4 所致小鼠急性肝损伤肝微粒体膜上 Ca^{2+}-ATPase 的活性，减少肝细胞中 DNA 损伤，提高线粒体膜电位水平[8]。

更多的研究表明，花青素、姜黄素、槲皮素因为其多酚的不同方面的抗氧化作用而在医药和健康方面有着十分广泛的预防疾病、治疗疾病的作用。

1.2 研究意义

植物多酚产业发展迅速，已经引起政府主管部门、企业界、投资界、学术界的重点关注。但目前的各类研究基本集中在技术层面，很少涉及植物多酚的产业总体现状、生产组织、政策导向、市场营销等经济学方面的问题。因此，利用经济学理论来研究植物多酚产业，数据化定量研究结合定性分析，通过实地调研，再结合政策分析等，研究我国植物多酚产业的成长阶段，深入、系统研究原料种植、生产、市场需求、产业成长的主要因素、企业状态、动力机制、产业政策等，全方位反映产业的完整情况，促使植物多酚产业快速持续发展，对培育植物多酚新产业、开拓未来新市场、发现新商机、创建国际化品牌、建设健康中国具有重大的意义。

首先，有利于植物多酚产业的全面规划和引导，促使我国植物多酚产业迅速发展。植物多酚产业发展时间较短，虽然学术界对植物多酚原料生产技术做了很多研究，但不管是学术界还是企业对植物多酚产业整体状况了解得较少，对于植物多酚产业链和市场、国际环境等方面认识不足，因此需要继续开发植物多酚产业新品种，深入研究相关技术；在消费者需求稳步上升的情况下，培育植物多酚产业，引导消费者的需求习惯和购买行为，增强企业的核心竞争力，提高企业的科技水平，吸引各种基金、资本进入植物多酚产业，齐心协力做大植物多酚产业，是本产业发展的头等大事。为了科学地规划植物多酚布局，确定企业核心产品，把握企业发展方向，提升企业核心竞争力，要对我国植物多酚产业成长做系统研究，特别是对营销模式、工厂区域布局、原料规模化种植、政策导向等须打破传统思维进行研究，提出整体发展的核心思想，以促进植物多酚产业的快速、持续、科学发展。

其次，可以提高植物多酚产业的核心竞争力，适应国际地球村、竞争无边界的现代营销形势。现代产业发展的核心在于形成细分产业集群，整体提升行业群体竞争力。本书用迈克尔·波特的产业竞争力理论来研究植物多酚产业的发展，将产业发展结合互联网经济、当地经济水平、现代科学技术，为企业寻找政策突破口，创建资源丰富、政策宽松的发展软环境，打造技术领先、资金集中、社会资源和市场资源优势并存的符合时代特色的领先的健康细分行业，指导行业企业集中资源在单个多酚品种上形成品牌，提升行业核心竞争力。

最后，有益于避免无序竞争，有利于引导产业规划。国内行业发展的一个通病是：一拥而上，一哄而散。触摸屏产业就是一个十分明显的例子。由于手机、平板的迅猛发展，市场经济这个“无形之手”吸引各路资金，几百家企业蜂拥而入，产品严重同质化，分工不明，竞争无序，各企业对整体产业情况不明确，直接导致产业严重受挫[9]。而在植物多酚产业中，也有过这样的教训。如水飞蓟行业仅在2005年就出现大大小小100多家企业同时生产水飞蓟素，导致生产工艺粗糙，质量水平参差不齐，水飞蓟原料价格连续几年波动巨大（见图1-1），行业动荡[10]。希望通过本研究，给企业提供一个全面的行业形势分析，帮助其理性思考，根据自身优势发展独特产品，做出长远战略规划，推动植物多酚产业迅速、持续地发展。

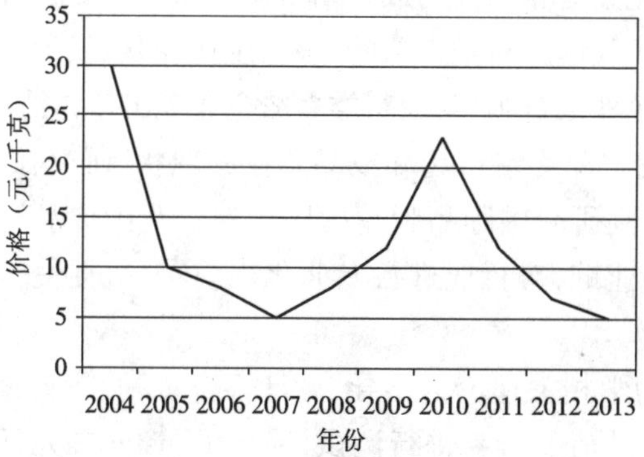

图1-1　水飞蓟原料价格变化

1.3　研究目标和内容

1.3.1　研究目标

本书利用产业发展动力等理论[11]，搭建研究框架，探讨我国植物多酚产业成长的阶段、规律和动力机制，争取推动产业良性发展。虽然植物多酚产业发展时间较短，但其市场已经初步形成，企业客户和普通消费者对植物多酚产品都有一定认知，相应规模的植物多酚需求已经形成。因此植物多酚产业链的各个环节,如研发、生产、物流、仓储、宣传、营销、消费已初步成形。从现状看,产业快速成长,却缺乏现代产业体系成长模式。本研究集中抓住目前产业发展的几个主要问题,如植物多酚产业链中的原料、生产问题,特别是企业的产品品种和发展模式问题,当然也包括植物多酚原料的标准化生产、综合利用等,从而引导国内多酚行业形成稳定的生产区域布局和品种格局,有效供应高品质产品;植物多酚终端产品的营销问题,包括国内外市场需求、消费者购买行为以及市场前景预测、国家政策的利用点等,面对健康中国成为国家"十三五"规划的重点战略,应设法增加产业在医药健康领域中的市场份额,使产业发展在互联网时代的国际环境中独树一帜,既推动经济发展,又适应市场变化,树立品牌;现代产业企业发展的重点是各阶段模式创新,提升产业核心竞争力,着力研究市场机会和政府政策。

1. 总目标

运用与产业相关的多种理论,结合企业实际调研数据,系统分析国内外植物多酚产业的研究现状、经验和不足,以理清植物多酚产业发展的思路,发现产业发展的约束因素、核心动力要素、拉动消费者购买的关键因素,详细描述我国植物多酚产业原料和终端成品的真实现状,通过对规模、品牌、技术、发展等因素的周密分析,切实指导植物多酚产业稳定、快速发展。

2. 具体目标

第一,对我国植物多酚产业现状进行总体论述,让从业者认清形势,了解产业现状,同时依据相关的经济学理论建立相匹配的成长动力模型和产业发展路径。

第二,仔细求证、分析我国原料类多酚的品种、企业现状、发展经历和趋势,并利用李克特理论分析原料类多酚企业的行为,为原料类多酚企业提出较为清晰的发展思路。

第三,分析我国植物多酚终端市场和成品企业的现状,研究在互联网时代全球网络销售扁平化的特殊形式,特别研究国际品牌超国民待遇对我国成品企业的冲击,帮助终端企业打破发展瓶颈,完善产业链,对行业进行专业化规模布局,促使多酚成品产业品牌化、规模化和健康、持续发展。

第四,以消费者行为学相关理论为指导,设计银杏黄酮、花青素、葡萄多酚三份代表性多酚问卷,对植物多酚产品消费行为进行测试,采用 Logistic 二元回归模型,分析消费者购买植物多酚产品的影响因子,确定正向和反向因素,并对植物多酚产品消费行为进行预测,为企业制定科学有效的营销方案提供有力的支持。

第五,对尖峰集团多酚产业进行 SWOT 分析,结合目前中国植物多酚产业的政策特征,分析其应该借助于什么样的政策,采取何种科学的路径来合理化发展健康多酚产业,同时建议国家应该如何制定更适应多酚企业发展的政策。

1.3.2 研究内容

本书在简单分析理论框架和发展现状后,按照产业现状—原料—成品—供需—市场营销—消费者行为分析—实例 SWOT 分析—政策研究的思路进行论述。

全书共 9 章,分为以下四个部分。

第一部分是绪论，说明课题研究背景、意义、方法、目标和内容。

第二部分包括第2、3章，是理论分析。第2章归纳评述植物多酚产业的国内外发展现状和研究现状，指出科学技术层面研究集中，产业研究极少，同时说明本研究的创新点与不足。第3章简单分析植物多酚产业成长特征，确定植物多酚相关定义，划分植物多酚产业成长阶段，说明产业生命周期特点。

第三部分包括第4~7章，是实证分析。第4章分析我国植物多酚原料行业，采用各种表格展示国内植物多酚生产企业的技术、品种、布局、规模等相关数据。第5章收集各种数据，分析、研究植物多酚市售终端产品和本土企业，指出目前植物多酚终端企业面临的市场和政策机会，指出本土企业受到政策性歧视的产业生态，发现目前本土植物多酚企业在营销过程中的优势、机会和主要问题，提出品牌发展和集群发展的建议。第6章采用Logistic二元回归模型对银杏黄酮、花青素和葡萄多酚三种代表性多酚产品进行消费者行为问卷分析，通过请北京、上海、重庆、天津的网络用户以及武汉、荆州、襄阳市各大连锁超市、大型百货公司、专卖店等的随机消费者填写问卷并收集的方法获得数据，统计分析相应的结果。第7章以尖峰集团发展多酚产品为例，运用SWOT分析法，具体阐述企业发展多酚产品的战略。

第四部分包括第8、9章，为政策分析和结论。研究、分析我国多酚产业政策，提出相应的政策建议，对全书做出总结，为我国多酚原料、成品企业的快速、稳定、健康发展提供有力支持。

1.4　研究方法与技术路线

1.4.1　研究方法

问卷调查结合各种文献资料，构成植物多酚产业国内外研究文献来源，为项目研究提供全面科学的基础资料；通过深入企业调查，发现我国植物多酚产业存在的风险和机遇，为接下来的各种研究奠定良好的基础。

收集有关植物多酚产业的各种综合数据和资料，运用经验模糊分析结合计量分析的方法，提高对植物多酚产业的全面认识；借鉴现代经济理论，建立规范化的实用经济分析框架；在调查问卷和众多统计资料的基础上，运用Logistic模型、经典SCP分析框架对植物多酚原料生产、成品市场、成品消费者行为进行研究，结合经验分析，考察影响产业发展的关键因素。

主要采用非条件Logistic二元回归模型进行计量。

假设因变量y是取值为1,0的随机变量，自变量为$x_1,\cdots,x_p$，Logistic二元回归模型表达式为

$$f(y)=p^{y}(1-p)^{(1-y)} \qquad (y=0,1) \tag{1}$$

函数的期望值为p，方差为$1-p$，假定有m个解释变量，分别为$x_1,x_2,\cdots,x_m$，则所对应的Logistic模型表达式为

$$f(p)=\exp(\beta_0+\beta_1x_1+\cdots+\beta_mx_m)/[1+\exp(\beta_0+\beta_1x_1\cdots+\beta_mx_m)] \tag{2}$$

$$p_j=\beta_0+\beta_1x_1+\cdots+\beta_mx_m \tag{3}$$

式(1)中的 y 表示因变量；式(2)中的 x 表示自变量，exp(·)表示以自然对数(2.718 28)为底的指数函数，β_0表示截距，通常为常数，$\beta_i(i=1,2,\cdots,m)$表示对应的偏回归系数，其中 i 为待估参数，m 表示影响概率的因素的个数。对 $f(p)$ 进行转换可以得到

$$\mathrm{logit}(p(y=1))=\ln\left[\frac{p(y=1)}{1-p(y=1)}\right]=\beta_0+\beta_1x_1+\cdots+\beta_mx_m \tag{4}$$

式(4)是式(3)的等价变换，在形式上非常类似于一般的线性回归模型。在通过式(4)求得回归模型的参数值(β_0,β_i)的情况下，可以将某一个体的自变量 $x_i(x_1,x_2,\cdots,x_m)$ 的值代入式(3)中，得到该个体概率 p 的估计值($\hat{p}$)，即

$$\hat{p}=\frac{\exp(b_0+b_1x_1+\cdots+b_mx_m)}{1+\exp(b_0+b_1x_1+\cdots+b_mx_m)} \tag{5}$$

用于逻辑回归模型检验的统计量一般有沃尔德(Wald)统计量、Hosmer-Lemshow(HL)拟合优度值、-2 对数似然值(-2LL)及 Cox 和 Snell 的 R 方值。近期的消费者行为研究中采用 Logistic 模型的较多，如何雨生等(2014)、尹世久(2013)、孔东池(2013)、金成(2015)、王军(2009)、吴林海(2010)、曾游哲(2012)、潘力(2012)、包英才(2013)、张莉侠等(2009)、赵荣等(2009)、李丽敏(2011)等分别对北京、湖北、天津等近十个地区的消费者进行数据调研，对银杏产业、蓝莓产业、转基因农业、有机人参、可追溯性食品等多个产业的消费者行为进行研究。其结果有较高的理论指导和实践摸索价值。

1.4.2 技术路线

在文献查阅结合调查问卷的基础上对技术路线进行设定，充分发挥理论联系实际的科学精神，多次深入企业调研。具体技术路线见图 1-2。

1.5 创新点和不足

1.5.1 创新点

1. 研究务实，实践参考性强

植物多酚产业属于新兴产业，目前国内只有单一多酚产业的零星报道，还未形成植物多酚产业的整体架构和理论体系。目前的研究多集中于详细品种技术领域(提取工艺、有效成分、功效研究)等，对植物多酚产业进行相关经济学探讨的研究极少，许多商业性的数据研究公司的各种多酚产业研究报告(例如葡萄多酚)提供的原料厂家和成品厂家的数据不真实，大多依据网络上的宣传广告或立项报告等整理，不经过实地调查，与植物多酚行业的真实情况有很大出入。本书以我国植物多酚产业为对象，对重点企业深入研究，调研生产领域和市场方面的多名专业人士，特别是从原料中间体到成品前后的产业链，以具体的代表性植物多酚产品为例，就我国植物多酚产业特点、企业的实际状况进行论述，并对产业

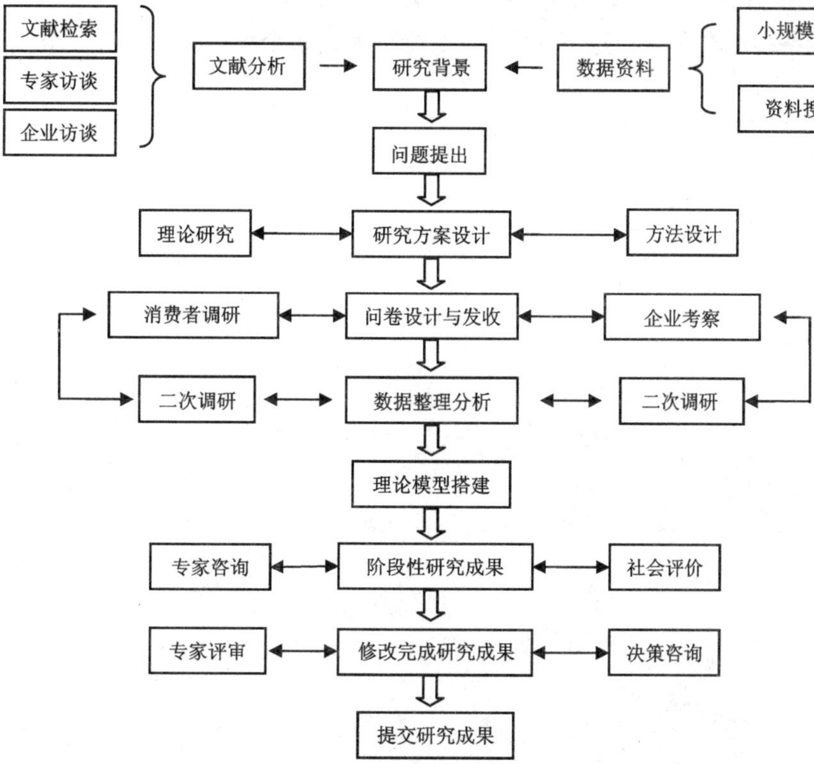

图1-2　本书研究技术路线

生命周期所处阶段进行分析，确定我国多酚产业所处的发展阶段，找出影响植物多酚产业发展的主要因素，确定其发展之路径，对多酚企业实际运营有实践指导意义。

2. 新颖的理论视角

我国关于产业成长阶段等的研究多集中于大产业，如旅游、医药、广告、环境、信息等，而对从原料到成品的健康细分产业的研究比较少见。当前对植物多酚的研究基本聚焦于生产技术环节，如植物多酚生产成本、原料资源分布、剂型等，很少有研究市场和消费者行为的，研究健康植物多酚从原料到成品制造再到销售全产业链的更是少之又少。运用产业生命周期等理论研究我国植物多酚产业发展属首次。

3. 创新的结论

本书介绍了植物多酚国内外研究现状，国内原料企业综合情况、成品企业发展情况，具体企业的SWOT分析以及我国多酚产业政策，指出植物多酚原料企业需要专业化规模发展，成品企业需要品牌化和综合性规模发展，政府应该制定、完善甚至修改相关政策，给予本土植物多酚企业应有的平等待遇，为相关植物多酚企业的发展提供有力帮助。

1.5.2　不足

（1）资料和数据收集不完整，特别是国际数据，由于植物多酚行业宽泛，单一品种数据有较可靠来源，综合数据统计研究分析不完整，也没能很好地利用互联网大数据。

(2)研究内容和范围有限,只研究了银杏黄酮、葡萄多酚和花青素这三种具有代表性的多酚,对最大的茶多酚产业没有进行研究,还不能对国内整个植物多酚产业起到全面的指导作用。

第2章　研究评述及相关理论分析

2.1　国外研究评述

人类在认识植物多酚之前，就已经发现动物皮与某些植物一起泡水之后就变成了革，革是由于植物的“涩性”而形成的。据考古资料记载，公元前1500年，地中海区域的人们就已学会利用植物鞣制皮革，至公元前600年，该鞣革方法已相当普及，随后传播到全世界。1796年Seguin首次将植物水浸物中可使生皮转变为革的“涩性”物质称为“植物单宁”。1803年有记载用栎树皮的提取液鞣制动物的皮，1823年澳大利亚开始工业化生产荆树皮浸提膏出售，到19世纪后期德、法、美国陆续建立了许多生产粉状栲胶（指由富含丹宁的植物原料经水浸提和浓缩等步骤加工制得的化工产品）的工厂。1962年Bate Smith提出“单宁是指相对分子质量在500~3 000，能沉淀生物碱、明胶及蛋白质的水溶性酚类化合物”的定义。之后，多数研究集中在对植物单宁各个组分、相关结构以及基本物理化学性质等的分析方面。后来研究者们逐渐发现，不管是从化学、药学、生物活性作用还是从相关应用领域来分析，植物浸提液中的有效成分不光包含以上定义中的“单宁”。1981年Haslam依据单宁的分子结构和相对分子质量首次提出“植物多酚”这一术语。它包含单宁及与单宁有生源关系的所有化合物[1]。1972年，法国成立了一个专业国际多酚学会（The Groupe Polyphenols Society，网址：http://www. groupepolyphenols. com），其宗旨是推动植物多酚的研究和发展，目前已经出版多酚专著数卷（*Recent Advances in Polyphenol Research*，1~4卷），对于推动植物多酚从鞣革、石油化工和木材加工行业转向医药、健康食品领域起到了很好的促进作用。从1970年到2014年总计已经召开二十七届多酚专业会议，2016年7月第二十八届国际多酚大会在澳大利亚召开。此外，也有许多国家成立了专门的研究机构和学会等，专门研究多酚行业。例如：国际抗氧化剂协会（http://www. isanh. com）在葡萄牙已经举办了十届波尔图国际多酚会议，在马耳他已经举办了九届世界多酚大会；法国农业科学研究院（INRA）已经举办了七届国际多酚与健康研讨会。国际社会从各个领域、不同层次对植物多酚开展了全面的基础研究以及规模化的应用研究。植物多酚也从最初的制革、石油、木材方面的成熟行业转向茶多酚、银杏黄酮、葡萄多酚、苹果多酚等各种与健康相关的行业。目前研究方向大致有以下几个方面。

绝大多数的研究是关于植物多酚在医药健康机理和功能方面的研究，如Quideau等在《植物多酚：化学性质、生物活性和合成》·文中做了比较综合的叙述[12]；不同的学者针对不同的多酚进行各有侧重的研究，Pelletier等研究蔓越莓花青素的作用，Wan等研究玫瑰茄花青素[13]，Fernandes等研究花青素对蛋白质结合的影响[14]，Ehrnhoefer等研究EGCG对多肽的作用机理[15]，Mcncndcz等研究槲皮素等对血管解离的机理[16]，Williamson研究莓多酚在肠内代谢的过程[17],Cerdá 等研究石榴多酚的抗氧化作用[18],Satyan 等研究印度银杏的抗焦虑作用[19],Grases 等研究葡萄多酚对肾结石的作用,Gomathia 等研究印度一种大风子科植物多酚的镇痛作用,Pasinetti 研究葡萄白藜芦醇对阿尔茨海默病的作用[20],Xiao 等研究多酚对 2 型糖尿病的预防和治疗作用[21]等。研究结果表明,各种多酚的作用广泛,由于其强大的抗氧化作用,对于心血管、对抗基因突变、肠内代谢、肝脏损伤、糖代谢、口腔疾病等有可靠的健康保护作用。

关于植物多酚生产技术的研究也比较广泛。学者们研究了从各种植物里面提取多酚的技术,如:Nogales-Bueno 研究从葡萄皮中提取花青素,Chandrasekhar 等研究从印度玫瑰果中提取花青素,Bochi 等研究从锡兰醋栗中提取多酚,Edoga 等研究从腰果壳中提取多酚,Anita等研究利用微通道系统的两相水解法提取多酚,Mai 研究利用超声波技术从面包树中提取多酚,Gironi 等研究从栗子树中提取多酚,Miyake 等研究从柠檬皮中提取分离黄酮,Jerez 等研究从松树中分离多酚,Singh 研究从豆渣中提取多酚,Santos 等研究从阎浮树中提取多酚[22],Deve 等研究从印度柑橘中提取多酚[23],Farías-Campomanes 等研究利用超临界技术提取李子多酚[24],Nyamien 等研究从可乐果中提取多酚[25],Koffi 等研究从爵床中提取和鉴定多酚[26],Titus 等研究多酚对啤酒风味的影响[27],Wissam 等专注于研究从石榴皮中提取多酚[28]。

产业与发展方面的研究极少。目前只有美国格兰德市场调研中心(Grand View Research, Inc.)和透明市场研究(Transparency Market Research,TMR)机构等从商业角度研究植物多酚的发展趋向。他们认为,全球果蔬健康多酚(包含石榴多酚、葡萄多酚、茶多酚、苹果多酚和其他植物多酚)市场将从 2012 年的 5.8 亿美元增长到 2018 年的 8.7 亿美元,年复合增长率将达到 6.1%,产量将从 1.2 万吨增长到 2.1 万吨。他们还指出,目前多酚的主要生产力在亚洲,特别是在中国,而欧洲的多酚生产很具特色,终端产品潜力巨大。

综上所述,国际多酚产业正处于蓬勃发展的时期,科学和技术为先导,充分显示出多酚未来在健康领域的巨大影响,但是科学的工业化发展模式还未完全形成,将植物多酚这个行业作为产业问题来研究还不够深入。

2.2 国内研究评述

国内对整个多酚健康行业的研究大多集中在技术层面上,产业方面的研究极少,只有少数文章,且只涉及植物多酚中的一种或一小部分。例如:吕柳等对江苏银杏树产业发展的研究,涉及的是银杏黄酮原料银杏树产业;李丽敏对蓝莓产业发展的研究等。研究机构中目前仅有沈阳药科大学的辽宁省植物多酚工程技术中心专注于对功能性植物多酚的重点研究。笔者利用中国知网(CNKI)对植物多酚研究内容进行了查询,得到每种产品的三种数据,从而对国内植物多酚研究做一评述。数据以 2005—2015 年这 11 年的研究文献数量为基础,每种产品以产品名称(如"苹果多酚")查询得到的数据为第一组,以产品名称 + 提取(如"苹果多酚 + 提取")查询得到第二组数据(基本可以理解为研究工艺的文献),用第一组数据减去第二组数据得到第三组数据(基本可以理解为研究机理和应用的文献),制成

趋势折线图进行研究。(见图 2-1 ~ 图 2-9)

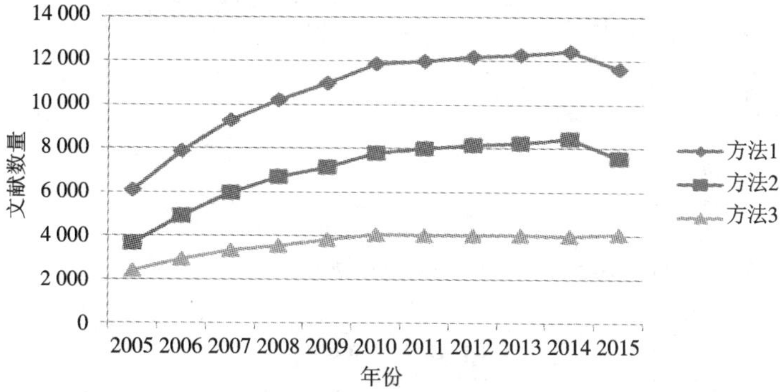

图 2-1　多酚

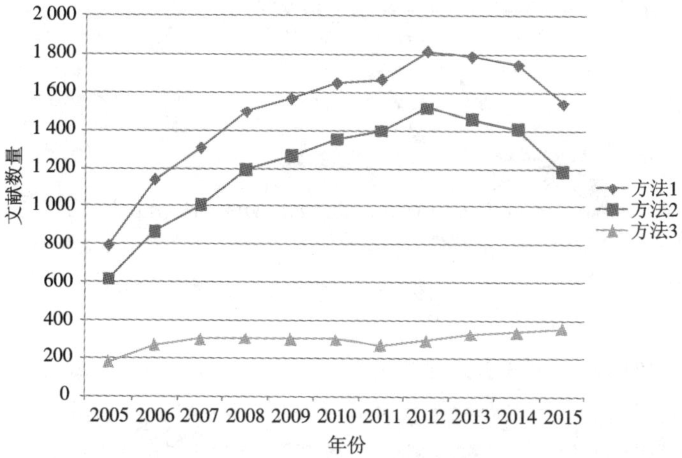

图 2-2　花青素

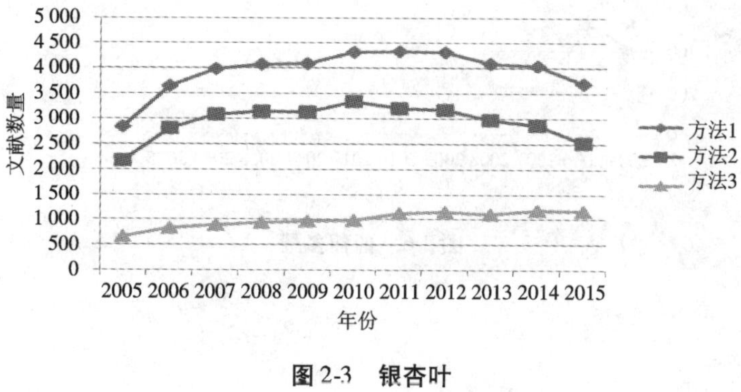

图 2-3　银杏叶

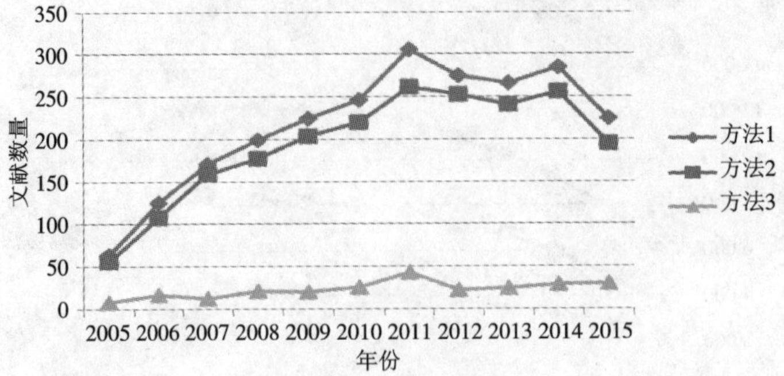

图 2-4 苹果多酚

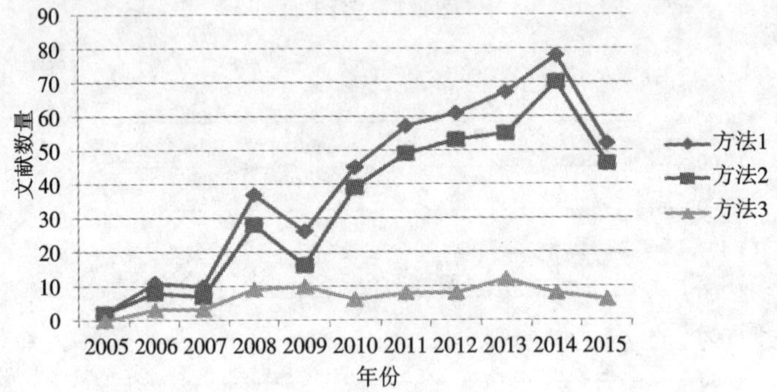

图 2-5 石榴多酚

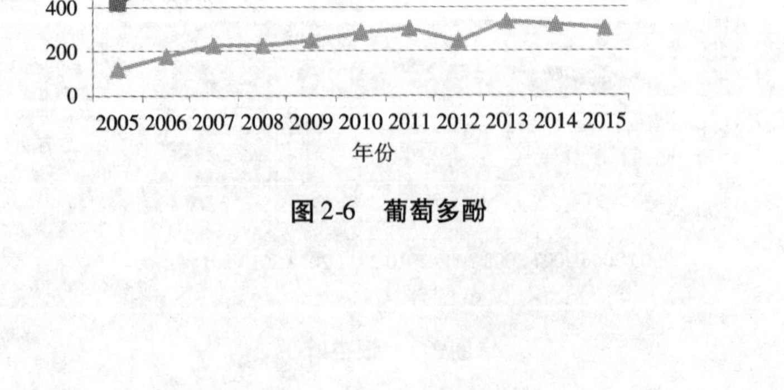

图 2-6 葡萄多酚

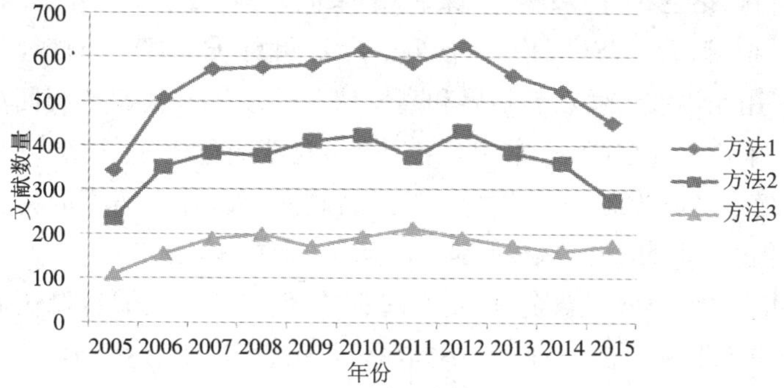

图2-7　水飞蓟素

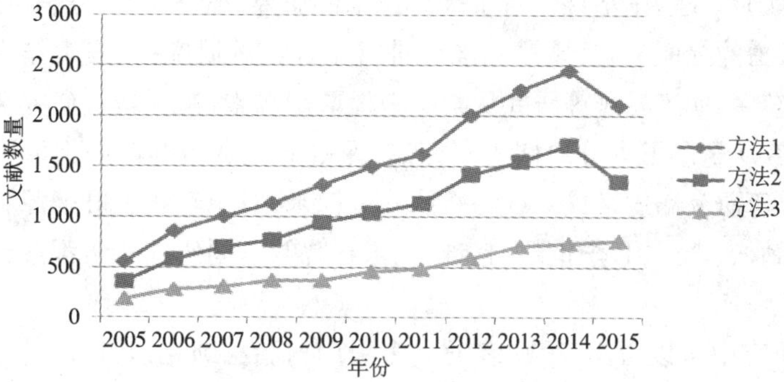

图2-8　白藜芦醇

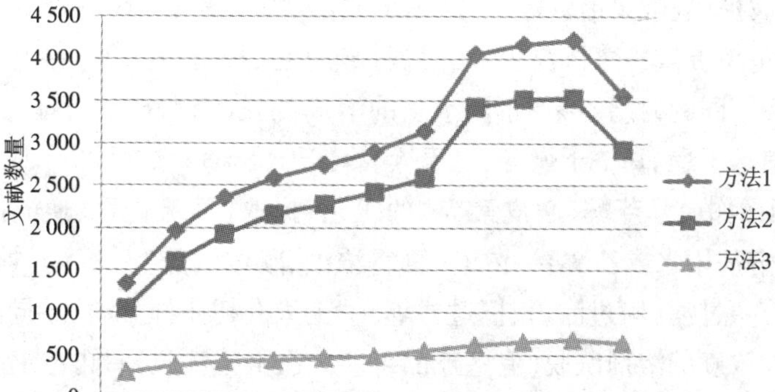

图2-9　槲皮素

2.2.1　对原料多酚的研究

植物多酚应用于健康领域，制造成各种健康产品的基础是原料类植物多酚的生产制造。如何经济、高效地规模化生产出原料类植物多酚是目前研究的一大热点，如陈亮等总结了植物多酚类成分提取、分离的研究进展，对荷叶、红景天、余甘树皮、杜仲叶、翻白草、诃子、花椒、沙枣、茵陈、花生衣、芒果核、沙棘茶、苹果渣、葡萄皮（籽）、叶下珠、地榆、香椿、五倍子、虎杖、肉桂、杠柳、合欢皮、酸模、橄榄叶、草莓、可可子、山柰、山楂等品种提取各自的多酚，指出一般采用超声波、微波、超临界和高压快速提取等方法比传统回流提取方法效率高，分离纯化时则采用大孔树脂法、常规色谱法、高效液相色谱法（HPLC）和高速逆流色谱法等多种方法。绝大多数的对工业化生产工艺的研究都以筛选匹配的树脂来提高得率和简化流程。工业化生产植物多酚从杨贤强、王洪新、刘仲华等研究茶多酚产业化技术，成立杭州东亚茶多酚厂开始。孙健霞、金莹、刘杰超、冉军舰等不同的研究队伍研究从苹果皮渣和未成熟的苹果中提取苹果多酚；高园、唐华丽、贾荣、李银平、卢晓霞、令博等不同的研究队伍针对葡萄多酚的提取工艺优化、方法创新、原料科学处理等进行了不同角度的研究；赵国建、任亚梅、房玉林、文春鹃、贾冬英等带领的不同课题组对石榴多酚的提取方法（如超声波提取、微波提取）以及多酚活性进行了较为详细的研究；赵立芳、朱立俏、徐秀泉等不同课题组对仙鹤草多酚的提取工艺、质量标准等进行了详细的研究；槲皮素作为来源丰富的多酚，研究人员比较多，如王海燕等研究从桑叶中提取槲皮素，雍国新等研究从荷叶中提取槲皮素，刘焱等研究从金樱子中分离槲皮素，陈海龙等研究从黄蜀葵中提取槲皮素工艺的优化，何勤、李除夕等研究槲皮素最主要的来源——槐米；对于经典护肝药原料水飞蓟素的研究也比较多，史劲松、李玉山、李世凯、赵雅明、张春晓等不同研究队伍都进行了不同方式的研究。

从普遍的研究中可以看出，植物多酚大多采用树脂法纯化，其提取的基本工艺流程归类如下。

（1）混合多酚（银杏黄酮、葡萄多酚、苹果多酚、石榴多酚等）的工艺：提取（回流提取、逆流提取或超声波提取、微波提取等，溶剂用水或乙醇）→浓缩（真空浓缩、膜浓缩等）→沉淀（加水沉淀、加醇沉淀或冷藏沉淀等）→过滤（膜过滤、板框过滤等）→上大孔树脂柱分离（不同的产品选择不同的树脂）→用不同浓度的溶剂洗脱（有些产品可能二次上柱洗脱）→再浓缩→干燥（喷雾干燥、真空干燥、滚筒干燥、冷冻干燥等）→成品。

（2）单一多酚（如白藜芦醇、槲皮素等）的工艺：提取（回流提取、逆流提取或超声波提取、微波提取等，溶剂用水或乙醇）→浓缩（真空浓缩、膜浓缩等）→沉淀（加水沉淀、加醇沉淀或冷藏沉淀等）→过滤（膜过滤、板框过滤等）→上大孔树脂柱分离（不同的产品选择不同的树脂）→用不同浓度的溶剂洗脱（有些产品可能二次上柱洗脱）→再浓缩→结晶→过滤→洗涤→重结晶→干燥（真空干燥或冷冻干燥等）→成品。

图 2-1 是 2005—2015 年发表的多酚文章数量的趋势图。从图 2-1 ~ 图 2-7 中可以看出，不管是总的多酚研究数量还是单个品种多酚的研究数量，对于提取工艺和技术的研究，基本上在 2014 年之后处于减少状态，表明在工艺研究方面已经达到了较高的水平，目前处于一个逐步减少研究的状态，总体的研究文献数量也处于下降通道，未来的提取纯化技术工艺研究更加趋向规模化工艺的研究，功能和机理的研究数量保持平稳。从图 2-8 中可以看出，白藜芦醇的研究文献数量持续增加，表明白藜芦醇还有很大的发展潜力。

2.2.2　对植物多酚终端产品的研究

1. 功能研究

所有对植物多酚原料的工艺研究，都是为了生产出具有很好功效、能够解决人类身体健康问题的好产品。什么样的产品具有什么样的效果尤其重要，对于植物多酚功效的研究是指导产品开发最重要的基础，而多酚新功能的发现或者新机理的证明对新产品开发具有十分重大的意义。目前对不同多酚功能和机理的研究都比较深入，有很多新的进展，下面进行简单介绍。

1）茶多酚

潘琢研究茶多酚对阿尔茨海默病模型的神经保护作用，发现喂食茶多酚的 SAMP8 鼠的认知能力有明显提高，同时茶多酚可增强其皮层和海马区域功能，改善皮层和海马的神经纤维缠结，为预防和治疗阿尔茨海默病、避免脑神经受损提供了一定的依据[29]；刘华研究茶多酚对高尿酸血症模型大鼠肾内血管损伤的干预机制，发现茶多酚通过部分上调 Notch 信号活性减少 ROS 产生来改善高尿酸血症 RK 大鼠肾小球前动脉的损伤[30]；刘学义等研究茶多酚对维持性血液透析患者心脏功能的影响，将 60 例维持性血液透析老年患者随机分为茶多酚组及常规组，以两组的心脏超声指标[左室舒张末期内径（LVD）、左房内径（LAD）、室间隔厚度（IVST）、左室后壁厚度（PWT）]以及炎症指标（IL-6、TNF-α 及 NF-κB）、体内铁状态[铁蛋白（SF）及转铁蛋白饱和度（TSAT）]为标准进行比较，结果表明，口服茶多酚可通过改善体内铁过载及减轻体内微炎症状态，改善患者的心脏功能[31]。

2）银杏黄酮

银杏黄酮除了降血脂、改善心血管功能等方面的作用外，又被发现一些新的功能。李娜等研究银杏黄酮对恶性卵巢肿瘤化疗所致功能损伤的保护作用机制，将 160 例恶性卵巢肿瘤患者随机分为对照组与银杏黄酮组（各 80 例），对照组患者进行常规化疗，银杏黄酮组患者在常规化疗的基础上进行银杏黄酮治疗，观察两组患者化疗后的有关指标，结果显示化疗对恶性卵巢肿瘤患者的卵巢功能有损伤，银杏黄酮通过提高机体内超氧化物歧化酶的水平，起抗氧化和清除自由基的作用，保护化疗所致卵巢功能损伤[32]。顾兴智等研究金纳多注射液治疗突发性耳聋的疗效，认为金纳多注射液效果显著，可作为突发性耳聋的首选药物[33]。

3）葡萄多酚

多数的功能研究集中在葡萄多酚抗氧化、抗衰老等方面，但也有一些新的功效被发现。如：王欢等研究原花青素对阿尔茨海默病大鼠学习记忆功能及海马 nNOS 表达的影响，结果表明原花青素可明显改善阿尔茨海默病大鼠的学习记忆功能，其机制可能与降低海马组织 nNOS 表达及 NO 含量有关[34]；Zhang 等研究发现原花青素对乙醇引起的神经元抗坏血酸释放有积极的影响，另外发现原花青素 B2 对人恶性胶质瘤 U-87 细胞具有抑制增殖的作用[35]；李灿等对原花青素对人骨肉瘤 Saos-2 细胞增殖的影响及机制展开研究，体外培养人骨肉瘤 Saos-2 细胞，用 MTT 法检测细胞增殖抑制率，用 PI 染色法检测细胞凋亡率，用 ELISA 法检测 Caspase-9、Caspase-12、Survivin 的含量，用 Bradford 法检测超氧化物歧化酶

(SOD)、丙二醛(MDA)的含量,结果发现 PC 在 48 h 和 72 h 时对 Saos-2 细胞的体外增殖均具有抑制作用,并具有浓度和时间依赖性,40、80、160 μg/mL 浓度的 PC 均诱导 Saos-2 细胞凋亡,促进 Caspase-9 和 Caspase-12 蛋白表达,抑制 Survivin 蛋白表达,增强细胞内 SOD 的活性,降低 MDA 的含量[7]。结论是 PC 可抑制 Saos-2 细胞的增殖,这可能与其增强机体的抗氧化功能及启动死亡受体通路、内质网通路、线粒体通路这三条途径诱导细胞凋亡有关[7]。

4)水飞蓟素

众多的传统研究都集中在水飞蓟素的保肝作用上,而王蕾蕾等的研究表明水飞蓟素对糖尿病大鼠的心肌损伤有保护作用,其机制可能与调节参与糖尿病性心肌病发病的细胞因子及细胞外基质组成相关[36];艾文从事水飞蓟宾对心肌肥厚作用及机制的研究,经细胞和动物试验证实,水飞蓟宾不但对心肌细胞没有毒副作用,而且能阻断依赖于 EGFR 的相关信号通路来下调 EGFR 的蛋白表达水平,从而抑制心肌肥厚的发生和发展[37]。

5)苹果多酚

郭娇娇等对苹果多酚的抗氧化活性研究做了综述,发现苹果多酚对 CCl_4 所致肝损伤具有保护作用,结果表明苹果多酚(AP)可以明显抑制血清中 ALT 和 AST 活性的升高,显著改善 CCl_4 所致的肝组织病理变化。同时,苹果多酚能显著抑制 CCl_4 引起的肝组织中 MDA 的增加、SOD 活性的降低和 GSH 的耗竭。研究还发现 AP 能够抑制 $FeSO_4$-*L*-Cys 诱导的大鼠体外肝微粒体的脂质过氧化反应,还表现出明显快速清除 DPPH 自由基的能力[38]。王艺璇等研究发现苹果多酚提取物对血管紧张素转化酶的活性有抑制作用[39]。

6)石榴多酚

目前关于石榴多酚功效方面的研究比较少,主要作用体现在抗氧化性上。李国秀等通过动物试验测定了石榴皮多酚的体内抗氧化活性,结果表明石榴皮多酚提取物能提高小鼠血液、肝脏及脑组织中 SOD 的活性和小鼠血液、肝脏中过氧化氢酶(CAT)、谷胱甘肽过氧化物酶(GSH-Px)的活性,降低小鼠血液、肝脏及脑组织中 MDA 的含量,而对小鼠的体重和脏器指数等一般生理状况不会产生显著影响[40]。

7)槲皮素

王天然等的研究中指出,与肾衰对照组比较,干预组大鼠肾脏指数和肾组织含水量均显著降低,肾脏病理学损伤明显较轻,肾组织纤维化显著减轻,肾组织细胞 NF-κB P65 丢失情况明显改善,结论为槲皮素对大鼠实验性慢性肾衰竭具有显著防治作用[41]。刘丽娜等的研究揭示槲皮素可通过加强紧密连接蛋白的结构和功能改善肠上皮屏障功能。易波证明槲皮素可以减轻 SD 大鼠脑出血后神经受损程度,改善神经功能缺损症状。槲皮素可能是通过抑制炎症反应、氧化应激、神经元凋亡和促进内源性神经干细胞(neural stem cell, NSC)增殖等多种生物学机制来实现对受损神经功能的修复[42]。

8)白藜芦醇

许多资料表明,白藜芦醇具有保肝、抗炎、抗肿瘤、调节血脂、抗衰老、抗病原微生物等多种有益于人体的生物学作用。另外有研究发现了白藜芦醇的其他功效。张琳等在白藜芦醇对大强度运动大鼠肾脏功能的保护作用的研究中发现,补充白藜芦醇可使大鼠运动后肾脏中MDA、总iNOS、NOS、NO水平下降，总SOD、CuZn-SOD、Mn-SOD、GSH-Px、eNOS、Na^+、K^+-ATPase、Ca^{2+}-ATPase水平升高，提示白藜芦醇对大强度运动后肾脏功能有良好的保护作用。杨积平等研究发现，白藜芦醇能显著提高血脑屏障上P-gp表达水平和转运功能。金顺姬等对白藜芦醇及其衍生物进行了抑制小胶质细胞活化的作用研究以及白藜芦醇和抗坏血酸对预防非典型肺炎方剂Ⅰ和Ⅵ所致小鼠外周血液淋巴细胞DNA损伤的保护作用研究[43]。

2. 剂型研究

剂型研究显示，目前植物多酚更多地应用在保健品和食品领域，剂型已经十分丰富。目前我国已经批准了147个银杏叶药品制剂，有片剂、胶囊、软胶囊、注射剂、颗粒剂、分散片、滴丸、口服液等剂型，而且从银杏黄酮提升到更高水平的银杏酮酯；茶多酚产品制剂有片剂、胶囊、软胶囊、固体饮料、膜剂、凝胶剂、栓剂、乳膏、微胶囊、口香糖、软糖、口服液等；葡萄多酚的剂型有片剂、胶囊、软胶囊、固体饮料、膏剂、粉剂、口服液、浓缩液、软糖、面膜等。更多的研究表明，植物多酚类产品的剂型在向普通类食品的剂型转变，如苹果多酚巧克力、茶多酚饼干、高含量石榴多酚酒、功能饮料等。

2.2.3 对植物多酚产业发展方面的研究

截至目前，未发现专门针对植物多酚这一产业的研究，只有一些针对单一品种的产业发展研究。宋洋等对银杏叶市场与出口进行研究后指出，由于国内银杏叶生产质量参差不齐，2014年出口量开始下降。王亭兰和汤为对银杏产业进行研究后指出，我国是银杏资源的主产国，市场急需规范管理，银杏叶须严格参照良好农业规范（Good Agricultural Practice，GAP）种植、采收，加强自我监督，向市场提供标准可靠的原材料，持续提高银杏黄酮提取分离精制水平，有针对性地研发突破国外公司专利封锁的高端产品，提高我国在银杏黄酮领域的国际地位，目前已经成功研制出银杏酮酯和原花青素银杏黄酮[44]。李丽敏对蓝莓产业进行了深入研究，从蓝莓产业的国内外发展现状入手，研究了蓝莓的生产、栽培、产品销售特点，并以此作为依据，对蓝莓产业在中国的发展提出了对策建议[11]。徐德峰、张卫明等对水飞蓟行业进行了研究，指出我国水飞蓟产业发展机遇与挑战并存。机遇表现在四个方面：一是水飞蓟原料资源丰富，种植成熟；二是我国肝胆疾病和传染性疾病患者数量不断增加，需求量急剧攀升；三是国外由于水飞蓟种植面积在减少，更加依赖我国的水飞蓟素原料；四是对水飞蓟素新的药理作用的不断发现扩大了其使用范围。挑战主要是欧美日韩等对进口水飞蓟素的质量监控更加严格，产品质量标准不断提高[45]。赵巍的调研证实，辽宁盘锦为全球最大的水飞蓟素原料工业基地，年产水飞蓟素1 000吨，是地方产业发展的一个重点方向。

2.2.4 综合评述

植物多酚产业的国内外研究多集中于生产技术工艺环节，对单个传统植物多酚（如水飞蓟素、银杏黄酮和槲皮素）有一些涉及产业方面的研究，并且主要集中在植物原料的种植等方面。关于市场营销方面的研究也很少。对整体植物多酚产业发展的描述，对生产优势、劳动力资源优势、经济价值等的分析以及关于产业成长、产业内部驱动力、产业供需、产业模式、产业发展等深层次问题均没有涉及,在研究上也缺乏规范的理论与实证分析。因此本书以现代理论和产业发展相结合的方式,将课题纳入现代经济学体系中进行研究,以期促进产业在成长期稳健、有序、协调、科学发展,达到飞速、科学增长的目的。

2.3 产业发展相关理论分析

产业是某种具有同类属性的企业经济活动的集合,是介于宏观和微观之间的中观经济,主要涉及产业组织理论、产业竞争理论、产业链理论、产业发展演进理论和产业生命周期理论。当前的产业研究涉及面很广,包含信息、高科技、医药等工业产业,互联网产业,甚至娱乐业等。多酚行业产业研究目前仅停留在单个多酚的部分产业阶段,而针对植物多酚产业的发展规律、成长的阶段特征、成长机理、成长动力、行业前景分析等的研究尚未发现[11]。

2.3.1 产业组织理论

以马歇尔为代表的新古典经济学是产业组织理论的源头;张伯伦在1933年提出“产品差别”学说,指出“产品差别”能给消费者带来多重选择,提高经济效率;以梅森和贝恩为代表的哈佛学派在20世纪30—50年代建立了SCP的理论范式,即结构—行为—绩效(Structure-Conduct-Performance,SCP)的分析范式;德姆塞茨等代表的芝加哥学派质疑哈佛学派的观点,强调市场的竞争效率,提出了竞争性均衡模型和长期均衡中的配置效率及技术效率。威廉姆森(Williamson,1975)修改了传统的市场行为理论,形成了新产业组织理论。新产业组织理论更加注重市场环境与厂商行为的互动关系,大量运用现代数学的分析工具,特别是多变量的分析工具。新产业组织理论主要包括可竞争市场理论、博弈论、新制度经济学和合约理论[11]。

2.3.2 产业竞争理论

产业竞争力指某国或某一地区的某个特定产业相对于他国或其他地区的同一产业在生产效率、满足市场需求、持续获利等方面所体现的竞争能力。产业竞争力分析应突出影响区域经济发展的各种因素,包括产业集聚、产业转移、区位优势等。迈克尔·波特的“钻石模型”学说是产业竞争理论体系中最突出的。钻石模型拥有四个基础要素和两个变量,这四个要素具有双向作用,一是生产要素,二是市场需求,三是相关产业和支持产业的表现,四是企业的战略、结构和竞争对手。这些要素组成的钻石体系是一个双向强化的系统。在钻石体系中还有两个变数,即“机会”和“政府”。产业的发展机会是企业和政府难以控制的,而政府对产业的影响力多表现为制度创新和政策制定[11]。

2.3.3 产业链理论

1958年,赫希曼从产业前向和后向的角度提出了产业链相关理论,笔者借鉴已有的研究成果，认为植物多酚产业按照它的成长起步特点和发展方式，涉及多个维度、环节和节点的交织，其间伴随多种能量流动，是一项庞大的系统工程。各维度、环节之间相互制约和促进，各种能量在环内以企业链条为载体，在价值链的驱使下不断波动，逐渐稳定，并趋于动态均衡，如图 2-10 所示[11]。

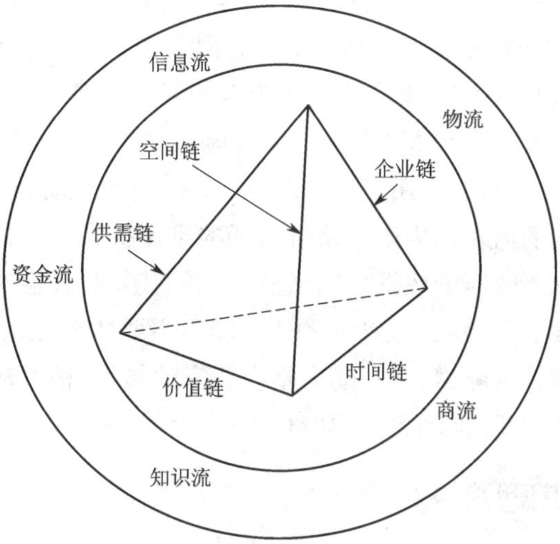

图 2-10　植物多酚产业链示意

供需链是一种具有生命周期的流程，是动态变化的，随着市场变化不断加以调整和优化。空间链是植物多酚产业链条的空间布局，即各个产业部门和企业在地理地域上的分布情况。价值链是产业链发展的导向，是评估产业链状态、各主体行为的主要驱动力。时间链是在供应链管理中用时间轴来表达的一种关系模式。时间链是经济活动领域非常内化的一个客观规律，对它的认识程度越深，越容易获得更优化的资源配置方式，越可以最大限度地减少浪费。企业链就是企业这一生命体通过物质、资金、知识、信息等能量流动和相互作用所形成的企业链条（逄元魁，2006），它是产业链的载体，是其主要的表现形式。

2.3.4　产业发展演进理论

1）产业增长

产业成长、产业增长和产业发展虽然有十分密切的联系，但也存在着不同点。产业增长是产业成长的一个方面，涉及的内容以数量指标为主，如总量、总产值、产品销售收入等（张永安，2007）。郑林在其《产业经济学》（1992）一书中指出，产业增长仅指产业生产能力、经济潜力的增加[11]。

2）产业成长

产业成长涉及面较广，指的是单个产业经历其生命周期的一个过程，即具体产业的从无到有、从小到大、从弱到强，进入成熟期后，逐渐转向衰退阶段，再引发新一轮的产业变迁、产业升级换代这样一个循环往复的过程[11]。

3)产业演进

现代演进经济学的代表纳尔逊等在充分吸收达尔文自然选择思想的基础上,认为企业类似于生物界的物种,存在竞争,存在优胜劣汰。

4)产业成长动力

产业发展是从产业的质、量、度等多方面总体描述产业发展的内涵和过程。李文超(2008)认为,影响主导性医药健康产业成长的动力因素主要有技术推动、需求拉动、企业竞争和政府启动等,而且这些因素并非单独作用于医药健康等高技术产业,而是多因素相互作用于该动力系统;曲永军(2015)指出,动力由政府推动力、需求拉动力、创新带动力和企业驱动力构成,这四种动力相互作用,形成了一个复杂的动态动力系统;麻学锋(2015)认为,张家界旅游产业发展的内在动力来自旅游市场的迅速扩大和其他产业对旅游产业发展的影响,其外在动力来源于政府的政策导向、经济发展的影响、社会文化环境的影响及技术支撑;李锐等(2014)指出,玉米深加工产业的成长动力主要体现在六个方面:基础动力是资源管理能力,核心动力是技术能力,导向动力是企业家的能力,根本动力是企业战略管理能力,支撑力是市场发展的需要,推动力是政府行为。

2.3.5 产业生命周期理论

在生物学中,生命周期指的是具有生命现象的有机体从出生、成长、成熟到衰亡的整个过程。产业生命周期指行业从开始出现到完全退出社会经济活动所经历的过程。产业生命周期主要包括四个发展阶段:导入期、成长期、成熟期、衰退期。

主要理论变迁为:①Vernon 产品生命周期理论;②A-U 产品生命周期理论;③G-K 产业生命周期理论;④Klepper-Graddy 产业生命周期理论;⑤Agarwal-Gort 产业生命周期理论;⑥Klepper 寡头进化理论。

产业生命周期理论起源于产品生命周期理论,划分产业生命周期各阶段的重要依据是产业产出占全部产业产出比重的增长速度。在产业形成阶段,进入企业数量少,集中程度高,产业产出占全部产业产出的比例较小,市场规模小;在成长期,技术进步速度加快并逐渐形成技术体系,产品品种增加,产品供不应求,大批投资者和企业加入,出现产业分工和协作,这是产业趋向专业化的重要信号;然后进入成熟期,产品需求市场逐渐饱和,市场结构开始向垄断竞争或者寡头垄断过渡,厂商的集中程度较高,进入者减少,导致产业增长平稳或呈下滑的态势,开始出现拐点[11]。

2.4 本章小结

本章搜集、整理和分析了国内外关于植物多酚的大量资料,发现国内植物多酚的有关研究无论在工艺技术、临床应用等自然科学方面还是在经济学等方面,均与国际水平存在一定的差距。我国学者不仅应该专注于植物多酚的生产技术以及功效试验研究,更应该从宏观的产业角度对植物多酚进行研究。本章简述相关的经济学理论,并利用这些理论进行扼要分析,对多酚产业研究有一定的理论和实践指导价值。

第 3 章　植物多酚产业发展概况

3.1　植物多酚产业内涵及产品特征

3.1.1　基本概念

植物多酚是一类广泛存在于植物体内的天然化合物，含量仅次于木质素、纤维素和半纤维素。人类对植物多酚的认识和利用具有悠久的历史，从远古时代人们就有意识地将植物多酚应用于制革、医药等方面。已经投入使用的产品有用于石油开采的泥浆处理剂和高温堵剂、用于木材加工的胶黏剂、用于水处理的除垢剂和絮凝剂，以及金属防腐涂料、食品添加剂、化妆品添加剂等。近年来，随着对这类化合物结构和性能认识的逐渐深入，人们在精细化加工制备功能高分子材料等方面进行了大量的探讨，促使植物多酚迅速进入医药健康行业。植物多酚在各个应用领域中，相对于同类产品，具有难以仿制的性能和天然感，在崇尚绿色科学的今天，越来越多地受到人们的重视。同时，随着天然产物开发利用的热潮兴起，植物多酚作为一种源于绿色植物的生物质材料越来越成为热点，并在相关应用领域中发挥着不可替代的作用。一般来讲，植物多酚分为水解单宁（酸酯类多酚）和缩合单宁（黄烷醇类多酚或原花青素）两类。典型水解单宁和缩合单宁的结构如图 3-1、图 3-2 所示。

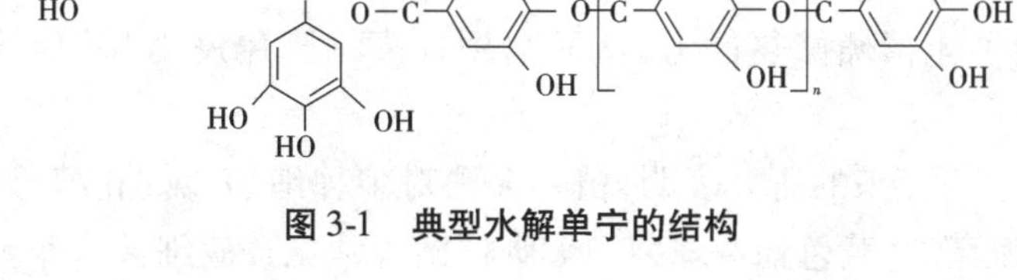

图 3-1　典型水解单宁的结构

水解单宁和缩合单宁在构成单元的骨架上完全不同，由此造成它们在化学性质、应用范围上的显著差异，如水解单宁在酸、碱、酶的作用下不稳定，易于水解；而缩合单宁在酸、碱、酶的作用下不易水解，在强酸作用下缩合成不溶于水的物质。但水解单宁和缩合单宁的多酚结构特性又决定了它们在某些化学反应上的共性。本书所研究的植物多酚为具有明显生物活性的植物多酚（不包括用于鞣革、石油、木材加工领域的植物多酚），笔者称之为健康植物多酚，主要包括茶多酚、葡萄多酚、苹果多酚、石榴多酚、银杏黄酮、白藜芦醇、槲皮

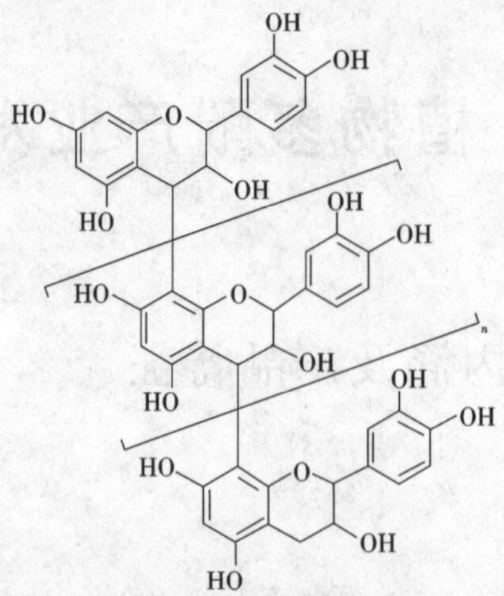

图 3-2　典型缩合单宁的结构

素、水飞蓟素、花青素、绿原酸、姜黄素、大豆异黄酮、木脂素等。Haslam 在 1981 年提出了"植物多酚"这一术语，它包括单宁及与单宁有生源关系的所有化合物（如单宁的前体化合物和单宁的聚合物）。这一名称能更全面地概括这类天然产物的特点，也符合各学科领域的实际研究情况，因而被人们广泛采用。

众多研究数据表明，植物多酚具有很高的生物活性和广泛的医疗作用。

（1）预防和治疗血管疾病的作用。植物多酚具有明显的预防和阻断脂质过氧化的作用，可抑制血小板的聚集粘连，抑制脂新陈代谢中的酶作用，并能诱导血管舒张，从而缓解血栓形成，降低血压，防止中风，治疗动脉粥状硬化等。此外，茶多酚在大鼠离体心脏模型中对心脏缺血再灌注损伤具有保护作用。

（2）抗氧化作用。抗氧化作用是植物多酚的一个重要性质。由于植物多酚羟基中的邻位酚羟基极易被氧化成酮类结构，且对活性氧等自由基有较强的捕捉能力，植物多酚具有很强的抗氧化性和清除自由基的能力。随着对氧自由基与疾病关系的深入研究，人们对抗氧化剂的关注也在不断增强，发现了不同多酚的各种抗氧化作用。

（3）抗肿瘤作用。大量的流行病学研究及动物试验都证明多酚类物质可以阻止和抑制癌症发病，可以对癌变的不同阶段进行抑制，同时它也是有效的抗诱变剂，能减轻诱变剂的致癌作用，提高染色体精确修复能力，从而达到提高细胞免疫力和抑制肿瘤细胞生长的目的。

（4）抗菌作用。近年来的研究表明，植物多酚对多种细菌、真菌、酵母菌都有明显的抑制作用，尤其对霍乱菌、金黄色葡萄球菌和大肠杆菌等常见致病细菌有很强的抑制能力，而且在一定的抑制浓度下不影响动植物体细胞的正常生长。茶多酚和葡萄多酚还可做胃炎和溃疡药物成分，抑制幽门螺杆菌的生长。

（5）抗病毒作用。植物多酚抗病毒的性质与抑菌性有一定相似之处。近年来大量的研究表明，治疗流感、疱疹的功效都与植物多酚的抗病毒作用有关，甚至有研究表明茶多酚对艾滋病病毒有一定的抑制作用。

（6）抗炎作用。白藜芦醇是葡萄多酚中一种很重要的活性物质，白藜芦醇能够抑制

TNF-α 前体信使 RNA(pre-mRNA)的剪接,这与白藜芦醇的抗炎作用关系密切;表没食子儿茶素没食子酸酯(EGCG)能够抑制由白介素-1 诱导的 COX-2 和 iNOS 的表达,从而抑制关节炎的发生。

(7)抗骨质疏松作用。茶多酚、白藜芦醇等已被证明对预防和治疗骨质疏松症均有一定疗效。Mount 等在培养鹿角祖细胞的过程中,用碱性磷酸酶做标记物,发现茶多酚由于激活了 Wnt/β 途径,增强了碱性磷酸酶的活性,而碱性磷酸酶是骨形成的生化标志物,它的增多显示成骨细胞活性增加。另有报道称,李子多酚可以通过正向调节转录因子 RunX2、成骨细胞特异性转录因子 Osterix 和促生长因子-1(IGF-1),增加赖氨酰基氧化酶的表达,减弱骨诱裂发生信号以增强成骨细胞的活力和功能。

(8)治疗肥胖和防治糖尿病作用。茶多酚除了可以降低实验性糖尿病氧化应激作用,还可通过增加能量消耗和促进脂肪氧化减轻肥胖患者甚至正常人的体重;石榴汁多酚化合物可以促进二乙基对硝基苯磷酸酯酶和高密度脂蛋白的结合,这可能对糖尿病的治疗起到积极作用;可可多酚可以改善 2 型糖尿病患者体内的高密度脂蛋白胆固醇水平;葡萄多酚能抑制非酶糖基化,从而减少糖尿病并发症的发生,预防糖尿病视网膜病变和血管溃烂等。

(9)其他作用。多酚类化合物除上述生物学活性外,还具有抗辐射及治疗阿尔茨海默病、抑郁症、牙周疾病、多动症、食物过敏、白内障等作用。

植物多酚产业是一个较为宽泛的概念,其主要内容包括以提取分离技术为核心的原料生产环节和以消费者需求为核心的终端产品(包括药品、健康食品、化妆品以及其他一些领域的产品)生产销售环节,同时向前追溯到植物原料的种植、采收,向后延伸到健康服务等。植物多酚产业是一个产业链条较长、产品品种较多、涵盖范围较广的复合型产业群体。按照对植物多酚资源的利用方式,可以分为多酚植物种植业,采收初加工业,提取分离多酚原料产业,药品、保健品、健康食品等成品生产行业以及营销行业。

3.1.2　植物多酚产品

植物多酚产品主要包括原料类植物多酚和植物多酚终端产品。原料类植物多酚是指从植物中提取分离出来的具有稳定的质量、可以生产出各种规格的终端产品的一类原料产品,如银杏黄酮(24% 总黄酮 +6% 银杏内酯)、葡萄多酚(95% 原花青素)、欧洲越橘花青素(25% 花青素)、黑豆花青素(10%)、苹果多酚(80%)、水飞蓟素(80%)、白藜芦醇(98%)、姜黄素(95%)等。有些原料产品有国家标准,如银杏黄酮有国家药典标准,有些则有客户公认的标准,如欧洲越橘提取物(25% 花青素),这些产品被广泛销往各药厂、保健品厂、化妆品厂、食品厂以及其他相关工厂生产制造成各种药品、健康食品、保健食品或化妆品等。终端产品是指可以被消费者直接服用或使用的系列产品,如海王银可络银杏叶片、康恩贝的天保宁胶囊、益肝灵(水飞蓟素制剂)、浙江尖峰舒尼美葡萄籽软胶囊、GNC 欧洲越橘胶囊、汤臣倍健的大豆异黄酮片、同仁堂的葡萄籽胶囊等。

3.2 世界植物多酚产业发展现状

3.2.1 欧洲植物多酚产业现状

欧洲在植物多酚产品的研究,特别是原料资源的研究方面,占据了很大的优势,不仅研究时间长,而且专业化程度高,但是终端产品的品牌不是很多。

1. 品牌领先

近代植物多酚在健康领域的研究起始于德国对银杏的研究与开发。1965 年德国施瓦伯制药公司(Schwabe)上市全球第一个银杏叶制剂天保宁(Tebonin)。目前,德国、法国、美国是银杏叶提取物三大销售市场,其中德、法两国是最先从银杏叶中提取出银杏黄酮和银杏内酯成分的国家,两国的银杏叶提取物(GBE)制剂产品在世界范围内占有较高份额,如德国施瓦伯制药公司的天保宁、金纳多(Ginaton),法国博福—益普生制药公司的达纳康(Tanakan)等。这两家企业的银杏胶囊、片剂、针剂等系列产品,约占世界银杏叶制剂市场销售额的60%。德国施瓦伯制药公司于1965 年首次注册上市 GBE 制剂,商品名为天保宁糖衣片及滴剂,后来又开发了注射剂;1968 年起,法国博福—益普生制药公司开始与德国施瓦伯制药公司合作,以其注射剂提取工艺为基础,将经过纯化、浓缩和精制的提取物加以标准化;1976 年以 EGB761 为代号,他们研究开发出第二代产品,即进入我国市场的达纳康、金纳多及以其他商品名在40 多个国家销售的产品。随着研究的不断深入,国外又开发出代号为 EGB30 的银杏内酯混合物,该产品是第一个用于临床的高效血小板活化因子拮抗剂药物。金纳多是国际最著名的银杏制剂品牌,应用广泛,品牌忠诚度高。

2. 专利领先

德国施瓦伯制药公司始创于1866 年,是欧洲知名的植物药生产商,也是全球最大的银杏叶制剂厂商,其制定的银杏叶提取物标准被采纳为欧美药典标准,以法律形式公布,其产品金纳多片剂、滴剂、注射剂是全球银杏叶制剂中最畅销的产品。据统计,2009 年施瓦伯制药公司银杏提取物制剂在全球的年销售额已经达到了 20 亿美元左右(按终端计算)。同时,该公司也是世界上在银杏叶提取方法、银杏叶制剂方面专利申请量最多、质量最高的申请人之一,在该领域有着雄厚的技术实力。该公司的银杏叶制剂专利网的布局时间跨度长达40 年,核心基础专利数量多。该专利网在全球的布局很好地维护了施瓦伯制药公司的商业利益。反观国内类似企业,能熟练运用专利或专利网这一手段保护自己国内外市场利益的屈指可数。随着技术和市场的全球化程度越来越高,我国植物药产品的专利保护水平亟待提高,而深入分析并学习施瓦伯制药公司银杏叶制剂专利网这一经典案例的布局特点,对提升国内类似企业的专利网运用水平大有裨益[46]。

3. 市场细分基础雄厚

在植物多酚原料市场,欧洲每一个公司都有其独特的优势,在行业内表现突出。即使是综合性的健康原料或配料公司,其对重点多酚产品的研究也十分深入,以确保质量稳定可靠,品牌意识非常强。如意迪那公司(Indena)是拥有 90 年历史的植物提取公司,经营的植物提取物有几百种,其银杏叶提取物以过硬的产品质量广受欧美医药健康食品公司的称赞,成为其首选品牌之一。

Breko是成立于1977年的德国公司(http://www.breko.de/),它的前身是1831年在不莱梅成立的葡萄酒公司。Breko开发生产了一系列葡萄多酚产品,如红葡萄提取物P20、exGrape® RESVERVE红葡萄提取物、exGrape®总红葡萄提取物、exGrape® ORAC 2500、常规红葡萄提取物、exGrape®花青素红葡萄提取物、白葡萄提取物P35、葡萄籽提取物P90、exGrape® OPC30葡萄籽精华和exGrape®种子OPC40葡萄籽萃取物,得到全球客户认可。

Purextract公司(http://www.purextract.fr/en/)位于法国西南部的兰德斯森林中心,专注于研究松树多酚、葡萄多酚和橄榄叶提取物(羟基酪醇)等多酚60多年,其产品广泛应用于健康食品、美容、化妆品、农业等行业。其低聚原花青素产品Oligopin®是利用独特技术从松树皮中提取的松树多酚,Vitaflavan®是其独有的葡萄多酚商标,Effialine®是其独有的橄榄多酚商标。

Horphag公司(http://www.pycnogenol.com/home/)生产的法国海岸松多酚Pycnogenol®是植物多酚原料中最著名的品牌。目前全球已经有700多个健康品使用法国海岸松多酚做原料。

Linnea公司(http://www.linnea.ch/en)成立于1980年,拥有设计独特的专业化工厂,其银杏提取物和欧洲越橘花青素质量可靠。1990年Linnea公司被施瓦伯和益普生合资的公司收购,其生产的银杏叶提取物为制造植物药的首选。

Euromed公司(http://www.euromed.es/)成立于1971年,是欧洲综合标准植物提取物和有效成分制造商,其产品广泛应用于制药、保健食品和化妆品行业。该公司每年销售超过400吨的提取物,其中多酚占40%左右的比例,多酚产品主要包括银杏黄酮、蓝莓花青素和葡萄多酚。

据统计,欧洲原料多酚企业有17家(见表3-1),按成立时间看,绝大多数公司都有20年及以上历史。按区域分,法国8家,西班牙5家,意大利2家,德国1家,瑞士1家,由此可知,法国这个传统的葡萄和橄榄种植国多酚公司分布较多。欧洲多酚公司在不同国家的分布比例如图3-3所示。按专营兼营分,综合兼营多酚公司9家,专业多酚公司5家,单品种多酚公司3家。按有无品牌分,专业性公司的植物多酚产品全部拥有自己的商标,而9家综合性公司只有5家公司的植物多酚没有专一品牌。

表3-1　欧洲原料多酚企业一览表

	公司	成立时间	品种范围	品牌多酚	是否专业公司	国家
1	Indena	1926	综合兼营多酚	无	否	意大利
2	Naturex	1992	综合兼营多酚	无	否	法国
3	Linnea	1980	综合兼营多酚	无	否	瑞士
4	Horphag	1960	松树多酚	Pycnogenol	是	法国
5	Euromed	1971	综合兼营多酚	无	否	西班牙

续表

	公司	成立时间	品种范围	品牌多酚	是否专业公司	国家
6	Purextract	1950	专业多酚	Oligopin Vitaflavan Effialine	是	法国
7	Breko	1977	葡萄多酚	exGrape	是	德国
8	Seppic	1943	综合兼营多酚	Provinols	否	法国
9	Grapesud	1969	专业多酚	Olivex	是	法国
10	Natac	1993	专业多酚	无	是	西班牙
11	Nexia	1895	综合兼营多酚	Exocyan	否	法国
12	Plantex	（成立 20 多年）	综合兼营多酚	无	否	法国
13	Fytexia	（成立 20 多年）	专业多酚	Oxxynea	是	法国
14	Bionap	1997	综合兼营多酚	Hydrovas	否	意大利
15	Deretilnature	（有 50 年历史）	专业多酚	Naturgrape Se	是	西班牙
16	PoliNat	1977	综合兼营多酚	Fruitox	否	西班牙
17	Genosa	2001	橄榄多酚	Hytolive	是	西班牙

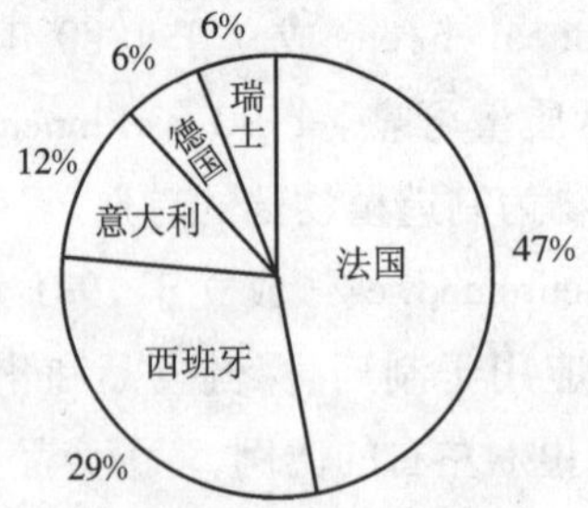

图 3-3　欧洲多酚公司在不同国家的分布比例

从整个统计数据可以看出，欧洲植物多酚原料公司不多，有点规模的不超过 20 家，并且基本集中在原料比较丰富的国家。在 17 家企业中，法国 8 家，西班牙 5 家，这两个国家是植物多酚原料葡萄和橄榄种植量在世界排名数一数二的国家，充分说明生产原料类植物多酚的公司接近原料地区生产的经济实用性，这样既保证了原料供应，又最大限度地保证了成本优势。同时有接近一半的公司（18% +29% =47%，见图 3-4）是专业生产植物多酚（一种或几种）的公司，充分表明了原料类植物多酚这一行业的发展性。

表 3-2 所示为欧洲知名的大型保健食品和植物药公司及其多酚品种。由表 3-2 可知，德国的几家植物药公司都生产银杏产品，法国欧缇丽（Caudalie）公司专业生产葡萄多酚系列产品，其余的大多数公司都全面生产植物来源健康产品，基本涵盖多酚类产品，这说明植物多酚类产品在欧洲已经被普遍接受。

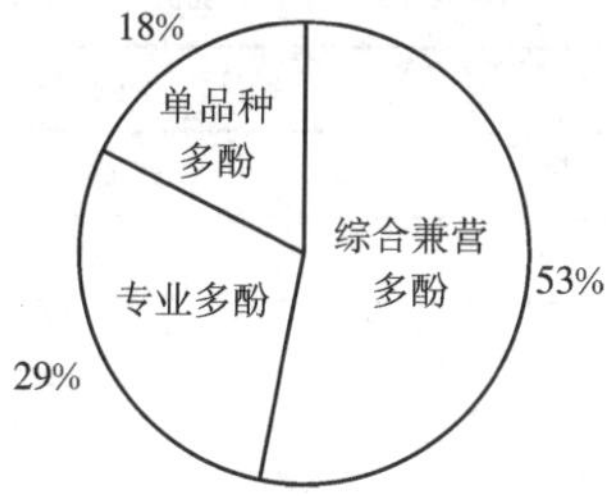

图3-4 多酚生产专兼营比例

表3-2 欧洲知名的大型保健食品和植物药公司及其多酚品种

公司名称	银杏黄酮	葡萄多酚/松树多酚	橄榄多酚	茶多酚	花青素	蔓越莓原花青素	白藜芦醇	所属国家
Holland & Barrett	Y	Y	Y	Y	Y	Y	Y	英国
Vitabiotics	Y	Y	Y	Y	Y	Y	Y	英国
Altapharm	Y	Y	Y	Y	Y	Y		德国
Arkpharma	Y	Y	Y	Y	Y	Y		法国
Doppelherz	Y	Y	Y	Y	Y	Y	Y	德国
Caudalie		Y					Y	法国
Schwabe	Y							德国
Biocyte	Y	Y	Y	Y	Y			法国
Phytalessence	Y	Y	Y	Y	Y	Y		法国
3Chenes Lab		Y	Y		Y	Y		法国
Ineldea Lab	Y	Y	Y	Y	Y	Y		法国
Ratiopharm	Y							德国
Salus	Y	Y	Y	Y	Y	Y		德国

注:Y 表示有这个产品。

3.2.2 美国植物多酚产业现状

美国健康品市场上销售大量天然植物提取物的产品。美国知名市场分析公司 Nutrition Business Journal(以下简称 NBJ)统计,2014 年美国草药类膳食补充剂市场的总销售额为 64.41 亿美元,较上年增幅约为 6.8%。

据初步统计,近几年美国畅销的前十大植物提取物中有 30% 以上的多酚入围,如表 3-3 所示。

表 3-3 近几年美国畅销的前十大植物提取物

编号	2011	2012	2014
1	蔓越莓*	亚麻籽*	苦薄荷
2	锯叶棕	小麦草	蔓越莓*
3	大豆*	姜黄*	紫锥菊
4	大蒜	芦荟	黑升麻
5	银杏*	螺旋藻	亚麻籽*
6	紫锥菊	水飞蓟*	缬草
7	水飞蓟*	接骨木果*	育亨宾
8	黑升麻	锯叶棕	生物黄酮*
9	贯叶连翘	紫锥菊	锯叶棕
10	人参	蔓越莓*	人参

注:表中打*的是原料植物多酚。

美国是一个很大的健康产品销售市场,膳食补充剂(dietary supplement)生产企业众多,健康品公司经营品种更多,其中包含很多以植物多酚为原料的终端产品,但是生产原料类植物多酚的企业很少,健康品公司的供应商的原料,特别是植物提取物(包含系列植物多酚原料),绝大多数从欧洲和亚洲采购,特别是从中国采购。美国生产原料植物多酚的企业与欧洲公司一样,注重专利和商标保护。

Polyphenolics 公司(http://www.polyphenolics.com/)是专业的葡萄籽提取物公司,始建于1996年。该公司作为全球最大的葡萄酒生产商之一——星座品牌公司(Constellation Brands)下属的一个从事营养成分业务的专业公司,依托葡萄酒公司独特的资源优势,为很多知名高校的临床科学和葡萄籽提取物的研究提供经费,开展合作研究。公司推出的MegaNatural®-BP,是一种具有特殊成分的葡萄籽提取物。加州大学戴维斯分校预防心脏病学系在临床研究中表明,每天150~300毫克的剂量,高血压病人在服用6周后,其收缩压和舒张压从8~12毫米汞柱降到5~9毫米汞柱。该产品因“在高血压前期和/或代谢综合征中降低血压”的作用被授予美国专利(专利号:#7,651,707),同时拥有世界范围的知识产权保护。MegaNatural®-BP的B2成分及其独有的生产过程也被授予美国专利。MegaNatural®-BP的B2成分获得美国专利#7,767,235(2010年8月),因分子量小,更易于被人体吸收并迁移到内皮细胞,从而改善血管舒张。该成分在植物多酚(具有生物活性的成分)的总含量中占到了90%~95%。#7,651,707(2010年1月)为加州大学戴维斯分校对于MegaNatural®-BP的专利,由星座品牌公司持有。#6,544,581(2003年4月)突出了MegaNatural从葡萄籽和葡萄皮渣中水提、纯化独特植物多酚成分的技术。

CreaGri 公司(http://www.creagri.com/)专注于橄榄多酚的研究,是世界上第一家使用专有技术提升橄榄油行业科技水平的公司,其多项专利和独特功能研究保证了其产品HIDROX®的市场主导地位。

美国 SJVC(San Joaquin Valley Concentrates)公司(http://www.sjvconc.com/)成立于

1994年，是美国嘉露酒庄（E & J Gallo Winery）的子公司。它充分利用生产葡萄酒的有利条件，生产葡萄浓缩液、葡萄系列提取物和拥有商标 ActiVin 的系列葡萄多酚。这是使用当地新鲜葡萄籽，只用水提取的、含量在50%左右的、水溶性极好的葡萄多酚。

马丁·鲍尔集团（Martin Bauer Group）（http://www. martin-bauer-group. us/）在茶多酚领域已经进行了很多年的研究，其产品包含红茶、绿茶、白茶、黑茶系列多酚，按剂型分为粉末、液体、脱咖啡因粉末系列，在欧美市场有很大的品牌影响力。

尽管美国还有很多公司在销售植物多酚，如DSM（茶多酚），RFI（苹果多酚），BI、TSI、蓝加州公司（银杏黄酮），Ethical Naturals（葡萄多酚），Bioriginol（葡萄多酚等），但是这些公司并不生产原料类多酚，他们实际上只是贸易商。总之，美国的原料类多酚生产量不大，大部分靠采购，这可能与多酚生产过程污染较大以及原料不匹配有关，所以美国实际上只有两家真正生产葡萄多酚的厂家，而生产橄榄多酚的公司的工厂也在欧洲。

美国对于多酚的研究在成品方面很有优势，美国排名前23的健康品公司的多酚终端成品很丰富（见表3-4），基本上综合性公司的产品体系涵盖了多数多酚类的健康品（膳食补充剂）；还有一些专业的多酚成品公司，其业绩表现良好。

表3-4 美国排名前23的健康品公司产品内容

编号	保健品公司名称	多酚产品	其他产品	是否进入中国
1	GNC	银杏黄酮、水飞蓟素、蔓越莓原花青素、葡萄多酚、石榴多酚、蓝莓花青素、茶多酚、白藜芦醇等	多种营养品	是
2	NBTY	银杏黄酮、水飞蓟素、蔓越莓原花青素、葡萄多酚、石榴多酚、蓝莓花青素、茶多酚、白藜芦醇等	多种营养品	是
3	Nature Made	银杏黄酮、水飞蓟素、蔓越莓原花青素、葡萄多酚、石榴多酚、茶多酚、白藜芦醇等	多种营养品	是
4	NOW	银杏黄酮、水飞蓟素、蔓越莓原花青素、葡萄多酚、石榴多酚、茶多酚、白藜芦醇等	多种营养品	是
5	MRM	银杏黄酮、水飞蓟素、蔓越莓原花青素、葡萄多酚、石榴多酚、茶多酚、白藜芦醇等	多种营养品	否
6	Amway Nutrilite	银杏黄酮、水飞蓟素、蔓越莓原花青素、葡萄多酚、石榴多酚、茶多酚、白藜芦醇等	多种营养品	是
7	Solgar	银杏黄酮、水飞蓟素、蔓越莓原花青素、葡萄多酚、石榴多酚、茶多酚、白藜芦醇等	多种营养品	否
8	Nature's Way	银杏黄酮、水飞蓟素、蔓越莓原花青素、葡萄多酚、石榴多酚、茶多酚、白藜芦醇等	多种营养品	否
9	Rainbow Light	银杏黄酮、水飞蓟素、蔓越莓原花青素、葡萄多酚、石榴多酚、茶多酚等	多种营养品	否
10	Mega Food	无	多种营养品	否
11	Jarrow Formulas	银杏黄酮、水飞蓟素、蔓越莓原花青素、葡萄多酚、石榴多酚、茶多酚、白藜芦醇等	多种营养品	是
12	Source Naturals	银杏黄酮、水飞蓟素、蔓越莓原花青素、葡萄多酚、石榴多酚、茶多酚、白藜芦醇等	多种营养品	否
13	Natural Factors	银杏黄酮、水飞蓟素、蔓越莓原花青素、葡萄多酚、石榴多酚、茶多酚、白藜芦醇等	多种营养品	否
14	Doctor's Best	银杏黄酮、水飞蓟素、蔓越莓原花青素、葡萄多酚、石榴多酚、茶多酚、白藜芦醇等	多种营养品	否

续表

编号	保健品公司名称	多酚产品	其他产品	是否进入中国
15	Healthy Origins	银杏黄酮、水飞蓟素、蔓越莓原花青素、葡萄多酚、石榴多酚、茶多酚、白藜芦醇等	多种营养品	是
16	Herbalife	蔓越莓原花青素、葡萄多酚	多种营养品	否
17	Vitamin World	绿茶、水飞蓟素、花青素	多种营养品	否
18	Twinlab	水飞蓟素、蔓越莓原花青素、葡萄多酚、石榴多酚、茶多酚、白藜芦醇等	多种营养品	否
19	NU SKIN	白藜芦醇	化妆品	是
20	Life Extension	姜黄素、银杏黄酮、水飞蓟素、蔓越莓原花青素、葡萄多酚、石榴多酚、茶多酚、白藜芦醇等	多种营养品	否
21	Schiff	无	其他营养品	否
22	Market American	葡萄多酚	化妆品	是
23	Shaklee	白藜芦醇	化妆品	是

从表3-4可知，这23家公司中，只有2家公司没有植物多酚产品，有3家企业生产一种植物多酚产品（这些企业兼营化妆品），其他大部分公司几乎涉足所有植物多酚产品。多酚终端产品分布公司情况如图3-5所示。

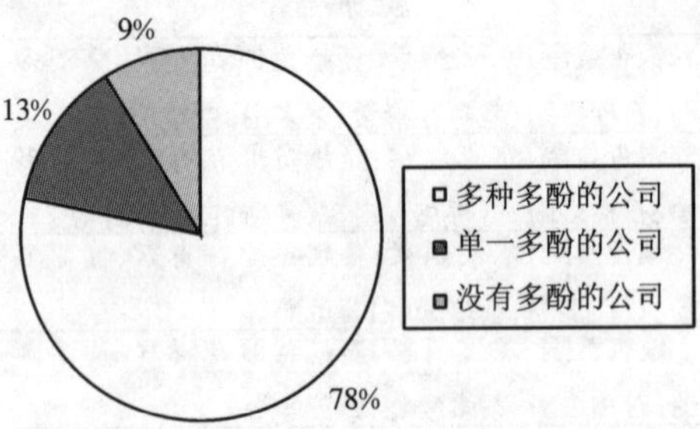

图3-5 多酚终端产品分布公司情况

3.2.3 日本植物多酚产业现状

日本是一个保健品生产和消费大国，植物多酚市场比较像美国，成品企业众多，原料企业较少，大部分植物多酚原料都从中国、欧洲等地区购进。通过对日本植物多酚产业的调研，发现日本原料植物多酚生产企业不多，仅有味之素（Ajinomoto）、三菱、龟甲万（Kikkoman）、Tama化学、常磐植物化学、三井农林和太阳化学等几家公司，也只生产银杏黄酮、葡萄籽提取物、茶多酚和苹果多酚几种原料，像花青素、白藜芦醇、槲皮素等全部从欧洲、中国和印度等进口。Ajinomoto OmniChem NaturalSpecialities是专业的单宁酸公司，同时对葡萄多酚的研究也很深入，葡萄多酚产品规格较多。表3-5是该公司的产品介绍。

表 3-5　Ajinomoto OmniChem NaturalSpecialities 产品介绍

商标	总多酚含量	低聚物(单体 + 二聚体)含量	水溶性维生素 E 含量(μmol/g)	主要销售特点	主要应用领域
OmniVin 20R	>95% (Folin)	>35%	≥8 000	①高规格低聚原花青素 ②定量单体和二聚体	高端营养品
Tanal WG	>95% (UV)	>15%	≥7 000	①特殊来源的葡萄籽 ②性价比高	食品和食品配料
OmniVin 10R	>75% (UV-CE)	未检出	≥5 000	①欧洲生产 ②比中国产品有竞争力	食品和表面活性剂
OmniVin R	>95% (UV-CE)	未检出	未检出	①欧洲制造 ②比中国产品有竞争力	食品

太阳化学株式会社(http://www.taiyokagaku.com/)是日本生产茶多酚规模最大的企业,但其茶多酚的真实生产厂家在中国。太阳化学 2004 年控股了中国第一家大规模生产茶多酚的专业企业——无锡绿宝生物制品有限公司而成立了合资企业——无锡太阳绿宝科技有限公司(http://www.taiyogreenpower.com/),其产品品种、规格很多,具体见表 3-6。

表 3-6　太阳化学株式会社产品介绍

品种	规格	特　点	用途
抹茶粉	抹茶 CT1	以中国产的碾茶作为原料,通过微粉末化得到的抹茶粉末	可用于各种食品
绿茶提取物	Sunphenon 30S TGP-TCA Sunphenon 30R TGP-40AC	以中国产茶叶(小叶种)作为原料,通过提取、浓缩、粉末化得到的绿茶粉末 30S(TCA)是中国产日式绿茶提取物 30R(40AC)是中国产中式绿茶提取物	食品级别,可用于各种食品
儿茶素	Sunphenon 90M TGP-98A Sunphenon 90LB TGP-98BSK	从绿茶茶叶里提取、精制得到的多酚类粉末。根据儿茶素含量、咖啡因的含量不同有各种系列产品 90M(98A)是高浓度儿茶素的普通品 90LB(98BSK)是减轻了涩味和苦味的高浓度儿茶素的普通品	在中国只可用于抗氧化目的,在肉制品、水产加工中可除臭
EGCG	Sunphenon EGCG	为新资源食品	可用于各种食品

三井农林(http://www.polyphenon.jp/en/info/index.html)专业生产拥有商标 Polyphenon 的独特茶多酚产品,以很多临床数据做依托,保证其功能可靠性。三井农林是日本最早研究茶多酚的公司。1980 年,三井农林开始研究茶叶儿茶素,发现儿茶素有益于人体健康;1981 年,开始研发分离纯化高纯度儿茶素的技术,取得了一定的进展;1983 年,创立了三井农林食品研究实验室,从茶叶中分离出高纯度儿茶素并申请了商标;1996 年,与癌症研究中心合作,在临床上研究茶多酚的抗癌功能;2000 年,与德国著名制药企业合作开发含有儿茶

素的植物药;2006 年,第一个茶多酚植物药被美国 FDA 批准。

日本龟甲万公司自 1993 年以来一直提供 Gravinol® 葡萄籽提取物作为膳食补充剂成分。公司以葡萄酒厂的葡萄籽作为原料,专注于原花青素的研究,完成了 Gravinol 的 GRAS 安全性认证,使其可以放心使用于食品和饮料中,是日本唯一一家葡萄多酚生产厂家。

常磐植物化学研究所是日本最大的植物提取物供应商,产品占日本提取物销售量的 30% 以上,其中银杏黄酮 Ginkgolon® 和欧洲越橘花青素 Bilberon® 都有自己的商标,另外供应大豆异黄酮、葡萄多酚、茶多酚等其他多酚,同时提供十分全面的含量在 98% 以上的花青素系列、原花青素系列、高纯度多酚。

日本多酚原料市场主要供应商数据见表 3-7。

表 3-7 日本多酚原料市场主要供应商数据

产品名称	市场	供应厂家	产品规格	金额(亿日元)
银杏黄酮	原料 40 吨	Tama 化学 常磐植物化学	标准提取物	160
欧洲越橘花青素	原料 80 ~ 90 吨	Indena 常磐植物化学 BGG	标准提取物	380
葡萄籽提取物		龟甲万	黄酮 90% 以上, 黄酮 40% 以上 等多规格	100
茶多酚		三井农林 太阳化学	儿茶素含量 多规格	550

3.3 中国植物多酚产业发展现状

杨贤强先生 1989 年率先研究茶多酚,1993 年在《茶叶科学》上发表论文《茶多酚生物学活性的研究》,并负责起草了第一个茶多酚的国家行业标准,同年建起了中国第一个茶多酚厂——杭州东亚茶多酚厂,批量生产茶多酚。他还使茶多酚正式作为食品添加剂走向了标准化生产。2011 年 8 月吴春福组建了辽宁省植物多酚研究与开发工程技术研究中心,专业研究多酚生产、功能等系列课题。我国多酚产业在国际上竞争力日益增强,发展空间巨大。快速发展植物多酚产业,是我国植物多酚产业逐步提升产品在国际市场上的竞争力的必然之路。该节借鉴常规产业成长的规律和特征,描述我国多酚产业的阶段性特征,同时分析其发展动力机制。

3.3.1 中国植物多酚产业成长轨迹

辨别产业成长轨迹和产业发展所处的阶段,是认识产业发展状态、预测产业发展前景和制定相应产业战略的基础。产业的生命周期一般包括导入期、成长期、成熟期和衰退期。

一般来说,产业的生命周期演化呈现S形,S形存在于很多产业中,这可为我们研究植物多酚产业发展提供参照。产业成长的内涵分广义和狭义两种,广义的产业成长指产业的整个生命周期,而狭义的产业成长指产业从导入期到成长期再到成熟期这三个阶段。本节主要研究植物多酚狭义的产业成长。鉴于植物多酚产业发展的状况和性质,只分析产业生命周期中导入期和成长期的特征。产业导入期又可以细分为萌芽期和形成期。产业萌芽期有两个标志:区域市场有全新产品上市,市场潜力巨大,同时存在独立企业生产该产品。产业形成期在产业萌芽期后,这时一定规模的企业群体和标准生产体系已经形成,企业风险、机遇并存,产业发展主导要素不清晰,企业各自按照本身的思路发展,未来不明朗。这个时期关键是设计产业发展主导要素和提高品牌知名度。

对于产业发展来说,产业成长期十分重要,它是产业稳健发展的过渡阶段,持续时间不长,搜集产业资料数据比较困难,数据化研究基本无法进行。在这一阶段,已经明确产业主导要素,许多企业、资本开始进入,新产品不断出现,已经初步形成产业链,产业分工这一最明显的特征开始出现,竞争开始加剧。这时企业发现行业壁垒在不断提高,发展空间明显变小,利润逐渐下降,有些企业开始退出,行业格局逐渐稳定,产业发展正式进入成熟期。成长期有两个明显特征:专业化分工和竞争日益激烈。随着产业进程加速,一些领军企业逐渐建立长期营销战略,实施各种营销战术,大力参与竞争。领军企业的实力和发展状况成为影响产业顺利发展的关键因素。

植物多酚产业以农业资源为基础,结合高科技复合型产业,其成长与常规产业成长的规律相符,可以从生产技术、市售产品、区域市场容量、企业规模和数量等角度来分析。我国植物多酚产业的发展是由市场对植物多酚产品的需求拉动的。从1990年开始,陕西和沿海地区企业在国际贸易中发现,美国和日本对茶多酚、银杏黄酮等多酚需求量较大,且有很高的经济效益,于是从事简单化工生产和中药提取的企业迅速投入并关注茶多酚等的生产销售,经过一段时间的发展,国内的科研机构开始对其他多酚如葡萄多酚、苹果多酚等的工艺、功能进行研究。从1993年杨贤强所建杭州东亚茶多酚厂的小规模生产,到1994年无锡绿宝生物制品有限公司的规模化生产茶多酚,再到成都华高生物制品有限公司年产1 000吨茶多酚的规模,全国茶多酚产量稳步增长到5 000多吨(见图3-6)。

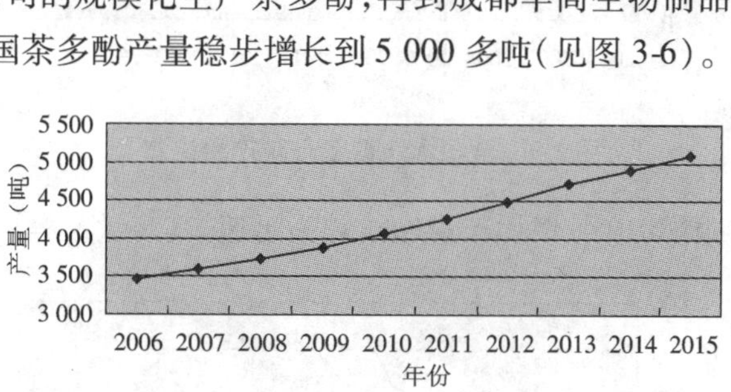

图3-6　全国茶多酚十年产量走势

在银杏黄酮方面,浙江康恩贝制药有限公司规模化生产银杏黄酮,开发出银杏系列药品和保健品,国内多家企业银杏黄酮的生产总量从2006年的52吨到2015年的503吨,增长趋势明显(见图 3-7)。

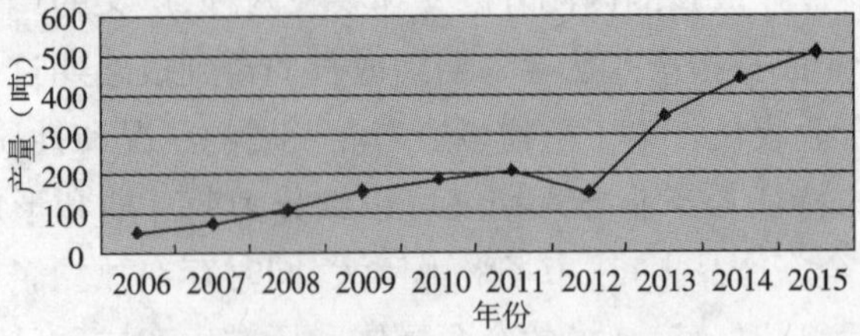

图 3-7 银杏黄酮十年产量走势

在葡萄多酚方面,天津尖峰天然产物研究开发有限公司从 1999 年年产 2 吨葡萄多酚到 2015 年销售近 200 多吨产品,全国年产量从 2006 年的 103 吨到 2015 年的 980 吨,其产量走势见图 3-8。

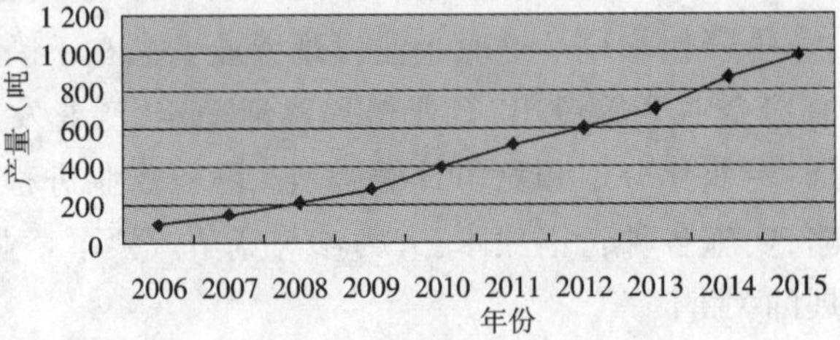

图 3-8 全国葡萄多酚十年产量走势

在水飞蓟素方面,我国 2012 年以前产量增长平稳,2012 年后增长迅速,其产量走势见图 3-9。

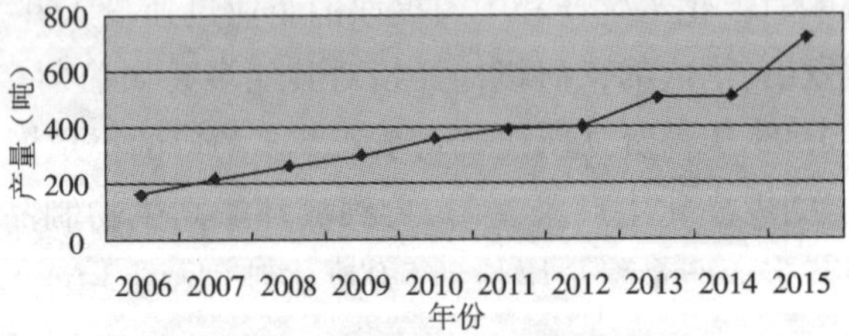

图 3-9 全国水飞蓟素十年产量走势

在花青素方面,我国 2010 年以后产量增长较为迅速,其产量走势见图 3-10。

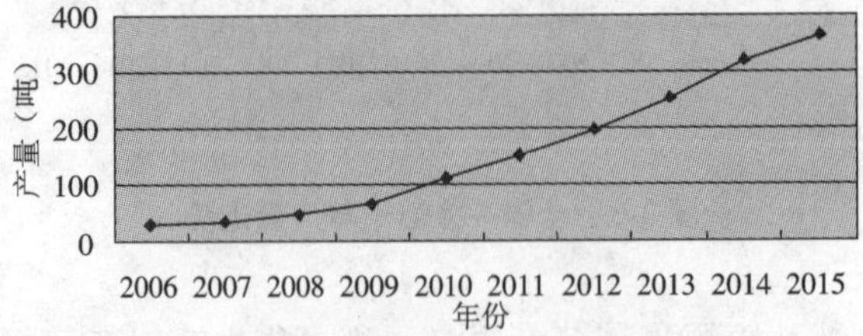

图 3-10 全国花青素十年产量走势

从我国植物多酚产业的发展过程分析，每种产品增长基本稳定，产业发展潜力很大，国内外市场也有很大的需求潜力，这表明我国植物多酚产业确实已度过萌芽期，顺利进入形成期。2010 年以来，广大消费者对植物多酚（银杏黄酮、葡萄籽、花青素等）的认知不断提高，国内需求不断上升，产业发展前景广阔。由于利润可观，更多的企业加入植物多酚产业群体中来，产业链条中出现了明显分工，同时开始互相协作。不少上市公司也迅速参与，大规模资金涌入，不少企业新三板上市，不少领军企业雏形出现。另外观察发现，本阶段中存在以下现象。第一，部分企业为开拓市场开始打价格战，如葡萄多酚原料最低时卖到 90 元/千克，葡萄多酚胶囊卖到 18 元/瓶。在消费者对植物多酚的认知还不成熟的情况下，这种恶性竞争将直接影响整体产业的发展。但价格战通常是竞争激烈的第一信号，这种现象出现表明产业开始进入成长期。国家也在逐步完善产业政策，规范生产销售准入等，提高进入壁垒。第二，企业战略升级。一些企业开始扩展产业链条，主动采取后向一体化，不断提高公司知名度和扩大销售规模，同时根据多酚健康功效可靠的特征，积极联系大型连锁卖场、互联网销售团队，形成医药大连锁，促进专业化分工。另一些规模较大的生产企业开始实施前向一体化战略（与原料供应商或科研机构合作），寻求资源支持和小试科研技术，获取战略资源优势和技术优势，降低科研成本或材料成本，开发新产品和提高产品质量。如北京、浙江、江苏、湖南等地的企业，聘用大专院校专业研究人员担任技术顾问，承包茶山，科学管理，建设自己的茶叶原料标准化基地，不断淘汰不适宜品种，选择产量高、得率高的合适采收季节和时间等。第三，国内多酚企业实力仍然有限，研发投入不足，品牌推广投入不足，主导作用发挥不足。经笔者调查发现，中国多酚产业中规模较大的企业在价格、品牌、市场占有率等方面仍然难以发挥其主导功能，尚未起到引领产业发展方向、规范产业竞争的作用。

从以上分析可以看出，我国多酚产业已经度过产业生命周期的导入期，当前处在成长初期，具有很强的生命力，但在这个阶段仍然面临很多发展瓶颈，存在没有产品核心技术、品牌意识缺乏、恶性竞争、消费者需求盲目、各个协作企业间的关系不严密、市场定位模糊等多种影响发展的不确定因素，产业的自我发展张力不足，在这一时期还需要政府及相关组织协会的帮助和扶持，以便缩短周期，尽早跨入成熟期。

3.3.2　中国植物多酚产业发展动因分析

植物多酚产业在我国经过约 20 年的发展，与其他医药健康的细分行业相比，有其独特的成长特征和产业推动力，体现在以下方面。

（1）涉足企业较多。植物多酚行业利用西方科学的理论，交互促进中国健康养生行业的发展，在国内没有成形的、普及的生产、营销经验，企业依靠市场调查，主动介入居多。目前我国植物多酚生产和经营企业大约有 1 000 家，尽管在生产环节对科研机构依赖性较强，生产涉及不同品种、不同规格多酚产品时需要的技术力量要求高，企业积极性依然很高，采用各种创新技术、创新机制、创新营销手段进入市场，舍得投入科研经费来保证植物多酚产品的品质，投入费用开拓市场，在市场营销和信息交流等方面表现出积极的开拓能力，促进植物多酚产业快速发展。另外，植物多酚产品行业也与中国的养生保健行业十分切合，其理论甚至文化能够互相借鉴,借助中国5 000年悠久文化的吸引力和中医药传统养生理论的科学转化,能让投资者和消费者在成长初期快速认可植物多酚行业,资金推力加上需求拉力促进植物多酚产业快速发展。

(2)科研力量强大。从杨贤强以农科院科学工作者的身份研究茶多酚的提取分离工业化生产技术和抗氧化机理开始,到姚新生、楼凤昌研究银杏黄酮的提取分离、制剂化技术,追赶上欧洲银杏黄酮植物药研发制造水平,再到沈阳药科大学的吴春福发起成立国内第一个专业的植物多酚工程研究中心,专注于研究葡萄多酚、苹果多酚、白藜芦醇、姜黄素等植物多酚,取得了很多研究成果。从科学院、大学到企业,投入大量资源,并且注重知识产权建设,以银杏黄酮为例,统计1985—2011年有关银杏的中国专利申报情况:国外企业在中国申请的银杏类药物专利共计64件,有关银杏类药物的中国专利申请共1 819件,其中发明专利申请共1 805件,尤以银杏叶为药用部位最多,还有部分专利申请涉及银杏种子,成果可观。在此基础上,科研院校与企业合作完成了多项国家级及省部级课题,既为企业提供有力的技术支持,又凭自身的技术研发能力吸引大量资金,真正实现双赢[46]。

(3)政府支持力度较大。目前各级政府十分重视并支持发展植物多酚产业,根据各地区资源优势将不同多酚产业作为区域发展的新增长点,为多酚产业营造良好的发展氛围。我国农业部出台了专门的推动中国茶产业发展的政策,特别提到茶多酚的发展扶持,各级省政府也同时出台了相关政策给予大力支持。辽宁盘锦针对水飞蓟素出台了相关政策,扶持了多个水飞蓟素工厂,促进了工厂技术进步;组织课题人员对盘锦市水飞蓟素产业的现状及前景进行摸底调查,形成了《水飞蓟素产业发展调查报告》,为促进盘锦市水飞蓟素产业的健康发展提供科学依据。同时,各级政府在政策扶持、广告宣传、资金投入、行业协会组建、学术会议及国内外行业信息收集与发布等方面做了很多工作。2015年,江苏省徐州市邳州政府成功举办了2015中国邳州银杏产业发展高峰论坛,邀请众多专家为当地银杏产业的快速、健康发展诊断把脉。目前的政府行为多分布在信息流通环节和种植环节,而支持应用功能开发、环保研究的政策很少,这与多酚产业成长的初级阶段相一致。各级政府与领军企业应在产业发展研究中加强联合,迅速开展我国多酚产业的发展战略研究,制定针对性强的发展规划,促使领军企业带动植物多酚产业快速、持续发展。国内需求旺盛,建设健康中国的国家战略直接提升了我国植物多酚产业的发展程度,同时国际需求依旧呈现稳步上升的趋势,欧美日韩是目前植物多酚健康食品的最大消费市场。据统计,植物多酚产品中大约70%在国际流通贸易,美国是国际上最大的植物多酚市场,仅银杏黄酮的市场就有约20亿美元,美国的多酚原料几乎全部从中国进口,欧洲银杏黄酮的市场约有20亿美元[47]。2015年我国茶多酚出口达到4 000多吨,年增长率不低于6.8%。至于花青素,美国虽然是蓝莓等浆果的主产国,但由于从每年的9月到第二年的4月都没有鲜果生产,还需要从南美洲和澳大利亚、新西兰大量进口蓝莓,所以不可能用蓝莓来提取花青素,生产该类健康食品,必须从中国进口原料。随着花青素产品、种类的不断开发,微信、网络、科普、电影电视等媒体的大力宣传,花青素类健康产品消费量在各地迅速增长。在国内,葡萄多酚和白藜芦醇等随着功能和机理研究的进一步深入,越来越被消费者所接受,再加上现代互联网的飞速发展以及人们健康和长寿需求的进一步扩大,消费植物多酚类健康食品已经成为一种地位、时尚的象征,植物多酚市场已经形成规模。由于植物多酚系列食品或保健品不仅拥有常规健康食品的可靠功效,而且更加天然、更加安全,符合国家健康中国计划的产品需求特点,并且我国是拥有13.7亿人口的大国,市场需求巨大,加上国家政策持续提倡治病不如防病的健康生活方式,消费健康多酚与中国传统的中药养生理论十分吻合,比西方国家更容易接受植物多酚有利于健康的理念,预计中国在不久后会迅速成为全球最大的植物多酚消费市场。

3.3.3　中国植物多酚产业发展动力模型构建

影响产业发展的核心要素及动力机制较为复杂,本节利用与产业发展相关的多种理论来分析我国植物多酚产业成长过程中的主要影响要素,找出推动产业升级的主要动力。产业在内生机制和外生机制共同作用下产生和演进,内生机制以利益为原动力,追求利益的驱动力的强弱决定了产业发展的快慢,而持续创新是推动产业进一步升级的主要动力。产业特征包括产业本质特征和所处生命周期阶段性特征,将决定其具体的发展模式。外生机制是产业外部的推动机制,主要包括以下方面:①竞争机制,是产业成长的主要核心问题;②产业的外部环境,包括自然、人口等外在要素;③产业的政府决策与协调机制,会对产业产生战略层面的影响,政府对产业的影响力多表现为政策的制定和制度创新。结合多酚产业发展途径,往前后衍生,既有农业产业的很多特征(如采收原料),又有加工工业的特征,同时还需要市场营销的后续链条,结合商业链条,产业链条较长,目前增长稳定。中国植物多酚产业由于利益机制驱动,产业由导入期转变为成长初期,需求量上升较快,但仍需要在消费者对多酚产品产生良好认知的基础上,准确定位,加大力度开发市场。随着厂商规模和数量的上升,产业分工开始出现,供给和需求都在不断加强,但均处于发展初期和不规范时期。植物多酚产业生产技术体系起步较早,在导入期发挥了巨大的推动作用,但进入成长期,产业的快速膨胀和功能机理研究的矛盾日益突出,产业内部创新(研发创新和营销模式创新)有待提升。综合以上分析,结合植物多酚产业成长特征,可将其发展动力模型归纳为图3-11。

模型中的内生机制和外生机制应紧密结合,四种动力要素分别通过各自的子要素组成动力圈,形成动力发展模型,通过系统的网络和整体效应产生远远大于单个作用力的加和效应,在中国植物多酚产业的成长初级阶段,突出需求,进一步完善技术研发体系,规范供给和分工要素,为产业向成熟期迈进打下良好基础。

3.4　本章小结

本章界定了植物多酚产业的概念,对世界植物多酚产业发展现状进行了分析,分别对欧洲、美国和日本区域的主要生产技术和功能研究情况进行了描述,通过对各地区域原料、成品工厂、市场需求、品牌、容量、企业特点等的介绍,认为专业化生产原料和品牌化营销成品的发展思路值得学习,如美国对于市场需求方向把握精准,衔接多酚市场需求上升的模式比较好;中国与欧洲在原料类多酚的生产布局方面有许多一致性,生产企业多,资源丰

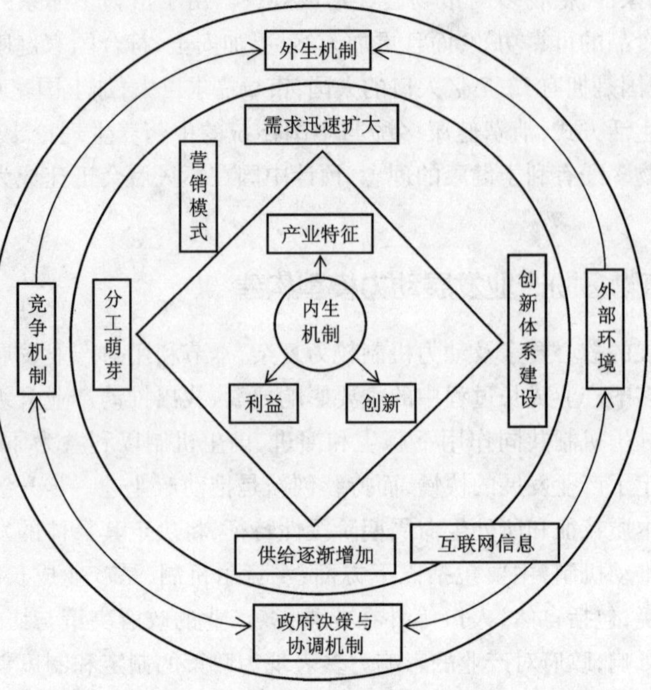

图 3-11　中国多酚产业发展动力模型

富,同时又与美国、日本的消费者市场巨大有些相似,未来中国在植物多酚类健康产品领域一定会像美国一样,大多数健康产品公司都生产各种植物多酚类健康食品,融合欧洲和美国、日本几个地区的特征。本章根据相关理论构建了多酚产业成长动力圈层模型。

第 4 章　中国植物多酚原料产业分析

4.1　中国植物多酚原料品种分析

中国是植物资源大国，植物多酚原料资源丰富，同时有提取、分离中药的人才、技术基础，特别适合植物多酚提取、分离行业的发展，因此研究、生产、销售多酚的企业众多。但目前中国植物多酚原料生产企业规模都不大，水平参差不齐，除少数几家企业专业生产外，其余均是附带生产。目前植物多酚的主要品种有茶多酚和表没食子儿茶素没食子酸酯(EGCG)(来源于老茶叶)、葡萄多酚(来源于葡萄籽、葡萄皮)、白藜芦醇(来源于虎杖、葡萄)、苹果多酚和根皮苷(来源于苹果)、银杏黄酮(来源于银杏叶)、槲皮素(主要来源于槐米)、绿原酸(主要来源于金银花、杜仲叶)、花青素(来源于越橘、桑葚、紫甘薯、黑豆、黑米等)、大豆异黄酮(来源于大豆)和水飞蓟素(来源于植物水飞蓟)、鞣花酸、没食子酸等。植物多酚成分、结构复杂，主要分为水解多酚和缩合多酚，健康植物多酚主要分为单体黄烷醇、缩合黄烷醇(原花青素)以及一些水解多酚(鞣花酸类等)，具体分为黄酮类、儿茶素类、花青素类、原花青素类、芪类化合物等。

4.1.1　黄酮类

黄酮类化合物结构类型如图 4-1 所示，分为六类，详见表 4-1 ~ 表 4-5。

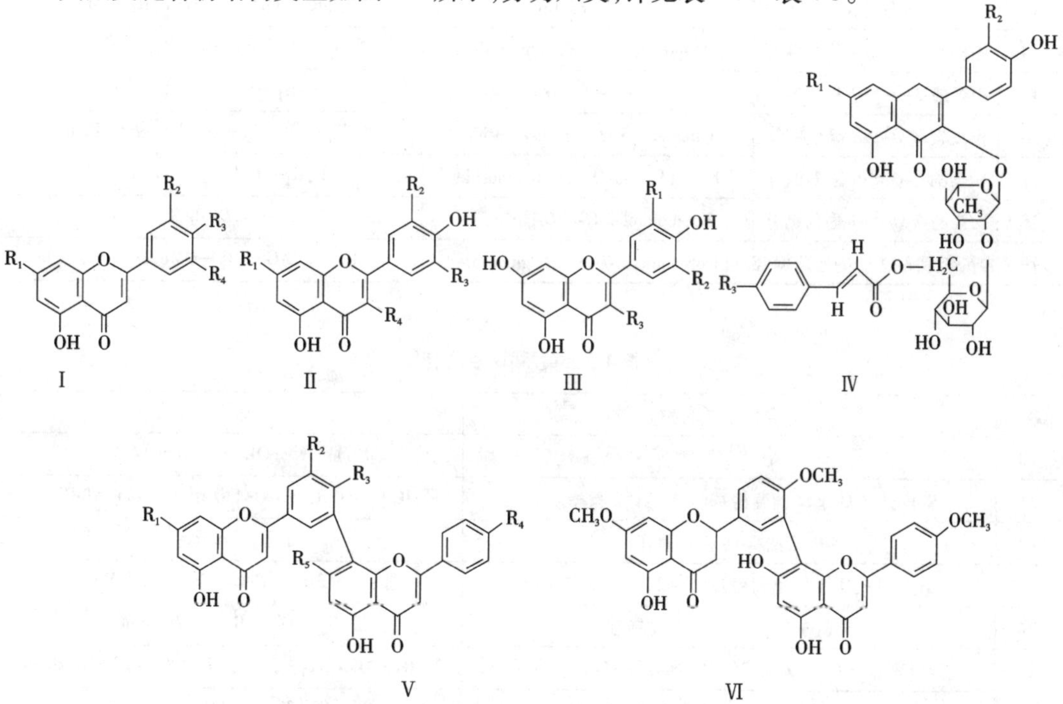

图 4-1　黄酮类化合物结构类型

Ⅰ—黄酮及其苷；Ⅱ—黄酮醇苷；Ⅲ—黄酮醇多糖苷；Ⅳ—其他黄酮醇苷；Ⅴ—双黄酮；Ⅵ—双黄酮苷

表 4-1 黄酮及其苷

编号	化合物名称		结构
	中文名	英文名	
1	芹菜素	Apigenin	Ⅰ:R_1—OH,R_3—OH
2	木樨草素	Luteolin	Ⅰ:R_1—OH,R_2—OH,R_3—OH
3	芫花素	Genkwanin	Ⅰ:R_1—OMe,R_3—OH
4	芹菜素-7-葡萄糖苷	Apigenin-7-glucoside	Ⅰ:R_1—Glc,R_3—OH
5	木樨草素-3′-葡萄糖苷	Luteolin-3′-glucoside	Ⅰ:R_1—OH,R_2—Glc,R_3—OH
6	木樨草素-4′-葡萄糖苷	Luteolin-4′-glucoside	Ⅰ:R_1—OH,R_2—OH,R_3—Glc
7	金圣草黄素-7-葡萄糖苷	Chrysoeriol-7-glucoside	Ⅰ:R_1—Glc,R_2—OMe,R_3—OH
8	五羟黄酮-4-甲氧基-3′-*D*-葡萄糖苷	Tricetin-4′-Me ether-3′-⇦*D*-glucoside	Ⅰ:R_1—OH,R_2—OH,R_3—Glc

表 4-2 黄酮醇苷

编号	化合物名称		结构
	中文名	英文名	
9	山柰酚	Kaempferol	Ⅱ:R_1—OH,R_4—OH
10	杨梅素	Myricetin	Ⅱ:R_1—OH,R_2—OH,R_3—OH,R_4—OH
11	槲皮素	Quercetin	Ⅱ:R_1—OH,R_2—OH,R_4—OH
12	丁香黄素	Syringetin	Ⅱ:R_1—OH,R_2—OMe,R_3—OMe,R_4—OH
13	异鼠李素	Isorhamnetin	Ⅱ:R_1—OH,R_2—OMe,R_4—OH
14	槲皮素-3-O-⇦*D*-葡萄糖苷	Quercetin-3-O-⇦*D*-glucoside	Ⅱ:R_1—OH,R_2—OH,R_4—⇦*D*-Glc
15	山柰酚-3-O-⇦*D*-葡萄糖苷	Kaempferol-3-O-⇦*D*-glucoside	Ⅱ:R_1—OH,R_4—⇦*D*-Glc
16	槲皮素-3-O-⇨*L*-鼠李糖苷	Quercetin-3-O-⇨*L*-rhamnoside	Ⅱ:R_1—OH,R_2—OH,R_4—⇨*L*-Rham
17	山柰酚-3-O-⇨*L*-鼠李糖苷	Kaempferol-3-O-⇨*L*-rhamnoside	Ⅱ:R_1—OH,R_4—⇨*L*-Rham
18	山柰酚-7-O-⇦*D*-葡萄糖苷	Kaempferol-7-O-⇦*D*-glucoside	Ⅱ:R_1—⇦*D*-Glc,R_4—OH
19	异鼠李素-3-O-⇦*D*-葡萄糖苷	Isorhamnetin-7-O-⇦*D*-glucoside	Ⅱ:R_1—⇦*D*-Glc,R_2—OMe,R_4—⇦*D*-Glc

表 4-3 黄酮醇多糖苷

编号	化合物中文名称	结构
20	芦丁	Ⅲ:R_1—OH,R_3—rutinose
21	槲皮素-3-O-⇦*D*-葡萄糖基(1→2)⇨*L*-鼠李糖苷	Ⅲ:R_1—OH,R_3—3-O-⇦*D*-Glc(1→2)⇨*L*-Rham
22	山柰酚-3-O-芸香糖苷	Ⅲ:R_3—rutinose
23	山柰酚-3-O-⇦*D*-葡萄糖基(1→2)⇨*L*-鼠李糖苷	Ⅲ:R_3—3-O-⇦*D*-Glc(1→2)⇨*L*-Rham
24	异鼠李素-3-O-⇦*D*-芸香糖苷	Ⅲ:R_1—OMe,R_3—⇦*D*-rutinose
25	异鼠李素-3-O-⇦*D*-葡萄糖基(1→2)⇨*L*-鼠李糖苷	Ⅲ:R_1—OMe,R_3—3-O-⇦*D*-Glc(1→2)⇨*L*-Rham
26	杨梅素-3-O-⇦*D*-芸香糖苷	Ⅲ:R_1—OH,R_2—OH,R_3—⇦*D*-rutinose
27	3′-甲醚杨梅素-3-O-⇦D-芸香糖苷	Ⅲ:R_1—OMe,R_2—OH,R_3—⇦*D*-rutinose

续表

编号	化合物中文名称	结构
28	丁香黄素-3-O-⇦*D*-芸香糖苷	Ⅲ:R_1—OMe,R_2—OMe,R_3—⇦*D*-rutinose
29	3-O-[2-O,6-O-双(⇨*L*-鼠李糖基)-⇦*D*-葡萄糖基]异鼠李素	Ⅲ:R_1—OMe,R_3—3-O-[2-O,6-O-di(⇨*L*-Rham)-⇦*D*-Glc]
30	3-O-[2-O,6-O-双(⇨*L*-鼠李糖基)-⇦*D*-葡萄糖基]槲皮素	Ⅲ:R_1—OH,R_3—3-O-[2-O,6-O-di(⇨*L*-Rham)-⇦*D*-Glc]
31	3-O-[2-O,6-O-双(⇨*L*-鼠李糖基)-⇦*D*-葡萄糖基]山柰酚	Ⅲ:R_3—3-O-[2-O,6-O-di(⇨*L*-Rham)-⇦*D*-Glc]

表 4-4　其他黄酮醇苷

编号	化合物中文名称	结构
32	3-O-{2-O-[6-O-(*p*-羟基-反-香豆酰)-⇦*D*-葡萄糖基]-⇨*L*-鼠李糖基}槲皮素	Ⅳ:R_1—OH,R_2—OH,R_3—OH
33	3-O-{2-O-[6-O-(*p*-羟基-反-香豆酰)-⇦*D*-葡萄糖基]-⇨*L*-鼠李糖基}山柰酚	Ⅳ:R_1—OH,R_3—OH
34	3-O-{2-O-[6-O-(*p*-羟基-反-香豆酰)-⇦*D*-葡萄糖基]-⇨*L*-鼠李糖基}-7-O-(⇦*D*-葡萄糖基)槲皮素	Ⅳ:R_1—Glc,R_2—OH,R_3—OH
35	3-O-{2-O-[6-O-(*p*-⇦*D*-葡萄糖基)-O-反-香豆酰]-⇦*D*-葡萄糖基}-(⇨*L*-鼠李糖基)槲皮素	Ⅳ:*R*₁—*OH*,*R*₂—*OH*,*R*₃—*Glc*
36	3-*O*-{2-*O*-[6-*O*-(*p*-⇦*D*-葡萄糖基)-O-反-香豆酰]-⇦*D*-葡萄糖基}-(⇨*L*-鼠李糖基)山柰酚	Ⅳ:R_1—OH,R_3—Glc

表 4-5　双黄酮

编号	化合物名称		结构
	中文名	英文名	
37	穗花杉双黄酮	Amentoflavone	Ⅴ:R_1—OH,R_3—OH,R_4—OH,R_5—OH
38	去甲基银杏双黄酮	Bilobetin	Ⅴ:R_1—OH,R_3—OMe,R_4—OH,R_5—OH
39	银杏双黄酮	Ginkgetin	Ⅴ:R_1—OMe,R_3—OMe,R_4—OH,R_5—OH
40	5′-甲氧基银杏双黄酮	5′-Methoxybilobetin	Ⅴ:R_1—OH,R_2—OMe,R_3—OMe,R_4—OH,R_5—OH
41	金松双黄酮	Sciadopitysin	Ⅴ:R_1—OMe,R_3—OMe,R_4—OMe,R_5—OH
42	异银杏双黄酮	Isoginkgetin	Ⅴ:R_1—OH,R_3—OMe,R_4—OMe,R_5—OH
43	2,3-二氢金松双黄酮	2,3-Dihydrosciadopitysin	Ⅵ
44	银杏双黄酮-7-O-⇦*D*-吡喃葡萄糖苷	Ginkgetin-7-O-⇦*D*-glucopyranoside	Ⅴ:R_1—OMe,R_3—OMe,R_4—OH,R_5—Glc
45	异银杏双黄酮-7-O-⇦*D*-吡喃葡萄糖苷	Isoginkgetin-7-O-⇦*D*-glucopyranoside	Ⅴ:R_1—Glc,R_3—OMe,R_4—OMe,R_5—OH

4.1.2　儿茶素类

儿茶素类化合物结构类型如图 4-2 所示。

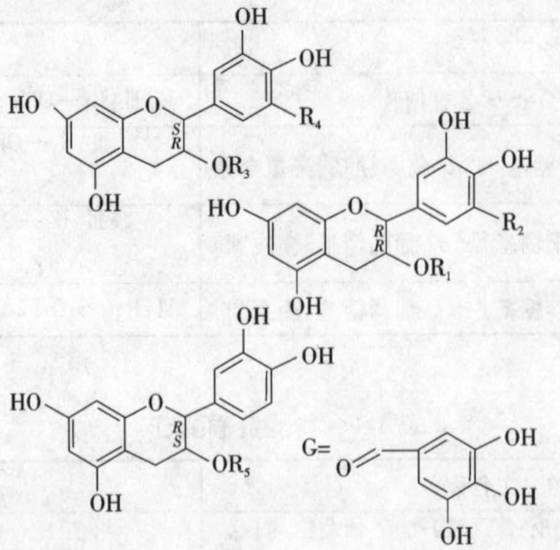

成分	缩写	R_1	R_2	R_3	R_4	R_5
(−)-表没食子儿茶素没食子酸酯	(−)-EGCG	G	OH	—	—	—
(−)-表儿茶酚没食子酸	(−)-ECG	G	H	—	—	—
(−)-表没食子儿茶酚	(−)-EGC	H	OH	—	—	—
(−)-表儿茶酚	(−)-EC	H	H	—	—	—
(−)-没食子儿茶素没食子酸酯	(−)-GCG	—	—	G	OH	—
(−)-没食子儿茶素	(−)-GC	—	—	H	OH	—
(−)-没食子酸酯	(−)-CG	—	—	G	H	—
(+)-儿茶素	(+)-C	—	—	—	—	H

图 4-2 儿茶素类化合物结构类型

4.1.3 花青素类

花青素类化合物包括天竺葵素(Pelargonidin)、矢车菊素或芙蓉花素(Cyanidin)、翠雀素或飞燕草素(Delphinidin)、芍药花素(Peonidin)、牵牛花素(Petunidin)及锦葵花素(Malvidin)等,其结构如图 4-3 和图 4-4 所示。

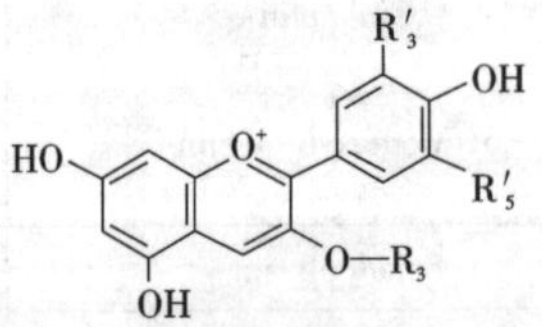

R'_3	R'_5	R_3	花青素
H	H	葡萄糖苷/果胶糖苷/半乳糖苷	天竺葵素-3-葡萄糖苷/阿拉伯糖苷/半乳糖苷
OH	H	葡萄糖苷/果胶糖苷/半乳糖苷	矢车菊素-3-葡萄糖苷/阿拉伯糖苷/半乳糖苷
OH	OH	葡萄糖苷/果胶糖苷/半乳糖苷	飞燕草素-3-葡萄糖苷/阿拉伯糖苷/半乳糖苷
OCH_3	OH	葡萄糖苷/果胶糖苷/半乳糖苷	牵牛花素-3-葡萄糖苷/阿拉伯糖苷/半乳糖苷
OCH_3	H	葡萄糖苷/果胶糖苷/半乳糖苷	芍药花素-3-葡萄糖苷/阿拉伯糖苷/半乳糖苷
OCH_3	OCH_3	葡萄糖苷/果胶糖苷/半乳糖苷	锦葵花素-3-葡萄糖苷/阿拉伯糖苷/半乳糖苷

图 4-3 花青素类化合物结构类型

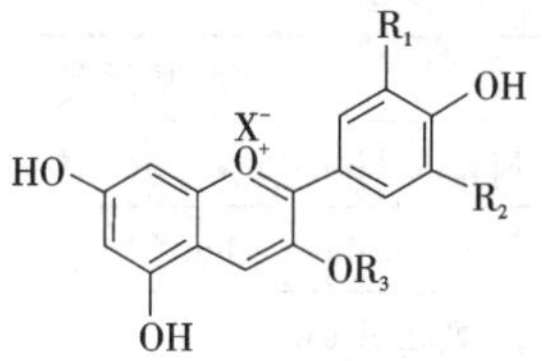

花青素（苷元）

化合物	缩写	R_1	R_2	R_3
飞燕草素	Dp	OH	OH	H
矢车菊素	Cy	OH	H	H
牵牛花素	Pt	OCH_3	OH	H
芍药花素	Pn	OCH_3	H	H
锦葵花素	Mv	OCH_3	OCH_3	H

花青素（糖苷）

化合物	缩写	R_1	R_2	R_3
飞燕草素-3-O-半乳糖苷	Dp-Gal	OH	OH	半乳糖苷
飞燕草素-3-O-葡萄糖苷	Dp-Glc	OH	OH	葡萄糖苷
飞燕草素-3-O-阿拉伯糖苷	Dp-Ara	OH	OH	阿拉伯糖苷
矢车菊素-3-O-半乳糖苷	Cy-Gal	OH	H	半乳糖苷
矢车菊素-3-O-葡萄糖苷	Cy-Glc	OH	H	葡萄糖苷
矢车菊素-3-O-阿拉伯糖苷	Cy-Ara	OH	H	阿拉伯糖苷
牵牛花素-3-O-半乳糖苷	Pt-Gal	OCH_3	OH	半乳糖苷
牵牛花素-3-O-葡萄糖苷	Pt-Glc	OCH_3	OH	葡萄糖苷
牵牛花素-3-O-阿拉伯糖苷	Pt-Ara	OCH_3	OH	阿拉伯糖苷
芍药花素-3-O-半乳糖苷	Pn-Gal	OCH_3	H	半乳糖苷
芍药花素-3-O-葡萄糖苷	Pn-Glc	OCH_3	H	葡萄糖苷
芍药花素-3-O-阿拉伯糖苷	Pn-Ara	OCH_3	H	阿拉伯糖苷
锦葵花素-3-O-半乳糖苷	Mv-Gal	OCH_3	OCH_3	半乳糖苷
锦葵花素-3-O-葡萄糖苷	Mv-Glc	OCH_3	OCH_3	葡萄糖苷
锦葵花素-3-O-阿拉伯糖苷	Mv-Ara	OCH_3	OCH_3	阿拉伯糖苷

图 4-4　欧洲越橘中 5 种花青素和 15 种花色苷的分子结构

4.1.4　原花青素

原花青素类型如表 4-6 所示，分子结构如图 4-5 所示。

表 4-6　原花青素类型

类型	惯用名	CAS
原花青素 B1	Epicatechin-(4β→8)-catechin	20315-25-7
原花青素 B2	Epicatechin-(4β→8)-epicatechin	29106-49-8
原花青素 B3	Catechin-(4α→8)-catechin	23567-23-9
原花青素 B4	Catechin-(4α→8)-epicatechin	29106-51-2
原花青素 B5	Epicatechin-(4β→6)-epicatechin	12798-57-1
原花青素 B6	Catechin-(4α→6)-catechin	12798-58-2
原花青素 B7	Epicatechin-(4β→6)-catechin	12798-59-3
原花青素 B8	Catechin-(4α→8)-epicatechin	12798-60-6
原花青素 C1(肉桂鞣质 A1)	Epicatechin-(4β→6)-epicatechin-(4α→8)-epicatechin	37064-30-5
原花青素 C2	Catechin-(4α→8)-catechin-(4β→8)-catechin	37064-31-6
原花青素 A1	Epicatechin-(4β→8,2β→O→7)-catechin	12798-56-0
原花青素 A2	Epicatechin-(4β→8,2β→O→7)-epicatechin	41743-41-3

续表

类型	惯用名	CAS
原花青素 A4	Epicatechin-(4β→8,2β→O→7)-ent-epicatechin	111466-29-6
原飞燕草素 B1	Epigallocatechin-(4β→8)-gallocatechin	78362-04-6
原飞燕草素 B2	Epigallocatechin-(4β→8)-epigallocatechin	87392-61-8
原飞燕草素 B3	Gallocatechin-(4α→8)-gallocatechin	78362-05-7
原飞燕草素 B4	Gallocatechin-(4α→8)-epigallocatechin	68964-95-4
肉桂鞣质 B1	Epicatechin-(4β→8,2β→O→7)-epicatechin-(4β→8)-epicatechin	88082-60-4
肉桂鞣质 B2	Epicatechin-(4β→8)-epicatechin-(4β→8,2β→O→7)-epicatechin-(4β→8)-epicatechin	88038-12-4

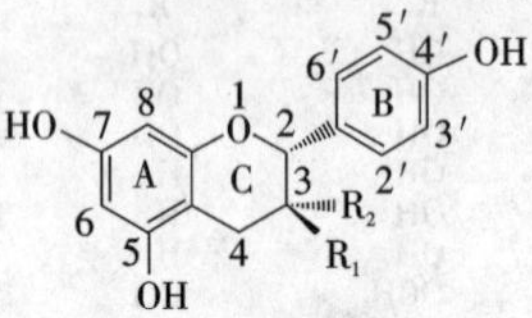

R_1=OH; R_2=H, 阿福豆素
R_1=H; R_2=OH, 表阿夫儿茶精
原天竺葵素单体

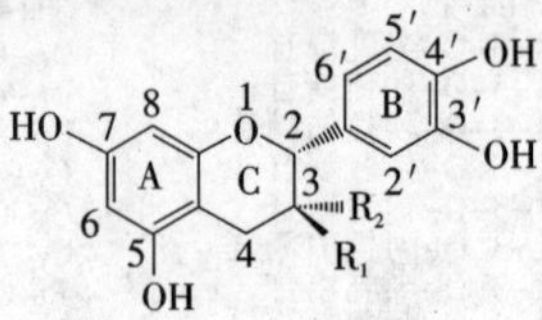

R_1=OH; R_2=H, 儿茶素
R_1=H; R_2=OH, 表儿茶素
原花青素单体

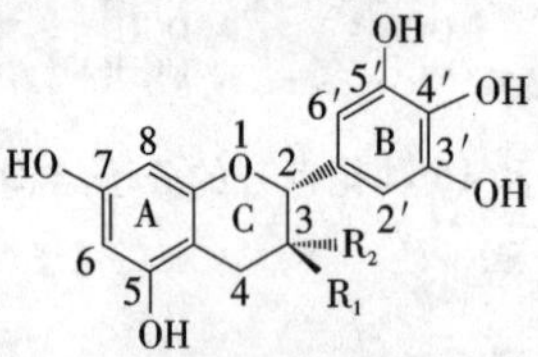

R_1=OH; R_2=H, 没食子儿茶素
R_1=H; R_2=OH, 表没食子儿茶素
原飞燕草素单体

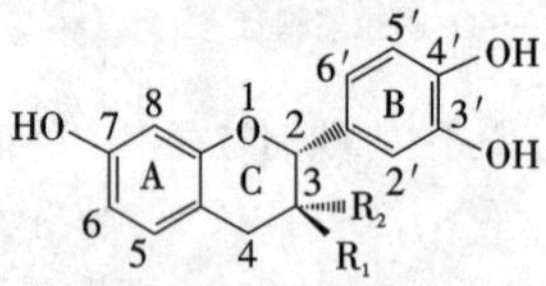

R_1=OH; R_2=H, 非瑟酮醇
R_1=H; R_2=OH, Epifietinidol
原非瑟酮素单体

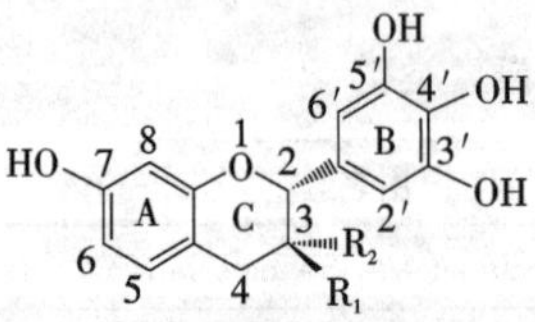

R_1=OH; R_2=H, 刺槐素
R_1=H; R_2=OH, Epirobinetinidol
原刺槐素单体

图 4-5 原花青素分子结构

4.1.5 芪类化合物

芪类化合物包括白皮杉醇和白藜芦醇,其分子结构如图 4-6 ~ 图 4-9 所示。

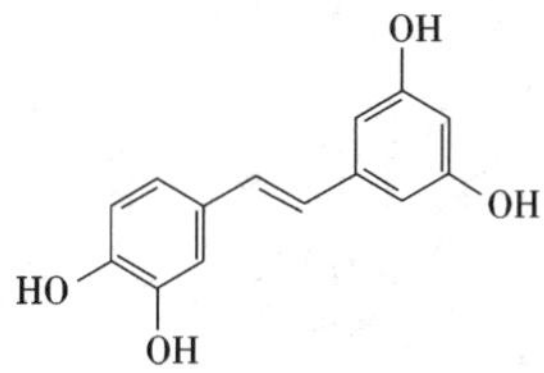

图 4-6　白皮杉醇分子结构

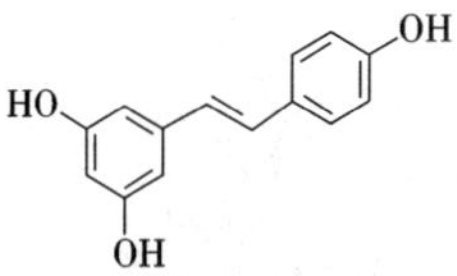

Resveratrol

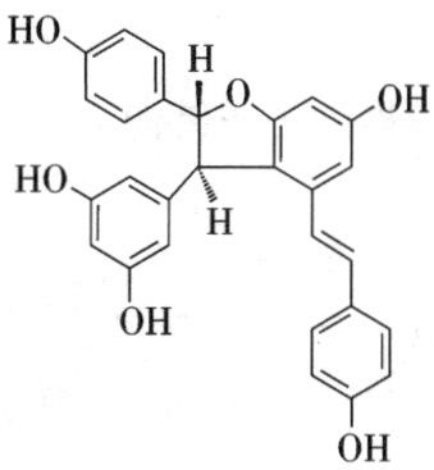

ε-Viniferin

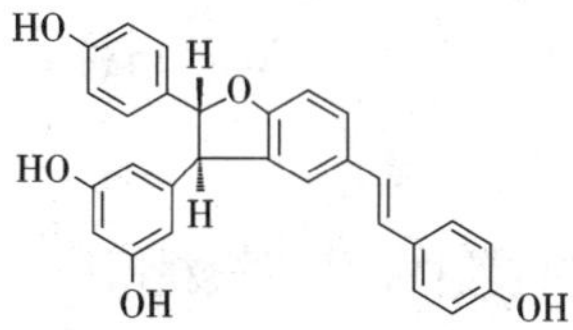

δ-Viniferin

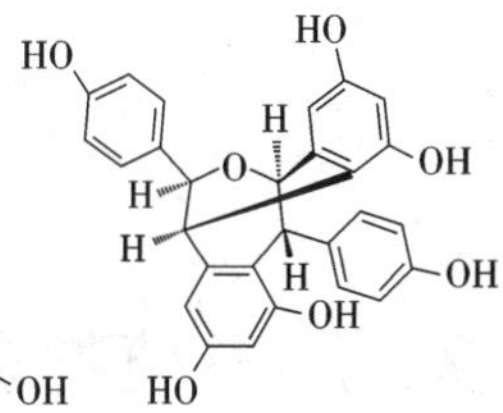

Heimiol A

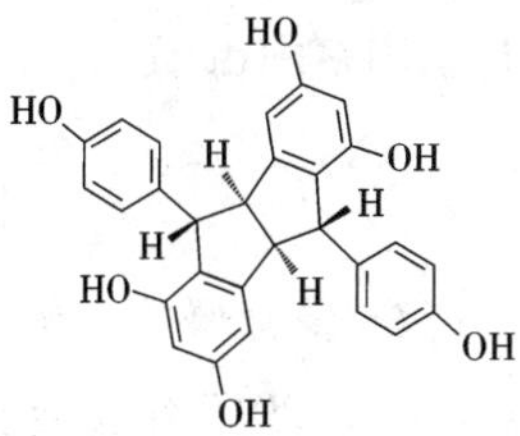

Pallidol

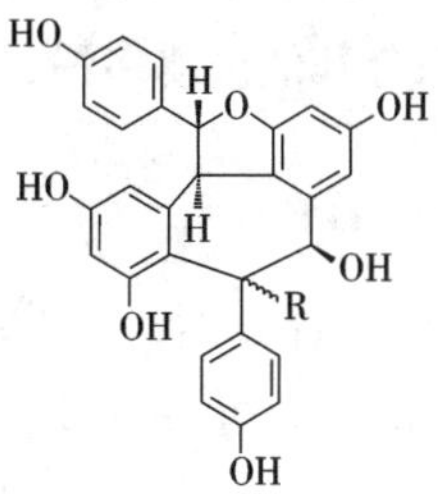

Balanocarpol α-H
Ampelopsin β-H

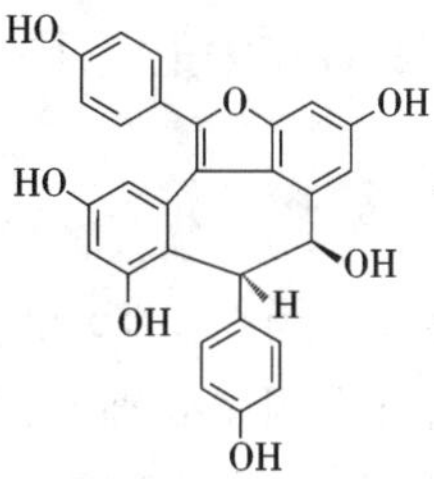

Malibatol A

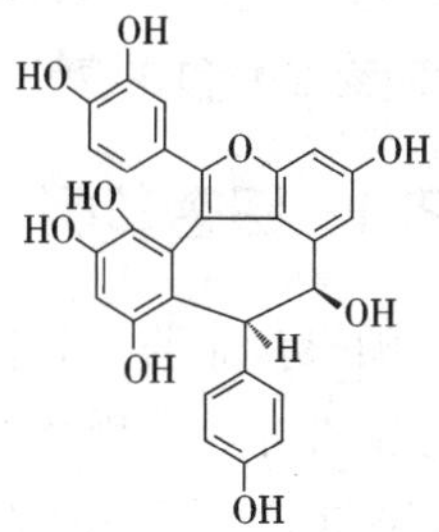

Malibatol B

图 4-7　白藜芦醇二聚体分子结构

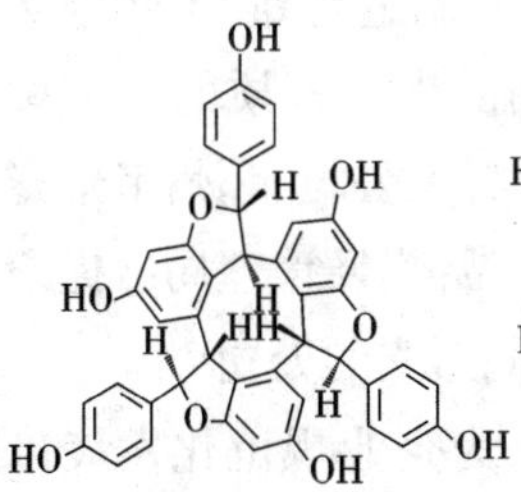

α-Viniferin

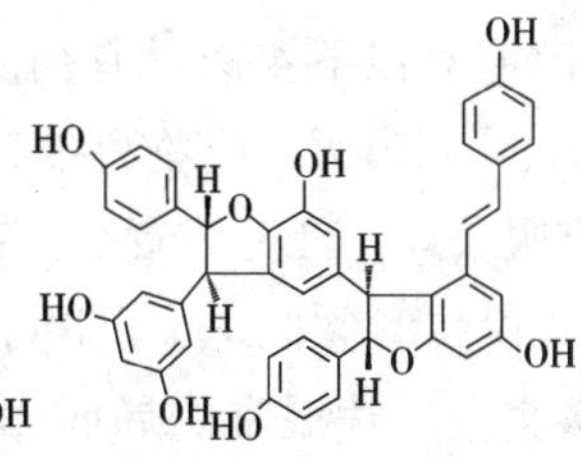

Miyabenol C

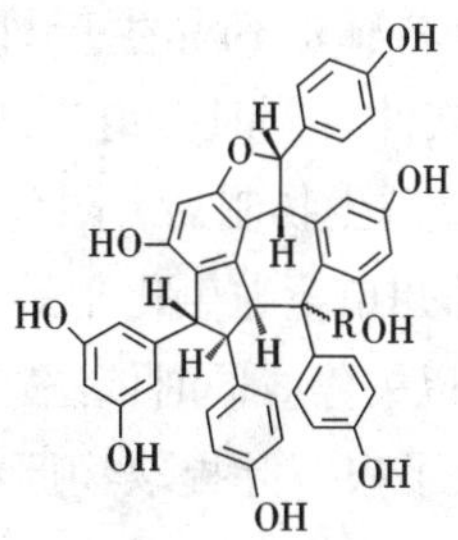

Suffruticosol A α-H
Suffruticosol B β-H

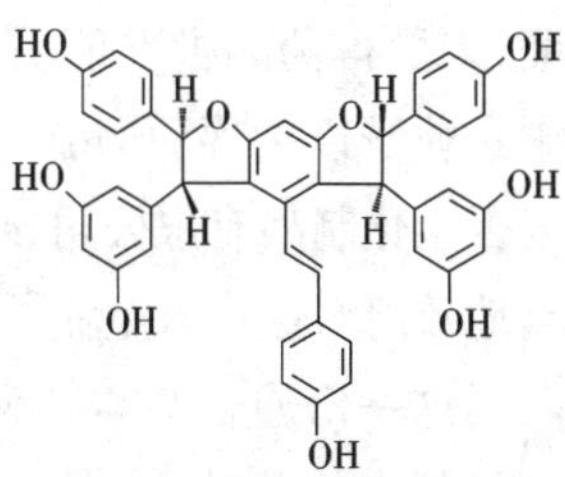

Gnetin H

图 4-8　白藜芦醇三聚体分子结构

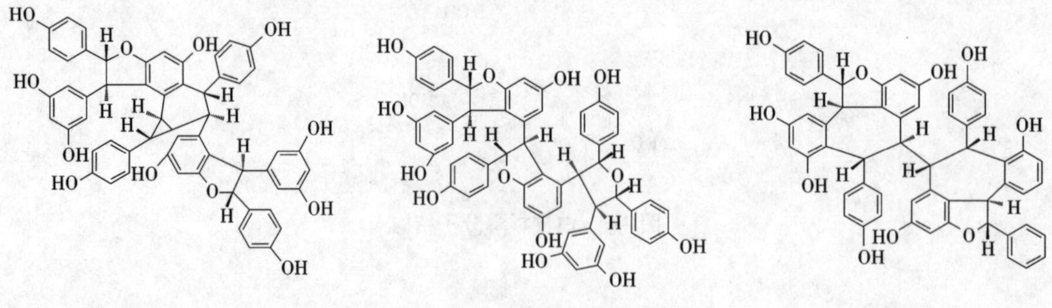

图 4-9 白藜芦醇四聚体分子结构

4.2 原料植物多酚生产概况

目前我国原料类植物多酚企业有 1 000 多家,原料类植物多酚的生产已经颇具规模,其中茶多酚工厂接近百家,年产量 5 000 吨以上,并且几乎每种多酚均有厂家生产。本节以银杏黄酮、葡萄多酚和花青素三个品种作为重点,同时综合其他植物多酚,分析国内多酚市场。

4.2.1 银杏黄酮

国家食品药品监督管理总局在 2016 年 3 月 18 日发布《总局关于对 65 家涉嫌违法生产销售银杏叶提取物及制剂企业调查处理情况的通告》(2016 年第 60 号),对 2015 年银杏黄酮原料生产企业不按《中华人民共和国药典》(以下简称《中国药典》)工艺生产的事件做了一个了结。吊销以下 4 家企业的药品生产许可证:重庆科瑞南海制药有限责任公司、山东双花制药有限公司、桂林兴达药业有限公司外购无资质企业生产的银杏黄酮,进行贴牌后对外销售,造成下游制剂企业生产的药品被认定为假药、劣药,违法情节严重;天津泰阳制药有限公司提供虚假申请资料骗取药品生产许可证,且未通过药品优良制造标准(GMP)认证,未取得药品批准证明文件。同时提请当地政府对以下 4 家没有药品生产资质的银杏黄酮企业予以关停:邳州市鑫源生物制品有限公司、邳州市天力生物科技有限公司、邳州市聚鑫银杏生化制品有限公司、邳州市金龙生化制品有限公司。江苏省食品药品监督管理局已提请当地政府对这 4 家企业予以关停。同时依法对其他涉事企业进行了不同形式的处罚[48]。

这一份通告基本结束了银杏叶提取物原料企业一片混乱的局面,为企业规范化发展打下了坚实的基础。

银杏叶具有很高的药用价值。我国是银杏的发源地,而且是世界银杏的主要生产国,因此银杏叶资源丰富。据统计,全国各类银杏叶加工企业超过 300 家,其产品主要包括银杏叶药品、保健品、化妆品等。

1. 成分与功效

1)成分

银杏黄酮中含有的多酚主要包括黄酮、双黄酮和原花青素。

(1)黄酮分子结构如图4-10所示。

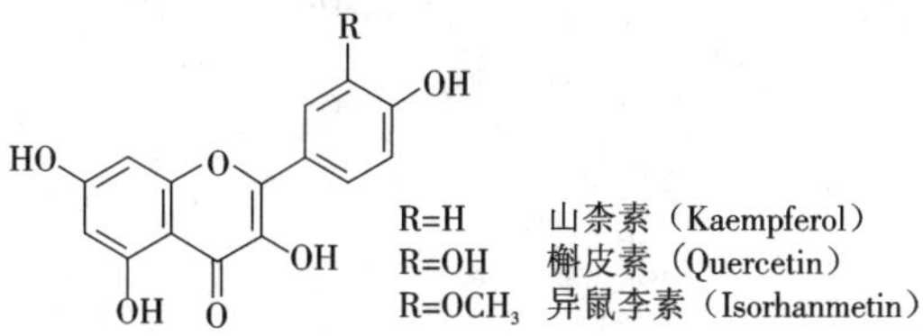

图4-10　黄酮分子结构

(2)双黄酮分子结构如图4-11所示。其分类如表4-7所示。

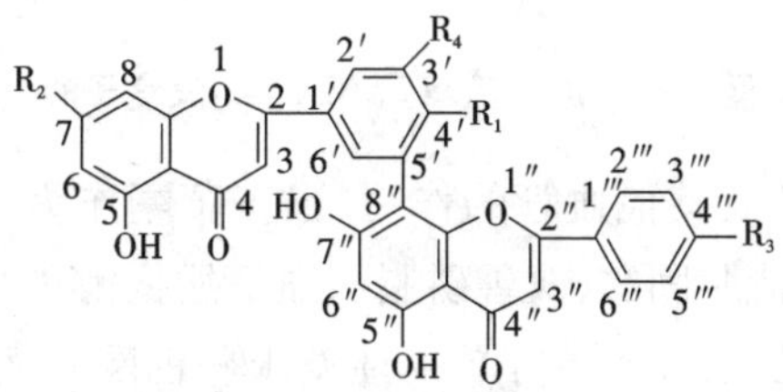

图4-11　双黄酮分子结构

表4-7　银杏双黄酮分类

化合物	R_1	R_2	R_3	R_4
银杏黄素(Ginkgetin)	CH_3	CH_3	H	H
异银杏黄素(Isoginkgetin)	CH_3	H	CH_3	H
阿曼托黄素(Amentoflavone)	H	H	H	H
白果黄素(Bilobetin)	CH_3	H	H	H
西阿多黄素(Sciadopitysin)	CH_3	CH_3	CH_3	H
5′-甲氧基白果黄素(5′-Methoxybilobetin)	CH_3	H	H	OCH_3

(3)原花青素分子结构如图4-12～图4-14所示。

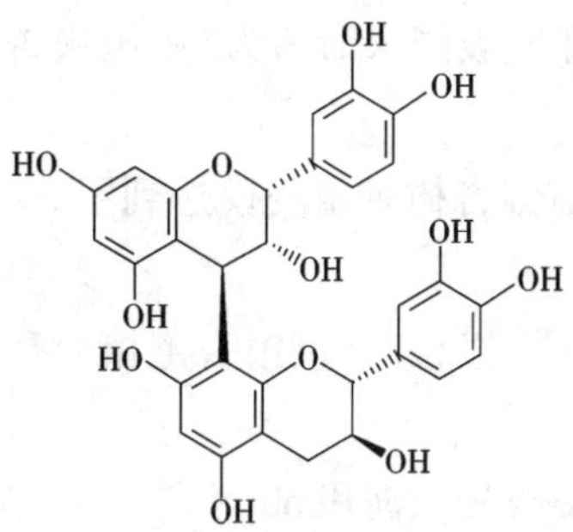

图4-12　原飞燕草素B1

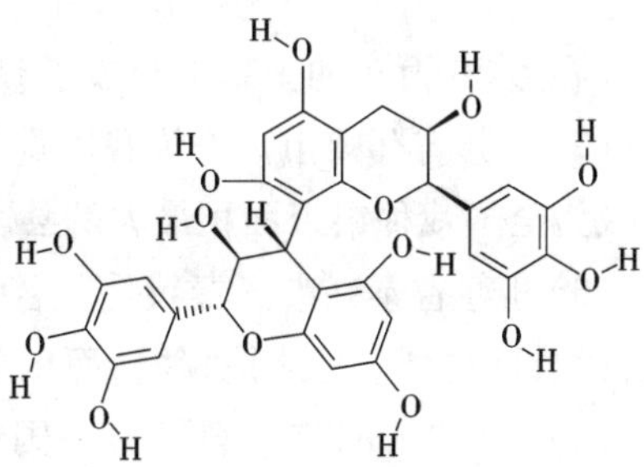

图4-13　原飞燕草素B4

2)功效

现代研究表明,银杏黄酮具有十分广泛的生物活性。药理研究表明,银杏叶提取物中

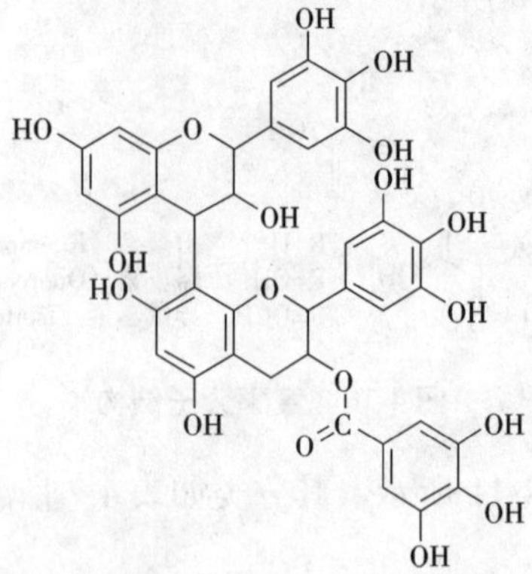

图 4-14 原飞燕草素 B2-3′-O-没食子酸

的银杏黄酮有扩张冠状血管及其他血管的作用;银杏黄酮作为一种自由基清除剂,能显著提升血清磷脂水平,降低血清胆固醇,改善磷脂与血清胆固醇的比例;银杏黄酮可通过其抗氧化作用抑制和逆转肝纤维化,还可治疗单纯性糖尿病视网膜病变、急性脑梗死、心血管系统疾病;对中、轻度早期退化性痴呆,Ⅱ期方丹末梢动脉疾病,头晕目眩,耳鸣失聪疗效明显,对视网膜局部缺血和早衰有效,用于治疗中风、脑血管痉挛、脑外伤及周期性偏头痛。银杏提取物中的一类特殊多酚——银杏酚酸具有抑制肿瘤、抗炎、预防病虫害、抗过敏和抑菌等效果,在个人护理用品、生物农药、医药健康方面有很广泛的用途[49]。

2. 原料

银杏树为中国特产,是世界著名的古生树种,被称为“活化石”。我国北自沈阳,南至广州均有栽培。银杏喜光,耐寒,适应性颇强,耐干旱,不耐水涝,对大气污染也有一定的抗性;具有深根性,生长较慢,寿命可达千年以上。银杏树干端直,树冠雄伟壮丽,秋叶鲜黄,颇为美观,宜做庭荫树、行道树及风景树;银杏种子可供食用和药用;银杏材质优良,为珍贵用材树种。

目前,我国已经种植银杏 600 多万亩,银杏产业年总产值达 180 多亿元人民币。我国银杏有以下几大产区。

(1)“天下银杏第一乡”山东省郯城县新村乡。1999 年郯城被国家命名为“中国银杏之乡”。在近 30 万亩的土地上建成了银杏集中种植区。

(2)江苏省邳州市。作为我国重要的银杏基地之一,目前银杏树种植规模达到了 30 万亩,成为全国栽种银杏面积最大的县。

(3)江苏省泰兴市。泰兴是著名的“银杏之乡”,银杏品质、银杏产量、银杏定植数和古银杏树数量均列全国之冠,种植面积总计 22 万多亩。

(4)湖北省随州市。随州是我国银杏主产区之一,目前银杏种植面积 60 万亩。

(5)云南省南雄市。南雄有 10 万亩银杏树。

(6)广西壮族自治区桂林市。桂林银杏种植面积发展到 43 万亩,成为我国银杏果用林面积最大的地区之一。

(7)安徽省砀山县。该县银杏种植面积为 10 万亩。

(8)贵州省盘县。该县银杏种植面积为 4 万亩[50]。

3. 银杏黄酮的标准

银杏黄酮标准不统一、规格多样,植物多酚提取生产处于无人监管的状态是造成 2015 年银杏叶提取物质量事故的主要原因。原料发生问题直接导致了 2015 年医药界的地震事件,这次牵涉到的企业之多是历年药品质量事件中罕见的。

《中国药典》《欧洲药典》《美国药典》标准不完全一致,而保健品使用的原料标准更是千差万别。比如《中国药典》规定的银杏叶提取物的标准就与《美国药典》《欧洲药典》以及企业标准不一致。下面将几个标准中的含量指标做一比较,见表 4-8。

表 4-8　中国、欧洲、美国 GBE 质量标准比较

项目		《中国药典》(2010 版)	《欧洲药典》(EP7.0)	《美国药典》(USP36 ~ NF31)	国际商务标准
指标成分含量/%	总黄酮醇苷	≥24.0	22.0 ~ 27.0	22.0 ~ 27.0	≥24.0
	萜类内酯	≥6.0	5.4 ~ 6.6(GA,GB,CC:2.8 ~ 3.4;BB:2.6 ~ 3.2)	5.4 ~ 12.0(GA,GB,CC:2.8 ~ 6.2;BB:2.6 ~ 5.8)	≥6.0
黄酮苷元峰面积比	槲皮素与山柰酚	0.8 ~ 1.2	—	0.8 ~ 1.2	0.9 ~ 1.1
	异鼠李素与槲皮素	≥0.15	—	≥0.1	≥0.25
银杏酸含量/($\times 10^{-6}$)		≤10	≤5	≤5	≤5
芦丁含量/%		—	—	—	≤4.0
游离槲皮素含量/%		—	—	—	≤0.5
游离山柰酚含量/%		—	—	—	≤0.5
游离异鼠李素含量/%		—	—	—	≤0.2

国家食品药品监督管理总局为了规范工艺,另行制定了防伪监管的检测方法,并制定了标准,规定游离黄酮的含量标准,而企业为了提高产品质量和增加企业竞争力,也在不断提高标准。上海杏灵科技药业股份有限公司研制出高标准的银杏酮酯提取物,在满足《中国药典》标准(24% 黄酮苷 +6% 内酯)的基础上,增加了游离黄酮含量 >20% 的指标,而浙江康恩贝制药股份有限公司则增加了原花青素的内控指标:在满足《中国药典》标准(24% 黄酮苷 +6% 内酯)的基础上,增加了原飞燕草素(Prodelphinidin)含量 >4% 的内控指标,用 HPLC 测定,大大增加了企业竞争力[51]。

4. 工业企业情况分析

生产历史:从浙江宁波中药厂第一个生产银杏黄酮,到目前规模最大的生产线在湖北诺克特药业股份有限公司建成投产,生产工艺越来越成熟,规模逐渐变大,标准化、自动化程度越来越高,已经进入比较成熟的产业发展阶段,但还未进入快速稳定发展的阶段。

笔者调研的数据显示:目前在国家食品药品监督管理总局备案的银杏黄酮生产企业已经有 21 家,见表 4-9。这些厂家的建设时间、年产量和有关特性为研究银杏黄酮的生产发展提供了科学的数据。

表 4-9 中国银杏黄酮备案企业情况

编号	企业简称	建设时间(年)	产量(吨/年)	地区	产品范围	自用/销售	备注
1	浙江康恩贝制药	1993	80	浙江	药品	自用+销售	专业生产
2	湖北诺克特药业	2009	100	湖北	—	销售	专业生产
3	上海信谊百路达	1994	30	上海	药品	自用	专业生产
4	重庆中宝生物	2011	100	重庆	保健品	自用+销售	专业生产
5	重庆万物春生	2014	20~30	重庆	—	销售	品种之一
6	宁波中药制药	1965	10	浙江	—	销售	品种之一
7	万邦德(湖南)天然药物	1992	10	湖南	药品	自用	品种之一
8	桂林红会药业	1992	100	贵州	药品	自用+销售	专业生产
9	西安天一生物	2004	30	陕西	—	销售	品种之一
10	江苏贝斯康药业	2004	100	江苏	—	销售	专业生产
11	宁波绿之健药业	2000	30	浙江	—	销售	品种之一
12	成都华高药业	1998	10	四川	—	销售	品种之一
13	徐州技源药业	1993	30	江苏	—	销售	专业生产
14	山东仁和制药	2001	10	山东	药品	自用+销售	品种之一
15	贵州信邦药业	1995	20	贵州	药品	自用	专业生产
16	上海杏灵药业	1995	30	上海	药品	自用	专业生产
17	山东双花药业	1998	30	山东	药品	自用+销售	品种之一
18	河北天成药业	1970	20	河北	药品	自用	专业生产
19	桂林华艺药业	2007	50	贵州	—	销售	专业生产
20	上海双基药业	1994	5	上海	药品	自用	专业生产
21	山西普德药业	1995	20	山西	药品	自用	专业生产

对以上数据按地区统计:浙江 3 家,江苏 2 家,上海 3 家,贵州 3 家,山东 2 家,重庆 2 家,湖南 1 家,湖北 1 家,山西 1 家,河北 1 家,四川 1 家,陕西 1 家。我国银杏黄酮备案企业分布情况如图 4-15 所示。

从图 4-15 可看出,企业虽然分布较分散,但基本集中在产区,如上海、浙江、江苏的企业靠近江苏、山东原料产区,贵州是一个银杏叶大产区,符合原料工厂接近产区的规律。

对表 4-9 中的数据按产品去向作图,如图 4-16 所示。从图 4-16 中可以看出,专业生产原料用于销售的企业占到了全部备案企业的接近一半(43%)。这些企业实际上没有自己的终端产品销售,专业分工的趋势已经很明显。有 1/3 的企业原料自给自足,实际上是集中精力在打造自己的终端品牌,如上海信谊百路达药业和上海杏灵药业。而中国有许多企业的银杏提取物产品销售对象不是药厂而是国内保健品公司,或者将产品出口国外。笔者进行了调研,目前国内这样的银杏叶提取物企业数量众多,一部分是专业厂,一部分是兼营公司,主要厂家有绍兴东灵保健食品有限公司、宁波立华制药有限公司、邳州市金龙生化制品有限公司、江苏得乐康食品有限公司、邳州鑫源生物制品有限公司、浙江惠松制药有限公

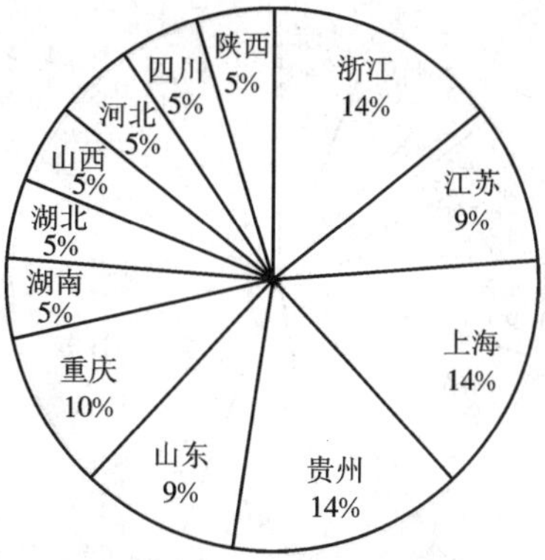

图4-15　我国银杏黄酮备案企业分布情况

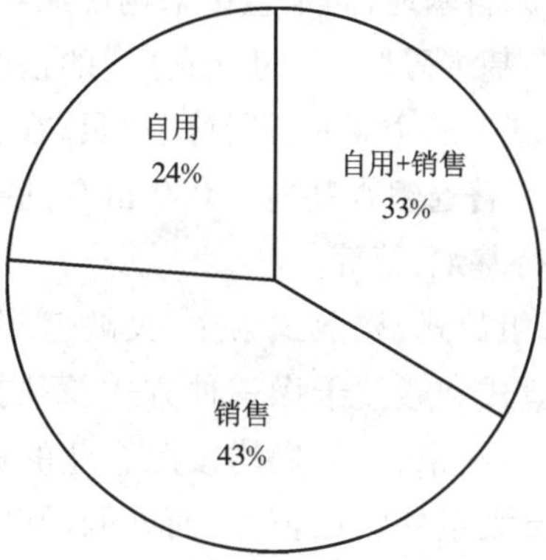

图4-16　银杏黄酮去向分析

司、邳州市聚鑫银杏生化制品有限公司、山东绿因药业有限公司、邳州市天力生物科技有限公司、成都龙泉高科天然药业有限公司、邳州富通生物制品有限公司、陕西洋县志建药业科技有限公司、邳州市云飞银杏制品有限公司。银杏黄酮原料普通生产企业分布情况如下：浙江6家，江苏9家，上海3家，贵州3家，山东3家，重庆2家，湖南1家，湖北1家，山西1家，河北1家，四川2家，陕西2家，总体与备案企业分布情况相仿，也是浙江、江苏、上海、山东、贵州的企业占了大半的比例，见图4-17。

同时从图4-15和图4-17中可以发现，出于纯粹的市场行为，上海、江苏、浙江三个地区的企业比较容易投资进入银杏黄酮原料生产行业，这三个地区企业的数量超过了非备案企业总数的50%（达到了26% +17% +9% =52%），比需要政府监管的条件下（14% +14% +9% =37%）高出了15%，充分说明了长三角地区经济发达的情况。

对于银杏黄酮加工的主要技术路线，《中国药典》有明确的规定，各企业按照自己研究出的具体参数选择不同的树脂来生产，导致产品成本有所差别，但总的来说没有大的问题。目前通过调研发现主要问题是银杏叶的采收和干燥问题，与德国、法国有差距，直接影响产品的成本和质量，具体表现为以下四个方面。

一是缺乏标准化基地。目前生产银杏叶提取物的企业不足百家，绝大多数企业没有属

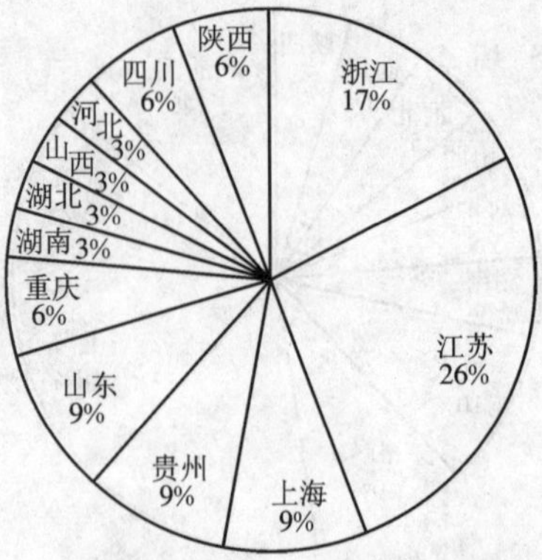

图 4-17 我国银杏黄酮非备案企业分布情况

于自己的标准化种植的银杏叶原料基地，而是直接采购已经收割、烘干的叶子；即使自称拥有银杏叶原料基地的企业，也是基本采取“公司 + 农户”的松散合作形式，质量不能得到真正的保证。目前宣称拥有原料基地的企业有：浙江康恩贝，在云南泸西建设了 10 万亩银杏基地；湖北诺克特，建设了 4 万亩普通银杏基地，5 000 亩有机银杏基地；上海信谊百路达，在崇明岛建有 6 000 亩标准化银杏基地；等等。

二是银杏种植和采收仍以粗放式、松散式为主，欠缺追溯性，银杏叶烘干方法不统一，标准化差。烘干有滚筒式、隧道式和微波干燥三种方式，不同的烘干方式会影响银杏叶成分含量。目前这些企业基地的原料采收、干燥均按照企业的标准来操作，但基地并不能满足企业全部的生产需要，还需要大量外购银杏叶，而外购的叶子不是完全按照标准化的生产工艺来操作的，其质量还是得不到可靠的保证。

三是生产规模偏小，专业化环保措施研究欠缺。目前最大的生产工厂是湖北诺克特，生产量为 100 吨，浙江康恩贝、桂林红会等规模与之相差不大，使用银杏叶 5 000 吨，原料产值 1 亿元人民币略高，产业集中度不高。现代提倡的投资较大的智能化制造和高环保要求明显超出这些企业的承受能力，它们迫切需要的是扩大生产规模，集中处理“三废”，降低环保成本，提升规模效益。

四是销售价格不稳定。由于银杏黄酮规格众多，银杏叶原料价格波动也较大，造成销售价格不稳定，许多产品有低价倾销的嫌疑。

4.2.2 葡萄多酚

葡萄多酚是从葡萄、葡萄酒和葡萄籽等多种形态中提取出来的多种成分的总称，主要包括原花青素、儿茶素和白藜芦醇及其衍生物、聚合物等，具有较强的抗氧化和抗衰老等作用。

1. 成分与功效

1）成分

相关儿茶素分子结构如图 4-18 ~ 图 4-20 所示。

相关原花青素分子结构如图 4-21 ~ 图 4-24 所示。

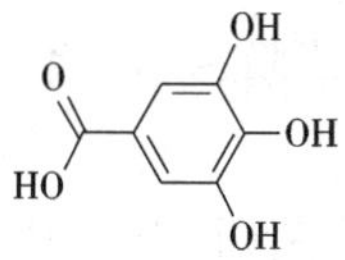

图 4-18　儿茶素分子结构

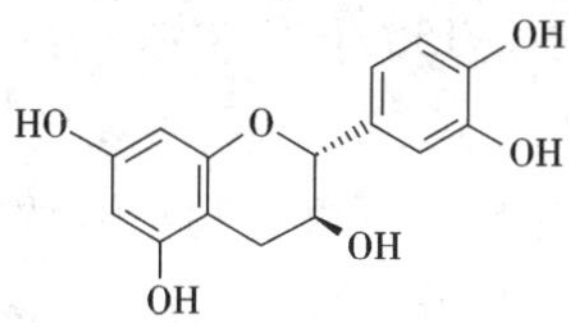

图 4-19　没食子酸分子结构

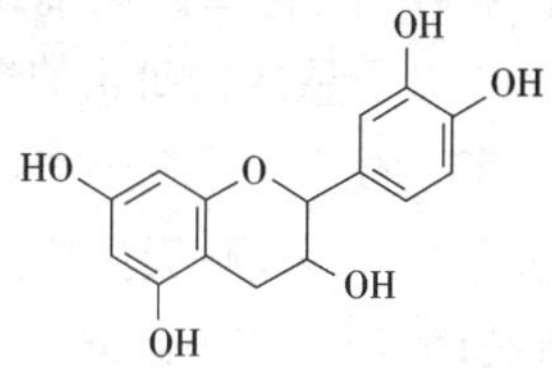

图 4-20　表儿茶素分子结构

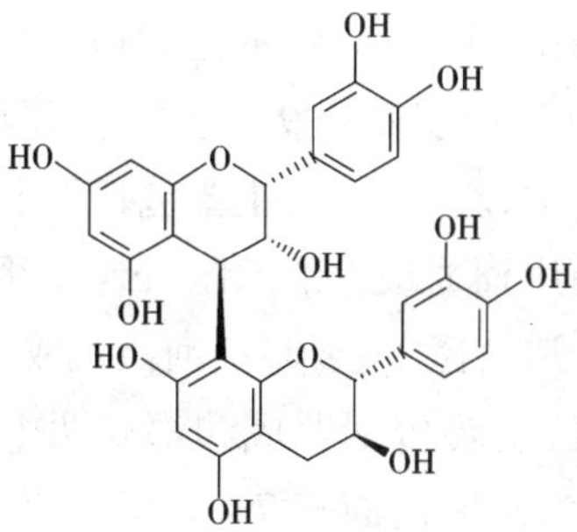

图 4-21　原花青素 B1 分子结构

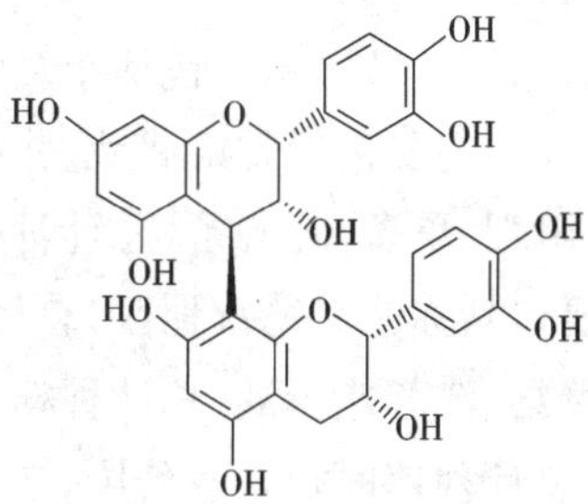

图 4-22　原花青素 B2 分子结构

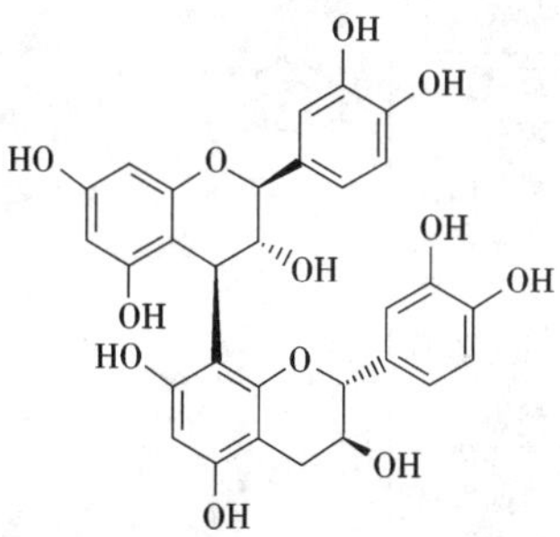

图 4-23　原花青素 B3 分子结构

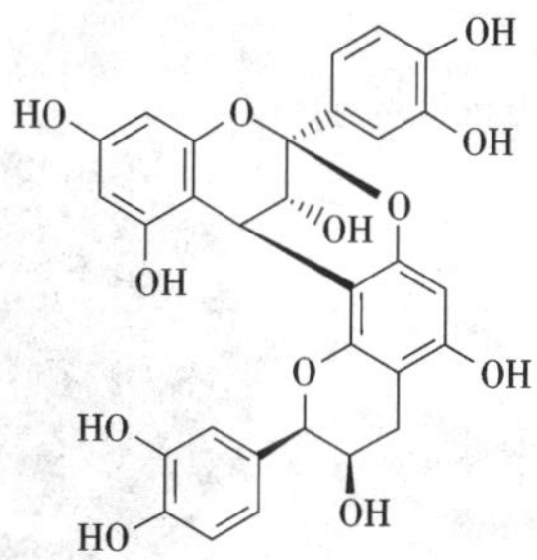

图 4-24　原花青素 A2 分子结构

白藜芦醇及其聚合物分子结构如图 4-7 ~ 图 4-9 所示。

2）功效

葡萄多酚具有很高的生物活性，可用于抗氧化，清除自由基，抗炎，保护心血管，降血脂，辅助降血糖，阻断非酶糖基化，预防糖尿病并发症，抗肿瘤，抗辐射，减轻放化疗损伤等。

2. 原料

葡萄多酚的主要原料是葡萄籽和皮以及田间修剪过程留下来的葡萄枝条藤等。大部分的葡萄皮（籽）是从葡萄酒厂和葡萄果汁厂的下脚料中分离出来的。尽管我国有数量庞大的葡萄籽原料，但由于目前的加工办法很粗放、落后，在加工过程中成分损失多，部分原料仍需从欧洲、美洲进口。我国生产的葡萄多酚 70% 以上销往国外市场，葡萄皮和籽主要用来提取葡萄原花青素，而田间修剪过程留下来的枝条主要用来提取白藜芦醇类系列芪类多酚。

食用葡萄一般很少能够收集到皮和籽，所以酒用葡萄酿酒后的废料是生产葡萄多酚的主要来源，目前每亩葡萄出产酒用葡萄 1 000 千克，葡萄出籽率为 2% ~3%，出皮率为 0.5%（以干品计），每亩修剪葡萄枝条 150 千克左右。

我国酒用葡萄主要产区分布如下：胶东产区，主要包括龙口、蓬莱、莱阳、莱州，总计种植面积 11 万公顷；天津滨海产区，主要包括汉沽和宁河，以玫瑰香品种为主，总计种植面积 2 万公顷；河北燕山南麓产区，主要包括河北昌黎、卢龙、遵化、抚宁，天津蓟州，总计种植面积 4 万公顷；长白山产区，总计种植面积 5 万公顷，主要集中在吉林集安、柳河，辽宁沈阳、桓仁，是我国本土山葡萄品种的主要产区；怀来盆地产区，主要包括河北怀来、涿鹿，北京延庆，总计种植面积 8 万公顷；晋中盆地产区，主要包括清徐、汾阳、太谷，总计种植面积 8 万公顷；贺兰山产区，主要包括宁夏银川、青铜峡和内蒙古乌海，总计种植面积 9 万公顷；河西走廊产区，主要包括甘肃武威、张掖、酒泉，总计种植面积 8 万公顷；新疆产区，主要包括天山北麓、伊犁、焉耆、吐鲁番，总计种植面积 14.2 万公顷，是中国酒用葡萄最大的产区；云南产区，主要包括弥蒙和德钦地区，总计种植面积 1.5 万公顷；黄河古道产区，主要包括河南民权、安徽萧县、江苏连云港，总计种植面积 1 万公顷；广西罗都产区，主要包括罗成和都安两个地区，总计种植面积 3 万公顷，主要是野生毛葡萄。酒用葡萄总计种植面积 74.7 万公顷，约 1 120 万亩，按出产 1 120 万吨葡萄计算，酿酒后产生 22 万 ~33 万吨籽。酒用葡萄产区分布情况如图 4-25 所示。

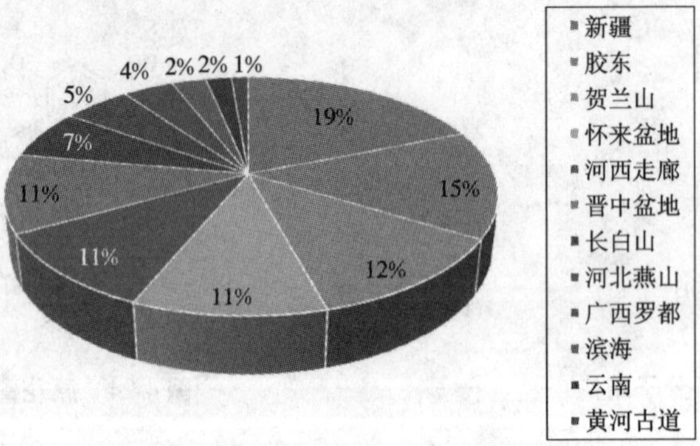

图 4-25 酒用葡萄产区分布情况

3. 葡萄多酚的标准

葡萄多酚目前没有法定的标准，基本是企业各自制定自己的标准。中国医药保健品进出口商会组织制定了一个国际商务标准，目前葡萄多酚的标准有：原花青素含量 >95%，总多酚含量 >90%、95%，低聚原花青素（OPC）含量 >40%、50% 等。原花青素检测方法不标准、不统一，导致前些年葡萄多酚掺假盛行，各种其他廉价原花青素或可以干扰检测的物质（如松树皮提取物和花生衣提取物）掺入后冒充葡萄多酚，以至于在美国原花青素的价格一度卖到 12 美元/千克。

4. 工业企业情况分析

从 1994 年连云港正大天晴公司第一个规模化生产葡萄多酚，到现在我国已经有不同规模的几十家企业在生产葡萄多酚。中国 2015 年葡萄多酚的产量已接近 1 000 吨，其中天津尖峰的产量接近200吨。2015年我国葡萄多酚市场销售总量约为1 000吨,其中70%以上的葡萄多酚销往国外市场。

虽然国内生产葡萄多酚的企业有几十家,但年产量在50吨以上的占比不足10%,大部分企业的生产水平相对低下,市场集中度较低。在产品质量、规格、成本和效益方面真正具有市场竞争力的企业极少,见表4-10。

表4-10　2015年我国葡萄多酚主要生产厂家一览表

编号	企业简称	建设时间(年)	年产量(吨)	地区	是否生产药品、保健品	是否专业生产多酚
1	河北晨光	1990	120	河北	是	否
2	西安天行健	1991	10	陕西	否	否
3	绍兴东灵	1993	90	浙江	否	否
4	桂林莱茵	1995	100	广西	是	否
5	宁波杰顺	1996	20	浙江	否	否
6	长沙惠瑞	1997	10	湖南	否	否
7	天津尖峰	1999	200	天津	否	是
8	深圳劲创	1999	50	广东	否	否
9	什邡巨邦	2000	10	四川	否	否
10	青岛海隆达	2000	60	山东	是	是
11	沧州宝恩	2004	40	河北	否	否
12	浙江天草	2006	80	浙江	是	否
13	磐安巍峰	2006	10	浙江	否	否
14	甘肃新汇康	2007	30	甘肃	否	否
15	长沙绿蔓	2008	40	湖南	否	否
16	石家庄健禾	2009	30	河北	否	否
17	宁波德沃	2010	30	浙江	否	否
18	宁波北仑康正	2010	30	浙江	否	是
19	宝鸡润木农业	2010	10	陕西	否	否
20	西安源森	2010	10	陕西	否	否
21	湖南康麓	2011	10	湖南	否	否
22	安吉丰美水栀子	2011	10	浙江	否	否
23	石家庄工大生物	2012	20	河北	否	否
24	杨凌慈缘生物	2013	10	陕西	否	否
25	崇阳荣信	2014	10	湖北	否	否

2015年,这25家企业的葡萄多酚总产量为1 040吨,其中有10家是在2000年及以前成立的公司,而西安天行健、长沙惠瑞、宁波杰顺、什邡巨邦这4家企业以贸易公司起家,正式进行工厂建设是在2000年之后。除去这4家,有较长生产历史的6家企业(河北晨光、绍

兴东灵、桂林莱茵、天津尖峰、深圳劲创、青岛海隆达)的产量总计620吨/年,占到59.6%。其余企业的产能十分分散。

由表4-10可知,各省区葡萄多酚的年产量分别为河北210吨(4家),天津200吨(1家),浙江270吨(7家),广西100吨(1家),山东60吨(1家),湖南60吨(3家),广东50吨(1家),陕西40吨(4家),甘肃30吨(1家),湖北10吨(1家),四川10吨(1家)。其中,河北、天津、山东和广西的产量占到了全部产量的近60%,这些区域都靠近产区,如天津有天津滨海葡萄产区,同时十分靠近胶东产区和燕山南麓产区;河北有燕山南麓产区和怀来盆地产区;山东有胶东产区;广西有罗都产区,并靠近云南产区,非常符合原料工厂接近产区的规律。有一个例外是浙江地区虽然没有葡萄产区,产量也不少,说明浙江群体市场化的接受能力强,对于这个没有政府约束的产业勇于投入,笔者经深入了解得知,这几个工厂都靠近宁波港,它们所用的葡萄籽原料是从欧洲、美国等国家和地区进口过来加工的,从某种意义来说也算接近产地。从表4-10中看出,工厂集中分布在河北、浙江、湖南、陕西四个区域,其总数占工厂总数的72%。除了河北接近产区外,其他三个省份都是植物提取物厂形成集群的地方,有产业氛围,但相对规模小,分布较分散,没有规模效应。

5. 主要技术以及存在问题

葡萄多酚加工的技术路线是比较多的,依据不同的标准可以使用不同的生产技术和方法。在中国,葡萄多酚既没有归到药品范围,也没有归到食品范围,实际上属于没有国家监管的一种产品,导致其使用不严谨,目前大部分出口。国内这个行业主要存在以下问题。

(1)葡萄皮(籽)原料加工不科学,原料供应不足。由于不可能种植只产皮(籽)的葡萄,所以只能将葡萄酒厂酿酒后的下脚料处理后作为原料,处理过程是否科学认真直接关系到原料的质量。由于每个葡萄酒厂的下脚料不是特别多,所以葡萄酒厂不会专门添置设备来进行处理,中间商更不可能采购大型设备进行科学处理,导致加工的皮(籽)质量参差不齐,严重浪费资源。而法国、西班牙和美国,一般是多家葡萄酒厂联合起来,将皮渣统一交给一个工厂进行处理,从而产生规模效应,统一按科学的、标准的工艺进行加工,葡萄籽质量好,含量高,尽管价格比中国高,但性价比高。目前进口葡萄籽的提取得率能达到8%~10%,而国内葡萄籽一般只有4%~5%的得率,这也是为什么浙江的企业尽管附近没有葡萄种植基地,葡萄多酚的产量还比较大的原因。他们的原料是从法国、西班牙、美国等国家进口的,在港口附近的城市生产依然有优势。

(2)质量标准和检测手段不科学,研究深度不够,没有十分科学的手段来判断不同公司生产的产品的功效和质量差别。有些公司用低廉的原花青素或者可以干扰检测的物质冒充葡萄原花青素,引起市场一片混乱。2015年3月,纽约州总检察长根据办公室的利用基因技术检测食品补偿剂的调查报告,直接指控健安喜(GNC)、沃尔玛、Walgreens和Target四大零售商欺骗消费者,出售具有潜在危害性的植物提取物和维生素补充剂,同时要求它们立即停止销售这些膳食补充剂。报告指出,只有部分植物成分写在标签上,而许多潜在易导致过敏的植物成分并没有在标签上注明[52]。尽管后来美国食品和药品管理局(FDA)介入后声称用基因技术对提取物进行检测不科学,这件事没有给健康食品行业造成很大的影响,但对掺假行为敲响了警钟,随后银杏叶提取物掺假、葡萄籽提取物掺假等问题不断被曝光，这些都促使企业不断提高自己的技术含量。中国医保商会为此组织制定了一个出口标准，但依旧具有局限性。

(3)生产规模偏小，专业化环保措施欠缺。目前最大的生产企业是天津尖峰，生产量也只有200吨，河北晨光、桂林莱茵和绍兴东灵的生产规模为100吨，产业集中度不高，现代提倡的投资较大的智能化制造和高环保要求明显超出这些企业的承受能力，企业迫切需要的是扩大生产规模，产生规模效应，集中处理“三废”，降低环保成本，提升规模效益。

4.2.3　花青素

花青素(Anthocyanidin)，又称花色素，是一类水溶性天然色素，广泛存在于各种植物中。它是植物花瓣中的主要呈色物质，各种花卉、蔬菜和水果等的缤纷斑斓的颜色绝大多数与它有关，现在已知的花青素有20多种，存在于植物中的花青素主要有6种：矢车菊素、飞燕草素、天竺葵素、牵牛花素、芍药花素及锦葵花素。游离状态的花青素在自然条件下很少见，一般情况下以糖苷的形式存在，花青素通常与一个或几个阿拉伯糖、半乳糖、鼠李糖、葡萄糖等通过糖苷键形成花色苷。已知天然存在的花色苷有250多种。花青素属于酚类化合物中的类黄酮类(Flavonoids)。花青素随着周围环境pH值的变化呈现不同的颜色[53]。由于其强抗氧化性，性质不稳定，不容易大规模得到高含量的产品，目前工业化生产的只有25%花青素(花色苷35%)含量的规格。

1. 结构式与功能

1)花青素基本结构式

花青素基本结构式如图4-4所示。

2)花青素的功能[54]

(1)抗氧化作用。花青素最显著的生物活性就是抗氧化性。花青素具有抗氧化活性是因为它能够为自由基提供电子和氢以清除活性氧，减少DNA中氧化加合物的形成，增加细胞对氧自由基的吸收量，抑制脂质氧化作用，抑制环境毒素和致癌物质所导致的突变，增强一些天然抗氧化酶的活性，与蛋白结合参与细胞信号通路及基因表达，从而发挥抗氧化功能。花青素能与金属发生螯合作用，防止抗坏血酸被金属氧化，从而避免坏血病的发生。

(2)抗过敏作用。有研究用花青素对小鼠进行预处理，发现能够抑制从致敏小鼠IgE分离出的原始肥大细胞的脱颗粒现象，表明花青素具有抗过敏作用，同时有关报道指出花青素还参与固有免疫的调节。因此花青素可以用于哮喘及感染性疾病的治疗。

(3)抗微生物作用。花青素具有潜在的抗细菌、抗真菌、抗病毒的特性。研究表明，一些花青素提取物能够抑制通过饮食传染的细菌，包括沙门氏菌、鼠伤寒、产单核李斯特菌。花青素的抗菌作用与它的氢氧根数量和聚合度有关。

(4)对心脏的保护作用。有研究表明，可以通过摄取花青素来降低动脉粥样硬化等危险因素。氧化应激的发生与脂质过氧化物、血清脂质过氧化作用以及丙二醛修饰的低密度脂蛋白有关，有关研究表明，在摄入花青素2 h后，血清中脂质与花青素的结合就会增多。

(5)对眼睛的保护作用。籍保平等研究发现，笃斯越橘花色苷对视网膜细胞光损伤有保护作用，主要原因有三方面：一是花色苷能够清除光照所引起的脂质过氧化物、活性氧等;二是花色苷能激活视网膜酶,活化和促进视红质的再合成作用,从而改善人眼的视觉敏锐程度,提升黑暗环境适应能力;三是对视网膜的血液微循环有很好的促进作用,能加速物质代谢交换和增强对毛细血管的保护作用。Milbury 等用越橘的提取物预处理人视网膜色素上皮细胞 4 h 后,再进行氧化损伤发现,损伤程度明显比对照组小。McAnulty 等的研究也表明,越橘提取物能清除自由基,避免发生氧化应激反应而破坏细胞因子的平衡,防止细胞受到损坏。实验的进一步研究表明花色苷对视网膜黄斑病变有预防和延缓作用[55]。

(6)对代谢性疾病的影响。有关研究表明,摄入富含花青素(特别是矢车菊素-3-O-葡萄糖苷)的食物,能够提高胰岛素的敏感性,明显降低 2 型糖尿病的发生率,同时还能在肝脏中通过激活特定通路上调乙酰辅酶 A 氧化酶,降低肝脏和血清中的脂质含量,预防脂肪肝。另外,摄取含有矢车菊素-3-O-葡萄糖苷的食物,能够明显降低由于高脂肪饮食引起的血糖浓度的升高。

(7)抗衰老作用。有关研究表明,花青素能够改善纹状体中多巴胺的释放量,使认知能力得到改善,同时提高行为能力。一些研究者指出,用花青素喂食年龄较大的老鼠,发现其神经系统中自由基所诱导的脂质过氧化反应减少。

(8)抗癌作用。研究表明,花青素能够明显地抑制人类 HCT-116 结肠癌细胞的转移和侵袭,同时具有抑制乳腺癌的作用;能抑制前列腺癌细胞的转移和侵袭,促进癌细胞的凋亡,从而抑制前列腺癌的发展。抗皮肤癌实验表明,花青素能够抑制紫外线所诱导的氧化应激,并且减少 DNA 的破坏,因而能够保护细胞免受紫外线的辐射,从而抑制因紫外线而诱导的细胞凋亡。经研究表明,矢车菊素-3-O-葡萄糖苷还有抑制肺肿瘤细胞、宫颈肿瘤细胞的作用。芍药花素、飞燕草素、牵牛花素等可作为恶性胶质瘤细胞 U-87 的有效抑制剂[56]。

2. 原料

可提取花青素的植物来源十分丰富,分布区域也很广泛,包括但不局限于:欧洲越橘、笃斯越橘、蓝莓、葡萄皮、桑葚、黑加仑、紫甘蓝、紫胡萝卜、紫玉米、黑米、黑豆、蓝靛果、黑果花楸、紫玉淮山、接骨木果、黑树莓、红豆越橘、乌饭树、胭脂萝卜、黑枸杞等。天然色素主要来源于紫甘蓝、紫甘薯、胭脂萝卜、紫胡萝卜等蔬菜水果,而目前应用于健康产品领域的花青素主要来源于欧洲越橘、蓝莓、笃斯越橘、黑加仑、蓝靛果等浆果以及黑豆、黑米、紫玉米等杂粮。这些资源遍布全国,不同的地方有不同的特点,东北有蓝莓、越橘、黑加仑,江浙有桑葚,山东有蓝莓、葡萄,新疆有葡萄、黑加仑,但多数资源集中分布在东北。

3. 花青素的标准

欧洲越橘花青素是最先制定商业化产品标准的,花青素含量 >25%(UV 检测)+ 花色素苷含量 >36%(HPLC 检测),同时需要满足标准图谱,以保证欧洲越橘来源的一致性。具体见表 4-11。

表 4-11　欧洲越橘提取物质量标准

检验项目	检验标准	检验方法
性　状	深紫色粉末,带有越橘提取物的特殊气味和味道	感官评价
鉴　别	呈阳性反应	TLC
粒　度	100% 通过 80 目	筛析
水分含量	<5%	105 ℃, 3 h
菌落总数	<1 000 cfu/g	参照 WHO/PHARMA/92. 559 Rev. 1,49 页
霉菌和酵母菌总数	<100 cfu/g	
大肠菌群总数	<100 cfu/g	
大肠埃希菌	不得检出	
沙门氏菌	不得检出	
重金属含量	<0. 02‰	参照 JP
铅含量	<3‰	
砷含量	<2‰	
农药残留量	符合 BP	GC
溶剂残留量	符合 BP	GC
花青素含量	>25. 0%	UV
花色素苷含量	>36. 0%	HPLC

4. 工业企业情况分析

中国提取花青素由来已久,但基本停留在天然色素和食品添加剂阶段,没有规模化生产高含量健康用花青素的历史。目前尽管有十几家企业在生产花青素,实际上规模化的很少,总计产量按 25% 花青素计算,不超过 100 吨,并且主要是欧洲越橘,见表 4-12。

表 4-12　工业企业情况分析

编号	公司名称	成立时间(年)	产品种类	是否有终端	地区	是否专业生产
1	北京绿色金可	1995	红豆越橘、欧洲越橘、C-3-O-G	否	北京	否
2	桂林莱茵	1995	欧洲越橘、葡萄花青素	是	广西	否
3	林格贝	2002	蓝莓、稠李子、红豆越橘、葡萄皮、欧洲越橘、红树莓、黑米、黑加仑、黑豆、蓝靛果、接骨木果、花楸果系列花青素	否	黑龙江	是
4	杭州惠松	1998	越橘、黑加仑花青素	是	浙江	否
5	天津尖峰	1999	C-3-O-G、蓝莓花青素、蓝靛果花青素	否	天津	否
6	天津康友	1997	黑米、黑豆花青素	否	天津	是
7	宁波中药厂	1965	欧洲越橘花青素	否	浙江	否
8	宁波绿之健	1998	欧洲越橘、黑加仑花青素	否	浙江	否

续表

编号	公司名称	成立时间(年)	产品种类	是否有终端	地区	是否专业生产
9	惠州晟荣	2007	欧洲越橘花青素	否	广东	否
10	陕西嘉禾	2000	欧洲越橘花青素	否	陕西	否
11	宁波杰顺	1996	越橘、蓝莓、桑葚、黑加仑花青素	否	浙江	否
12	长沙绿蔓	2008	欧洲越橘、黑加仑花青素	否	湖南	否
13	宁波立华	1993	欧洲越橘、黑加仑花青素	否	浙江	否
14	绍兴东灵	1993	欧洲越橘、黑加仑花青素	否	浙江	否
15	湖南华诚	2008	欧洲越橘、中国越橘、蓝莓、黑豆花青素	否	湖南	否
16	长沙惠瑞	1997	欧洲越橘花青素	否	湖南	否

注:本表没有统计天然色素厂家。

从这些公司生产花青素的品种看,除天津康友和天津尖峰外,几乎都生产欧洲越橘,说明花青素品种中欧洲越橘占据绝对地位,经分析,其主要原因是国际上对该花青素做过很深入的功效研究,其功效为广大消费者所了解和接受。

对16家花青素生产工厂按区域作图4-26,其中浙江6家,湖南3家,天津2家,陕西1家,广东1家,北京1家,黑龙江1家,广西1家。从图中可以发现,浙江和天津厂家占了50%,结合欧洲越橘需要从欧洲进口的情况,可以发现港口城市对于生产进口原料植物多酚的优势。深入分析可知,浙江和湖南两个植物提取物大省花青素生产厂家占到57%,充分说明对于花青素这种技术含量比较高的产品,需要经验和人才才能合格生产。

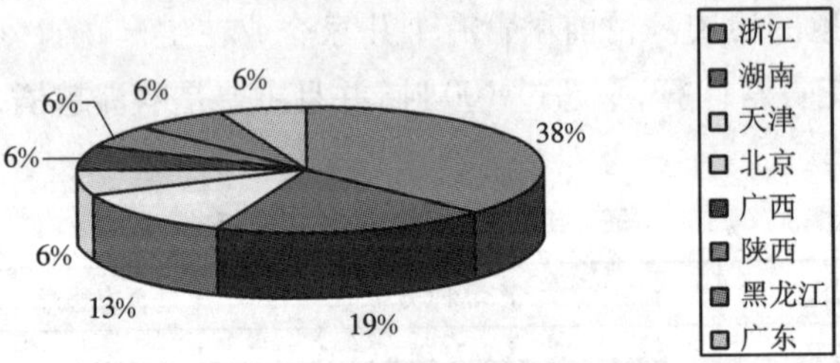

图4-26 花青素生产工厂区域分布比例图

5. 主要技术以及存在问题

花青素加工的技术路线是比较多的,根据不同的品种、不同的标准,可以使用不同的生产技术和方法。在中国花青素可以归到食品范围,适用范围比较广泛,发展前景十分光明。目前这个行业主要存在以下四方面的问题。

(1)花青素原料收集较困难。由于花青素原料大多数为浆果,不仅采收时间短,而且难以保存。

(2)生产工艺不稳定,污染大。由于花青素极不稳定,一般都是在酸性条件下提取的,生产工艺产生的废液会极大地影响环境。

(3)质量标准和检测手段不科学,研究深度不够。目前没有十分准确的手段来快速确定不同企业生产的产品的功效和质量差别。

(4)生产规模偏小,专业化环保措施欠缺。目前最大的生产企业是北京绿色金可,其花青素产量也只有 50 吨,宁波绿之健、杭州惠松的生产规模为 20 吨,产业集中度不高,现代提倡的投资较大的智能化制造和高环保要求明显超出这些企业的承受能力,它们迫切需要的是扩大生产规模,产生规模效应,集中处理“三废”,降低环保成本,提升规模效益。

4.2.4　其他多酚

1. 茶多酚

茶多酚是茶叶中所含的多酚类化合物,主要化学成分为儿茶素类(黄烷醇类),是黄酮、黄酮醇类、酚酸及缩酚酸类、聚合酚类、花青素类等化合物的混合体。其中儿茶素类化合物为茶多酚的主要成分,占茶多酚总量的 65% ~80% 。儿茶素类主要包括没食子儿茶素没食子酸酯(EGCG)、儿茶素没食子酸酯(ECG)、没食子儿茶素(EGC)和儿茶素(EC)4 种物质,具有很强的消除有害自由基、抗衰老、抗辐射、抑制癌细胞、抗菌、杀菌、抑制艾滋病病毒等作用[57]。

2015 年我国茶多酚市场销售总量达到 5 000 吨。2014 年我国茶多酚行业总产值为 7. 83 亿元,2015 年全国总产值达到 8. 98 亿元,其中 60% 以上的茶多酚销往国外市场。主要规格有多酚 30% ~98% ,同时通过测量 EGCG、总儿茶素、咖啡因等的含量进一步细分规格。我国已建和在建的茶多酚工厂总计有三四十家,年生产量达 500 吨以上的占比不足 10% ,市场集中度整体处于较低的水平。大部分企业的生产水平都相对低下,真正具有市场核心竞争力(产品品牌、质量、生产规模、成本控制和应用研究)的厂家不超过 5 家。

当前能规模化稳定生产茶多酚的主要生产厂家如下:成都华高生物制品有限公司、安徽红星药业股份有限公司、江苏德和生物科技有限公司、红河唐人生物发展有限公司、无锡太阳绿宝科技有限公司、湖州荣凯植物提取有限公司。

2. 苹果多酚

苹果多酚是苹果中所含多元酚类物质的通称,苹果多酚含量因成熟度而异,未熟果的多酚含量为成熟果的 10 倍,故提取苹果多酚采用未熟果为宜。苹果多酚中含有根皮甙、根皮素、原花青素、表儿茶素、儿茶素、苹果缩合丹宁、绿原酸等,具有很强的抗氧化作用,有很高的保健功效,主要可以修复肝损伤、降血脂、预防高血压、降血糖、预防龋齿、预防过敏反应、抗突变、抑制肿瘤、阻碍紫外线吸收,还有保护肺的功能[58]。

2015 年我国苹果多酚产量不超过 100 吨。主要规格是 80% 苹果多酚,其中绝大部分的苹果多酚销往国外市场。我国目前号称能生产苹果多酚的工厂有几十家,实际能生产苹果多酚的有一定产量的大致 3 家,还处于初级阶段,目前主要厂家有天津尖峰天然产物研究开发有限公司(www. jf-natural. com)、杭州天草生物科技股份有限公司(www. skyherb. cn)和北京绿色金可生物技术股份有限公司(www. bggword. com)。

3. 槲皮素

槲皮素,又名栎精、槲皮黄素,溶于冰醋酸,碱性水溶液呈黄色,几乎不溶于水,乙醇溶液味很苦。可作为药品,具有确切的止咳、祛痰作用,并有一定的平喘作用。另外还有降低血压、减少毛细血管脆性、降血脂、扩张冠状动脉、增强毛细血管抵抗力、增加冠脉血流量等作用。临床用于治疗慢性支气管炎。对冠心病及高血压患者也有辅助治疗作用[59]。

我国目前生产槲皮素的工厂有几十家,实际上能规模化生产槲皮素原料的不超过10家,这些厂家专业生产芦丁、曲克芦丁、槲皮素系列产品,常见规格为95%和98%。

主要厂家有临朐县华懋生物科技有限公司(http://www.chinarutin.com/)、西安惠丰生化股份有限公司(http://www.xahuifeng.com/)、平舆县馨星生化有限公司(http://www.hnxinxing-group.com/)、广西禅方药业(http://www.gxcfyy.com/)、西安惠博生物科技有限公司(http://www.xarainbow.com/)。

4. 大豆异黄酮

大豆异黄酮是从大豆中提取出来的具有类雌激素作用的黄酮类化合物,是大豆生长过程中形成的一类次级代谢产物,具有延缓女性衰老,改善更年期症状,预防骨质疏松、血脂升高、乳腺癌、前列腺癌、心脏病、心血管疾病等作用[60]。2015年我国大豆异黄酮原料销售总量达到约200吨。主要规格为40%,少数为20%和80%。

目前国内生产大豆异黄酮的工厂有几十家,年生产量达50吨以上的占比不足10%,大部分企业的生产水平相对低下,市场集中度整体较低。真正具有市场竞争力(产品质量、规模、成本和效益)的只有几家,分别是东明荟仁生物制剂责任有限公司(http://sdhuiren.1688.com)、天津尖峰天然产物研究开发有限公司(www.jf-natural.com)、山东万得福实业集团有限公司(http://www.chinaprotein.com.cn)、东明盛源生化科技有限公司(http://www.dmshengyuan.com/)。

5. 水飞蓟素

水飞蓟素(silmyarin)是从菊科植物水飞蓟的果实及种子中提取分离得到的黄酮木脂素类成分(由二氢黄酮醇与苯丙素衍生物缩合而成),常规商品标准是80%的含量,其中主要含有水飞蓟宾(silybin, silibinin)、异水飞蓟宾(isosilybin, isosilibinin)、水飞蓟亭(siliehristin)、水飞蓟宁(silidinain)四种同分异构体。水飞蓟素具有对脂肪氧合酶、过氧化酶的抑制作用。其主要功能包括清除活性氧、保肝、抗肿瘤、抗心血管疾病、保护脑缺血损伤等,临床上主要用于肝中毒、肝功能障碍的治疗,抗辐射[61]。

国际市场年水飞蓟需求量在1 000~1 200吨,大部分由中国供应。盘锦是我国水飞蓟主要生产地区,2014年盘锦水飞蓟素年生产量近700吨,年产水飞蓟种子8 000多吨。目前,盘锦市拥有水飞蓟加工企业8家,其中经GMP认证企业2家。

水飞蓟素主要厂家包括辽宁沃德药业有限公司(www.liverdpharma.com)、盘锦华成制药有限公司(http://www.pjhuacheng.com/)、江苏健佳药业有限公司(http://www.dtlbm.com/)、佳木斯三江水飞蓟素制品有限公司(http://www.milkthistle.com.cn/)、盘锦格润生物科技有限公司(http://www.panjingreen.com/)。

4.3 生产企业行为分析

企业是市场的主体,生产企业行为是指企业为了实现利润目标最大化,按照投入产出相抵收益最大的原则，对发生在生产过程中的生产要素投入和产品产出进行决策的行为。生产企业行为是供给增加的主导因素，影响因素比较复杂，如政府政策干预、市场环境变化、企业内部利益分配、生产力发展程度、企业经营目标、资金流转成本等。分析植物多酚产业的生产企业行为，关注生产要素最佳组合、短期最佳产量、长期最佳战略等影响因子，对有针对性地提高企业竞争能力、推动植物多酚产业持续快速发展具有十分重要的现实意义。

笔者于2015年8月—2016年3月走访了40家相关企业，见表4-13，该名单基本包括了植物多酚产业规模以上企业。为了保证问卷真实有效，主要采用当面访谈、电话问答、邮件调研的方式对企业相关负责人进行了详细调研。因为笔者在植物多酚生产企业接触管理、营销工作接近20年，与受访者比较熟悉，不仅能够与受访者详细沟通问卷内容，而且能够确保所得信息的完整性和真实性。

调查问卷设计成两部分：第一部分调查和了解全国植物多酚原料生产经营者的自然情况；第二部分调查研究植物多酚原料企业的经营行为，包括企业长期核心战略、企业经营战术和营销行为几方面。

表4-13 走访生产企业名单

序号	企业简称	多酚产品	所在地	被调查者
1	桂林莱茵	葡萄多酚、花青素	广西	营销总监
2	天津尖峰	葡萄多酚、苹果多酚	天津	总经理
3	成都华高	茶多酚	四川	总经理
4	陕西嘉禾	花青素	陕西	董事长
5	北京绿色金可	花青素、银杏黄酮	北京	运营总监
6	宁波绿之健	花青素	浙江	营销总监
7	杭州天草	葡萄多酚	浙江	董事长
8	绍兴东灵	茶多酚、银杏黄酮	浙江	总经理
9	浙江康恩贝	银杏黄酮	浙江	销售经理
10	浙江惠松	花青素	浙江	董事长
11	湖北诺克特	银杏黄酮	湖北	总经理
12	无锡太阳绿宝	茶多酚	江苏	总经理
13	江阴德和	茶多酚	江苏	营销总监
14	安徽红星	茶多酚	安徽	副总经理
15	东明格鲁斯	白藜芦醇	山东	销售总监
16	芜湖天远	茶多酚	安徽	营销总监
17	湖州荣凯	茶多酚	浙江	董事长
18	宁波建明	茶多酚	浙江	副总经理
19	浙江塔塔	茶多酚	浙江	运营总监
20	长沙绿蔓	茶多酚、白藜芦醇、葡萄多酚	湖南	总经理

续表

序号	企业简称	多酚产品	所在地	被调查者
21	湖北中鑫	茶多酚	湖北	营销总监
22	临朐华懋生物	槲皮素	山东	营销总监
23	西安惠丰	槲皮素	陕西	董事长
24	平舆馨星	槲皮素	河南	销售经理
25	广西禅方	槲皮素	广西	销售经理
26	陕西森弗	葡萄多酚、花青素	陕西	总经理
27	东明荟仁	大豆异黄酮	山东	总经理
28	山东万得福	大豆异黄酮	山东	营销总监
29	大兴安岭林格贝	花青素	黑龙江	总经理
30	辽宁沃德	水飞蓟素	辽宁	营销总监
31	盘锦华成	水飞蓟素	辽宁	营销总监
32	江苏健佳	水飞蓟素	江苏	总经理
33	盘锦天源	水飞蓟素	辽宁	总经理
34	盘锦格润	水飞蓟素	辽宁	营销总监
35	宁波立华	银杏黄酮	浙江	销售总监
36	曲周晨光	葡萄多酚	河北	总经理
37	惠州晟荣	花青素	福建	总经理
38	湖南华诚	花青素	湖南	总经理
39	宁波中药	花青素、银杏黄酮	浙江	销售总监
40	西安天一	槲皮素、白藜芦醇、鞣花酸	陕西	销售总监

4.3.1 企业基本状况描述

笔者认为企业性质、企业类型、资产规模、经营时间长短、年度销售总额、企业负责人学历、产品营销自我认知和主要销售领域等对企业行为都有影响,因此在设计问卷时选择变量对其基本属性进行描述,如表4-14所示[95]。

表4-14 企业基本属性描述

项目	数量/比例
企业性质	有限公司16/40% 股份合作13/32.5% 外商及港澳台投资4/10% 上市公司或下属企业7/17.5%
企业经营时间	5年及以下5/12.5% 6~10年6/15% 11~15年9/22.5% 16~20年8/20% 20年以上12/30%
企业类型	生产型3/7.5% 加工型2/5% 生产加工型3/7.5% 生产加工销售型32/80%
年销售额	≤1 000万元0 >1 000万~5 000万元15/37.5% >5 000万~1亿元12/30% >1亿~3亿元10/25% >3亿元3/7.5%

续表

项目	数量/比例
企业资产规模	≤1 000 万元 0　>1 000 万～2 000 万元 4/10%　>2 000 万～5 000 万元 11/27.5%　>5 000 万～1 亿元 16/40%　>1 亿元 9/22.5%
负责人学历	初中及以下 2/5%　高中 3/7.5%　本科 29/72.5%　硕士及以上 6/15%
产品销售领域	本省 0　中国 3/7.5%　亚洲 7/17.5%　全球 30/75%
产品营销自我认知	很不好 0　不好 3/7.5%　一般 10/25%　畅销 24/60%　很畅销 3/7.5%

数据来源：笔者实际调查整理所得。

从40家企业的统计结果可看出，有限公司有16家，占40%，股东基本上是一个人（或一致行动人），规模较小；股份合作企业有13家，占32.5%；外商及港澳台投资企业有4家，占10%；上市公司或下属企业有7家（注：新三板上市公司不包含在上市公司内），占17.5%，其中桂林莱茵和曲周晨光是国内以植物提取物为题材上市的独立上市公司，其余5家为上市公司下属子公司或控股公司，说明多酚产业规模化企业较多。同时，这次调查将新三板作为一个指标，总计有7家登陆新三板，分别是湖南华诚、长沙绿蔓、西安天一、杭州天草、大兴安岭林格贝、湖北诺克特和安徽红星，另有1家西安惠丰在美国柜台交易。这充分说明了该行业的特点：技术领先，发展前景好，属资本热点行业。

关于企业资产规模，资产规模小于或等于1 000万元的企业没有；>1 000万～2 000万元的有4家，占10%；>2 000万～5 000万元的有11家，占27.5%；>5 000万～1亿元的有16家，占40%；其余为资产规模超过1亿元的企业（9家），占22.5%。规模相对较大的企业总计占62.5%（22.5% +40%），说明这个行业已经不是可以以很小投入进入的行业了。

从年销售额来说，销售额在1 000万元及以下的企业没有，说明这个行业没有小微企业的立足之地；销售额>1 000万～5 000万元以及>5 000万～1亿元的所占比例分别为37.5%和30%，说明中小企业占绝大多数；销售额>1亿～3亿元的企业有10家，占25%，预示着这个产业有很好的后续发展空间；有7.5%的企业销售额超过3亿元人民币，让我们看到植物多酚原料产业也能出现很优秀的企业。

关于企业经营时间，10年以上的居多，其中20年以上的竟然占到30%，有12家，分析后发现这12家中大部分企业尽管历史较长，但生产植物多酚的历史一般不超过15年，其中许多企业是原先生产中药提取物逐渐转方向的，例如宁波中药，1965年成立，原先是生产中药的；16～20年的有8家，占20%，这些企业基本是起步阶段就以生产植物多酚为发展方向，例如湖州荣凯，是最早做植物多酚的企业，自1994年成立，以生产茶多酚起家；天津尖峰，自1999年开始专注于生产葡萄多酚；11～15年的企业占22.5%。20年以上的企业大多为专业经营企业，符合植物多酚产业的发展阶段。本次调研发现，高学历层次的企业负责人比例很高，本科及以上学历水平的占87.5%，其中硕士及以上学历水平的占15%，这充分说明植物多酚产业的运营对文化程度要求较高，专业化较强，同时也说明整体企业经营水平较高，善于发现和把握市场机遇，关注生产中的各级生产要素，比较符合植物多酚产业的发展要求。

从产品销售领域来看,植物多酚企业以出口销售居多,占92.5%,面向全球销售的企业有30家,占75%,只有3家企业局限于在国内销售,这充分说明多酚产业目前在国际上得到认可,在国内还处在比较初级的萌芽期。

调研发现,单一生产或加工的企业数量较少,分别占7.5%和5%,生产加工型的占7.5%,生产加工销售型的企业占80%(有32家),这充分说明现阶段多酚产业是一个系统化的产业,简单的生产、加工不是这个行业的特点。

在产品营销自我认知的调研中,60%的企业认为自己的产品处于畅销状态,7.5%的企业认为很畅销,25%的企业认为销路一般,7.5%的企业认为销售不好。分析企业销售不好的原因,主要是公司体制的问题。

4.3.2 企业战略行为调查

企业各种战略的统称就是企业战略,其中既包括企业发展战略、品牌战略、融资战略等长远的战略,也包括竞争战略、营销战略、技术开发战略、人才开发战略、资源开发战略等短期的战略。企业战略是因企而异,不断变化的,例如互联网战略就比较新,而智能化战略可能还未涉及。企业战略种类虽多,基本属性却是相同的,都是针对企业发展的谋略,是对企业整体发展、长期稳定发展、基本性问题解决等的谋划。问卷中包含了这些设计和调查。

植物多酚生产企业都具有明确的发展战略。战略是企业发展中整体性、长期性问题的计谋,问卷中设计了多个题项,如表4-15所示,分别为"目标市场是否明确"(97.5%的企业选择"明确")、"是否有企业文化"[77.5%的企业(31家)选择"有"]、"是否有3~5年或长于5年的长远规划"(87.5%的企业选择"有")。这表明大部分企业具有清晰的目标,注重长期发展,重视眼前利益也不忽视长远利益,两者有效结合,特别是专注于生产1~2个植物多酚的企业,更有长远目光,细分行业的领军企业是他们的目标。在问及"制约企业发展的主要因素"(多选题)时,回答政府政策因素的企业占40%,22.5%的企业认为是市场需求因素,回答技术要素的占10%,说明企业基本上不为技术所牵制,只有5%的企业认为是资金要素。以上情况直接表明目前植物多酚行业企业经营市场情况良好,政府政策是该行业发展的第一制约因素,说明目前的产业政策远远落后于多酚这个新产业的发展步伐,资金因素只占5%说明这个行业是不缺资金的,政府政策放开将对行业发展起到十分巨大的推动作用。

表4-15 企业发展战略调查总结

编号	项目	比例
1	目标市场是否明确	明确97.5%　不明确2.5%
2	是否有企业文化	有77.5%　没有22.5%
3	是否有3~5年或长于5年的长远规划	有87.5%　没有12.5%
4	制约企业发展的主要因素	市场需求22.5%　资金5%　技术10%　政府政策40% 竞争者行为5%　原料短缺12.5%　其他5%

续表

编号	项目	比例
5	企业具备哪些竞争优势	资金20%　技术30%　地理17.5%　客户资源27.5%　管理5%
6	行业发展的制约要素	技术15%　资金10%　市场开发30%　原料20%　政府政策20%　其他5%
7	细分市场的依据	产品种类50%　客户需求10%　工艺12.5%　原料资源供应27.5%

企业竞争优势明显。企业对自身竞争优势进行评价时(多选题),认为自身技术优势明显的企业占30%,拥有成熟的客户资源的企业占27.5%,认为自身资金实力较强的企业占20%,认为从事过相关产业经营具有管理优势的企业占5%,17.5%的企业存在地理优势,如港口、机场、高铁,出入方便等。在深入交流中了解到,地方政府支持、相关自然资源优势(植物多酚原料资源地)均为企业关注的焦点,被企业充分利用。这说明植物多酚行业十分关注生产技术、人才等高级生产要素,只有非常重视与科研院校的交流和合作,才能保证创新和保持高技术水平。

企业关注市场,准确细分市场。植物多酚原料产品企业众多,当问到细分市场的依据时,50%的企业回答是产品种类,调研时笔者也感觉到专业的工厂市场知名度高,口碑好,如天津尖峰的葡萄多酚、成都华高的茶多酚。按原料资源供应细分的占到27.5%的高比例,表明多酚原料生产所需要的前原料在细分市场中作用很大,根据工艺和客户需求细分的企业只占比较低的比例。

4.3.3　企业营销策略调研

由于植物多酚的生产过程技术标准要求高,所以调研问题专注于企业产品策略,如产品质量的标准和稳定、新产品开发的速度和提取分离技术创新等方面。调查中96%的企业认为要保证植物多酚产品质量持续稳定,只有一贯坚持产品质量安全,多酚原料产业才能持续发展,持续受到客户的认可,企业才能稳步拓展市场,树立市场地位。

对于产品策略的其他方面,本书采用的是李克特量表法,就经验而言5度量表较为可靠,因此本书评分级度采用5等,如表4-16所示。

表4-16　企业产品策略调查

项目	1极不重要	2不重要	3一般重要	4很重要	5非常重要
多酚质量安全				22.5%	77.5%
生产有机多酚产品		2.5%	60%	30%	7.5%
有机产品可以增加利润				20%	80%
有机产品可以更好地满足需求		2.5%	20%	12.5%	65%
拥有自主品牌		5%	10%	77.5%	7.5%

续表

项目	1 极不重要	2 不重要	3 一般重要	4 很重要	5 非常重要
品牌建设		15%	40%	37.5%	7.5%
包装		2.5%	50%	40%	7.5%
自建企业科研机构		5%	15%	12.5%	67.5%
技术创新			10%	52.5%	37.5%

从问卷结果来看,没有企业选择"1 极不重要"这个题项,只有 5% 的企业在"自建企业科研机构"项目中选择"2 不重要",表明企业对于科研的重视程度较高。对于技术创新更是没有企业选择 1 和 2 这两项。对于多酚质量安全,没有一家企业选择 1、2、3 这三项,充分说明企业已经有很强的产品质量意识,也顺应目前我们国家要做质量可靠的产品、进行供给侧改革的形势。在"多酚质量安全"项目中,有 77.5% 的企业选择"5 非常重要"。在竞争较小的产业发展初期,企业将控制质量作为第一要务,为提升植物多酚产品档次、夯实产业基础、执行标准化生产打下了坚实的基础。在对企业关于有机产品的理念测试中发现,企业十分关注这一问题,但对有机产品的实施积极性不高,有 60% 的企业意见是"3 一般重要",分析其原因是企业做有机认证难度很大,成本较高,资源短缺。在"包装"项目下,只有不到一半的企业选择 4、5 等,即大部分企业认为多酚原料包装不很重要。

在关于品牌的统计中,认为拥有自主品牌很重要和非常重要的企业占 85%,但只有 45% 的企业计划将品牌建设作为一项重要工作来开展,显然在多酚原料这个行业,还没有很多企业着力于打造品牌。在与多个企业就品牌问题进行深入交流时发现,大多数企业实际上不愿意投入资金甚至人力来创立品牌或提高品牌知名度,他们基本一致的意见是原料企业只要质量有保证,成本有优势,就能卖出去。他们的思维仍停留在卖出去的层面上,没有想到国际上同样是原料多酚,价格比国产的高出几倍,这可能会影响产业或企业的长久发展。

在关于技术的统计中,认为技术创新在植物多酚产业中很重要和极为重要的企业占 90%,交谈中涉及原料检测、提取分离、环保处理、批次处理、喷雾干燥、多级过滤模式等各种技术,发现企业对科研机构依赖性较大。很多企业在技术环节主要是与科研院校合作、咨询、学习国际上或国内领先企业的技术,几乎没有企业去做真正开创性的工作。由于没有足够的资金(尽管生产经营资金充裕),竟然有 67.5% 的企业尽管认为自己建设科研机构对于企业长远发展十分重要,但不考虑在短期内建设规范化的有较高研发水平的科研机构。90% 的企业在"技术创新"项目中选择很重要和非常重要,表明了多酚原料行业技术的重要性,一般建材、汽车、IT、电子等技术含量很高的工业企业才对技术创新如此重视。植物多酚企业作为植物多酚原料行业发展的主体,具有创新投入经费相对充足,提取分离精制等技术水平逐步升高,企业构架、管理体系、质量体系等组织结构健全等特征。笔者经过分析后认为,政府应制定一些激励性的政策,结合企业自我的营销拉动,促使植物多酚企业建立有针对性的有效科研营销激励机制,提高对创新意识的重视程度,用多种方式、方法吸引各路科技人才,综合利用各种技术资源,从各个阶段的技术层面统一推动,解决整个产业链条上的技术问题,特别是一些技术短板或瓶颈,合力将技术完整地转化为生产力,推动植物多酚产业快速持续的发展。

企业价格策略设计了两个题项,第一是企业定价策略,第二是企业年销售额。经过统计,认为自己拥有话语权、可以自主定价的企业占22.5%,坚持跟随行业领导者定价的企业占37.5%,根据市场变化趋势定价的企业占35%。为了更加明确地对定价策略进行比较,做了一个“企业年销售额”和“企业定价策略”的交叉表来进行科学分析,如表4-17所示。企业年销售额>1 000万~5 000万元人民币的只有6.67%选择自主定价,选择跟随定价的企业占33.33%,随市场变化趋势定价的企业占53.33%;企业年销售额>5 000万~1亿元人民币的,认为自己有话语权来定价的占25%;企业年销售额>1亿~3亿元人民币的,认为自己有话语权定价的企业占40%。行业内大多数中小企业的定价方法的选择是我们调研企业竞争和产品供求状况的风向标。由于多数中小企业实力较为薄弱,在定价时一般以防御性策略为主,只能和竞争对手保持同一价格水平甚至更低。年销售额>1 000万~5 000万元的企业中,有86.67%的企业只能选择价格竞争,即跟随或更低,而在多酚行业过半数的规模企业(>5 000万~3亿元的企业,共22家)中,有31.82%的企业认为自己有价格话语权,说明植物多酚原料行业做到中等规模,有一定品牌,竞争不明显,植物多酚行业有很大的发展空间。

表4-17　“企业年销售额”和“企业定价策略”交叉分析表

企业年销售额(万元)	企业定价策略				合计
	1 拥有话语权	2 跟随定价	3 随行就市定价	4 其他	
>1 000~5 000	1	5	8	1	15
>5 000~10 000	3	4	4	1	12
>10 000~30 000	4	4	2	0	10
>30 000	1	2			3
合计	9	15	14	2	40

统计企业近期价格调整的题项(见附录一)时看出,选择调高价格的企业占12.5%,选择调低价格的企业占12.5%,75%的企业选择维持价格稳定。这说明绝大多数的企业认为在市场营销环境变动不大的情况下,不需要通过价格调整加以适应。调高价格的企业认为他们生产的植物多酚品种(如银杏黄酮)短期正处于供不应求的状态,必须调高价格,而调低价格的企业认为他们生产的品种(例如茶多酚)新进者较多,必须降低价格来阻止新进者迅速长大。由此依旧可以看出,植物多酚原料产业处于成长期。

企业渠道策略:销售渠道是企业营销链条中十分重要的一个环节,其重要性根据产品的特性和市场的完善及发展程度各不相同,是大部分企业特别是成品企业更重视的一个环节,涉及多个因素,如品牌知名度、企业对渠道的控制意愿、企业自身形象等。统计后看出,50%的企业有控制渠道的意愿,但也有企业表示,不想花更多精力在渠道控制和改革创新上。关于与中间商合作方面(多选题),企业选择比例分别为与代理商合作45%、自己销售

55%。生产企业选择与代理商合作的比例小于自己销售的比例,说明植物多酚原料销售还是以企业自己销售为主,与食品添加剂等原料的销售不太一致。同时调研中通过交谈发现,生产企业对于渠道的力量认知不足,合作欲望虽然强烈,但对于如何与代理商合作还没有很科学的方法,特别是与国际上的植物多酚公司相比,在全球销售渠道和经销商合作模式方面,有很大的差距。目前企业更多的是自我销售,对于如何制定科学的、多方共赢的、协调通畅的、利益合理共享的渠道和经销商机制等内容考虑较少,这可能是因为被调查的多为原料企业。

企业促销策略:从调查问卷统计结果来看,有55%的企业认为做宣传促销是有必要的,这对企业的产品销售有直接的意义,但这一比例应该比成品企业低不少。在企业常常关心和采取的营销手段中,公共关系占17.5%,人员促销占5%,展会占35%,广告占15%,学术促销占20%,政府宣传占7.5%,如图4-27所示。这说明植物多酚原料销售主要渠道是通过展会来让客户认知和购买,第二是学术宣传和推广,第三是公共关系,同时广告有15%的影响;而对于植物多酚原料的销售,人员促销和政府宣传所起的作用很小。

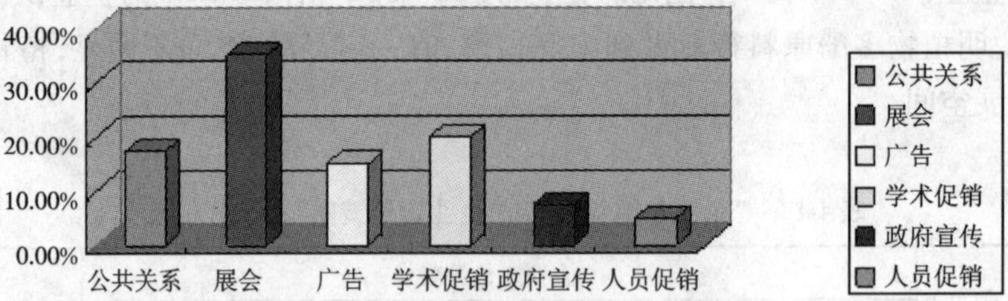

图4-27 企业促销方式及作用

关于营销费用支出,10万元及以下的没有;>10万~50万元的有3家,占7.5%;>50万~100万元的有14家,占35%;>100万~150万元的有9家,占22.5%;>150万~200万元的有11家,占27.5%;200万元以上的有3家,占7.5%。统计广告投入与营销费用的占比时,结果普遍比较低,平均不足2%,问到为什么不愿投入较多的促销费用时(多选题),67.5%的企业认为目前产品销路良好,根本没必要投入做促销,12.5%的企业是因为资金不足,20%的企业感觉自身具有良好的形象,不必投入过多,这一方面与产业发展阶段的属性有关系,另一方面也表明植物多酚原料行业竞争较小,更注重产品质量,客户受促销宣传的影响不大。

行业协会是存在于政府和企业之间、商品生产者和经营者之间,按照公正、自律的原则为这些群体提供沟通、咨询、监督、协调服务的社会中介组织。它是一种民间组织,是企业与政府之间的桥梁和纽带。笔者在调查中发现,植物多酚行业内部还没有形成比较完善的行业协会,只有涵盖产品范围相对大一些的协会,如植物提取协会。实际上已有一些科研技术机构开始筹划这些协会和组织的雏形,例如沈阳药科大学在2011年成立了辽宁省植物多酚研究与开发工程技术研究中心,并在2015年组织召开了首届重要多酚产品——白藜芦醇的学术会议。

由此,问卷中对相关题项进行了设计,以便调查企业对政府和行业协会的态度和行为。

问卷中关于企业期望的政府职能选项中(多选),如图4-28所示,规范法规占到了40%的比例,这充分说明我国植物多酚的政策法规不明确甚或互相矛盾,这是企业迫切期望改变的,信息传递和政策引导分别占16%和18%,期望政府给予资金支持和技术指导的占比较低,这充分表明植物多酚产业的企业看重技术,资金宽裕,充分理解政府对植物多酚行业更多应起方向引导和政策支持作用,也提示政府从实际出发,听取企业的意见,发挥服务型职能,努力发掘企业需求,以准确、规范制定法律法规,同时政府应制定相关政策,发挥信息引导作用,为植物多酚行业企业做清晰的各种政策、政府行为解读,使行业企业充分了解产业相关政策,并在宏观层面引导各个企业参与规范布局,加大力量促进企业协作和分工,真正体现政府的职能。

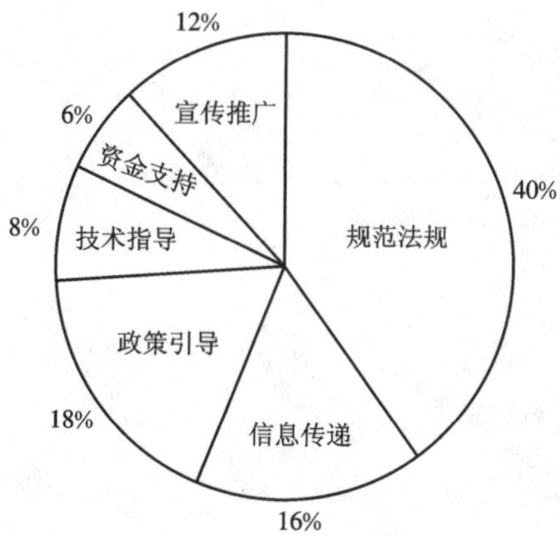

图4-28　企业期望的政府职能分布

此外,笔者统计了关于行业协会的调查数据,发现希望与行业协会合作的企业占76%,认为行业协会在为企业协调政府政策、以各种方式提供信息、保护企业利益、进行技术指导、促进交流合作等方面起着不可忽视的作用。企业非常希望建立相关或专一的协会或组织,目前许多企业无所适从,不知如何解决靠拢组织找不到门的问题。在深入交流中了解到,超过一半的企业加入了各种相关协会或组织,但比较松散,迫切需要加快我国植物多酚行业协会的建设步伐。

4.4　本章小结

本章分为两大部分,第一部分对我国原料类多酚的生产情况做了较为详细的分析,特别针对银杏黄酮、葡萄多酚和花青素这三种产品。详细解读其结构式和健康功效,分析产业链上原料分布、供给可能、主要标准、全国规模企业状况、目前行业存在问题。指出目前企业总体的问题是行业分散、集中度差、实现智能化升级和高效能环保的成本压力大,可能的解决方向是扩大规模、提高规模效益。同时也对其他多酚的功效、标准、主要生产企业状况、行业状况进行了简述,为后续研究提供素材。

第二部分是利用笔者接近20年的企业资源,深入实地调研的成果。采用当场回收问卷、部分邮件交流的方式，与我国40家植物多酚企业的负责人进行了深入交流，名单中基本包括了业内较为知名的各类多酚企业。对数据统计结果进行分析，有一定比例的新兴企业开始成批进入，部分是被行业高额利润所吸引转产，但有接近20年历史的企业也占相当大的比例，并且已经形成品牌。在企业战略行为调查中发现，多数企业志存高远，重视技术，重视长远发展，与以往先求存活、赢利再看机会发展的传统企业有较大差别。但企业对品牌建设和营销渠道宣传、渠道建设和与代理商合作不够重视，这与该产业B2B的特点有较大关联。尽管我国植物多酚产业处于成长期，前景广阔，但需要政府规范、合理的政策的支持以及行业协会的桥梁及协调作用，我国植物多酚产业才能持续快速发展。

第 5 章　中国植物多酚终端产品现状分析

5.1　中国植物多酚终端产品现状

目前中国以植物多酚为原料生产和销售的药品、保健品和健康食品种类繁多。由于国家政策法规的多头性以及政策法规对于保健食品、健康食品管理和具体办法的滞后性等，终端产品在中国大陆销售的形式五花八门，错综复杂。由于国家对于保健品原先采用注册制，全部的植物多酚健康产品都需要申报注册，否则不能进入市场，更不能添加到普通食品中去，保健食品采用双轨制（注册制和备案制并行）后，政策实际上依旧没有任何变化，国内的植物多酚产品依然不能进入市场，但是国际上的多酚产品却可以在市场上销售，还可以宣传其功能。2015 年国内 20 多家知名保健品公司基本都涉及多酚产品的销售，见表 5-1。

表 5-1　2015 年国内知名保健品公司多酚产品销售一览

编号	公司简称	总销售额(亿元)	多酚保健品产品名称	多酚品种占比	网址
1	无限极	260	无限极芯颜植物饮料、人参乌龙茶萃、陈皮普洱茶萃、无限极增健口服液、无限极蓝莓果汁饮料、无限极怡瑞胶囊	10%	www.infinitus.com.cn
2	安利	230	松果菊健体片、茶族软胶囊、越橘益视胶囊、银杏苁蓉片、纽崔莱养藏牌善衡片、乐纤减肥饮品（绿茶口味）	25%	www.amway.com.cn
3	完美	225	完美牌低聚果糖沙棘茶优惠套装、完美牌红枣胶原肽沙棘汁优惠套装	10%	www.perfect99.com
4	权健	190	双仁沙棘口服液、权健牌改善睡眠口服液	9%	www.ziranyixue.com
5	中脉	150	天脉全食产品	8%	www.jmtop.cn
6	玫琳凯	100	无		www.marykay.com.cn
7	新时代	80	葡萄籽、国珍竹菊百合粉、国珍竹叶清茶、国珍红杞太和粉、国珍黄精玉竹粉、国珍金佛苏柑粉、国珍香苏回青粉	25%	www.5dgz.com
8	康宝莱	69	葡萄籽灵芝孢子粉胶囊、草本浓缩速溶茶饮、蔓越莓蓝莓越橘胶囊	9%	www.herbalife.cn

续表

编号	公司简称	总销售额(亿元)	多酚保健品产品名称	多酚品种占比	网址
9	天狮	60	益康胶囊、橘清片、女士饮、葛杞胶囊、纳豆银杏胶囊、降脂茶、靓颜胶囊、活力康胶囊	8%	www. tiens. com
10	克里蒂娜	48	雪妍饮	5%	http://www. chlitina. com. cn
11	罗麦	40	敏乐健康礼盒	4%	www. rolmex. com. cn
12	炎帝	39	蔓越莓虹茗茶固体饮料、蛹虫草普茗茶固体饮料、婀娇妤妍咖啡、白牡丹、寿眉、蔓越莓片	22%	www. ydhn. com
13	尚赫	36. 8	健康加酚、美植萃	35%	www. sunhope. cn
14	太阳神	36	越清片、易缓舒软胶囊、粉黛祛斑美容口服液	23%	www. apollo. com. cn
15	三生	25	生命健东方素养康健套餐、生命健人参红茶	5%	www. yofoto. cn
16	宝健	16. 2	宝健悦亮软胶囊、宝健牌葡萄籽玫瑰颗粒、宝健牌舒怡胶囊、宝萃健即溶茶	18%	www. baojian. com
17	汤臣倍健	22. 66	茶多酚维E硒胶囊、辅助降血糖片、婷好青春胶囊、葡萄籽维生素C加E片、纤巧纤纤胶囊、左旋肉碱茶多酚荷叶片、蓝莓	16%	http://www. by-health. com
18	同仁堂科技	108	总统牌纳豆葡萄籽胶囊、同仁堂牌葡萄籽提取物软胶囊、阿胶蓝莓蜂蜜膏、同仁堂牌同仁益平茶	17%	www. tongrentangkj. com
19	东阿阿胶	54. 49	无		www. dongeejiao. com
20	杭州海王	111	葡萄籽、蓝莓、海王牌大豆异黄酮钙维生素D软胶囊	8%	www. hzhw. com. cn
21	健康元	86. 42	汉林清脂胶囊、鹰牌千宝胶囊	12%	www. joincare. com

从表中可以看出,中国保健品总销售额最大的21家企业中只有2家没有植物多酚产品销售,占比不到10%,一家以化妆品为主,另一家是阿胶专业公司。这21家公司多酚品种平均占比为14. 15%,说明中国植物多酚市场正在迅速成长。

5. 2 代表性产品分析

笔者选择银杏黄酮、葡萄多酚、花青素三种代表性产品进行分析,主要从研发批文和销售两方面进行阐述。选择这三种产品的理由是:银杏叶产品应用于药品领域已经很成熟,而在保健品市场还依然处于发展期,葡萄多酚终端产品在中国的销售和认知已经渐成气候,花青素是一种刚进入保健品市场的产品。

5.2.1　银杏黄酮产品分析

1969 年 11 月，北京市科委科研立项，拨出专项经费，组织北京友谊、朝阳、中医等医院与北京制药工业研究所合作，将银杏叶晒干、粉碎、压制成片，取名为“6911 片”，专门用于冠心病的治疗，称为第一代银杏叶制剂，当时只知道黄酮，还不了解什么是多酚。将第一代银杏叶制剂生产工艺改进为将银杏叶水煮或者加醇沉收，取浓缩浸膏，烘干制粒、压片或装入胶囊，生产出第二代银杏叶制剂。1976 年德国、法国以银杏标准提取物“EGB761”为代号研发的不控制银杏酚酸含量的产品（明示内含有效成分为黄酮苷、萜类内酯，仅有定性，而无定量，特别是未控制银杏酚酸含量）称为第三代银杏叶制剂。到 20 世纪 70 年代末 80 年代初，制定新的标准 EGB30（24% 黄酮 + 6% 内酯），并定量确定黄酮的每一个成分，同时规定银杏酚酸限量，形成第四代银杏叶制剂，包括进口的达纳康、金纳多及浙江康恩贝的天保宁、深圳海王的银可络、扬子江制药的依康宁等。上海杏灵研究出的银杏酮酯产品（片剂、胶囊等）控制黄酮苷 24% 以上、游离黄酮 20% 以上、萜类内酯 6% 以上，功效更加可靠、明确，是目前国际上质量最好的银杏叶制剂，称为第五代银杏叶制剂，代表产品有达洛特等。

在 2016 年 4 月 17 日落幕的第 44 届日内瓦国际发明展上，上海杏灵科技药业股份有限公司的“银杏酮酯成分分析”获得了瑞士联邦政府、日内瓦州政府、日内瓦市政府和世界知识产权组织联合颁发的日内瓦国际发明展金奖。

目前全国各类银杏叶加工企业超过 300 家，主要涉及银杏叶药品、保健品、化妆品等产品。康恩贝 1993 年推出国内首个银杏叶口服制剂天保宁，目前银杏叶制剂生产企业申报的药品号已达 149 个，银杏叶制剂销售规模超过 100 亿元。全国银杏叶制剂 2015 年销售额为人民币 59.79 亿元，其中口服制剂占 30%；银杏酮酯制剂全部为口服制剂，占银杏叶口服制剂销售额的 27%。

中国保健食品与时俱进的发展推动了银杏保健食品的研发审批，目前国家总计批准了含银杏的保健食品 259 个，市场潜力巨大。

1. 银杏叶药品分析

截止到 2016 年 5 月，国家食品药品监督管理总局总计批准银杏叶相关药品 149 个（2 个原料批文），涉及剂型 11 种，地区 24 个，按剂型简单分析，见表 5-2。

表 5-2　银杏叶药品批准剂型一览

剂型	片剂	注射剂	胶囊	软胶囊	颗粒剂	口服液	滴丸	滴剂	酊剂	丸剂	露剂	总计
数量	98	13	11	7	6	4	4	1	1	1	1	147

根据表格画出比例图 5-1，从图中可以十分明显地看出，银杏叶片剂占所批准药品剂型的 67%，优势十分明显，注射剂占据第二位。

从表 5-3 可以发现，银杏叶药品批文地区分布比较均匀，批文最多的省份是江苏省，这可能与其银杏叶资源极其丰富有关，其余的十几个省区市批准的药品文号数量差别不大，每个省区市 5 ~ 10 个批文说明了中国银杏资源和药品研发水平的均衡性。

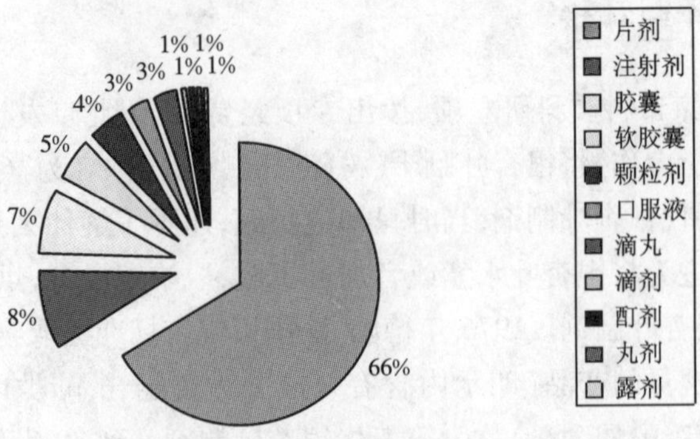

图 5-1 银杏叶药品批准剂型比例

表 5-3 银杏叶药品批文地区分布

地区	数量	地区	数量	地区	数量	地区	数量
江苏	18	广东	8	四川	6	江西	2
山东	10	黑龙江	8	山西	6	安徽	2
湖南	10	河北	8	海南	5	辽宁	2
浙江	10	北京	7	贵州	5	重庆	1
上海	9	湖北	7	云南	5	河南	1
广西	8	吉林	6	天津	2	陕西	1

银杏叶制剂从 1969 年开始销售，已经有近 50 年历史，是一个比较成熟的产品，笔者采集部分数据作表 5-4。

表 5-4 武汉医院 2009—2011 年银杏叶制剂各种剂型购药金额、构成及排序

剂型	2009 年			2010 年			2011 年		
	金额（万元）	构成（%）	排序	金额（万元）	构成（%）	排序	金额（万元）	构成（%）	排序
注射剂	2 510.30	66.32	1	2 976.31	66.10	1	2 961.07	60.49	1
片剂	733.52	19.38	2	776.96	17.25	2	812.02	21.15	3
丸剂	471.57	12.46	3	692.82	15.38	3	1 035.43	16.59	2
胶囊	46.55	1.23	4	46.66	1.04	4	65.32	1.33	4
口服液	14.75	0.39	5	0.66	0.01	7	—	—	—
滴剂	6.31	0.17	6	8.30	0.18	5	19.07	0.39	5
颗粒剂	1.99	0.05	7	1.86	0.04	6	2.38	0.05	6
合计	3 784.99	100.00	—	4 503.57	100.00	—	4 895.29	100.00	—

从表 5-4 中可以看出：注射剂的销售金额位列第一，用量稳定；口服液停止使用，不符合医药习惯；片剂稳步增长；丸剂（滴丸）迅速增长。图 5-2 证实了银杏滴丸的快速增长趋势，表 5-5 表明了银杏叶制剂的增长趋势。

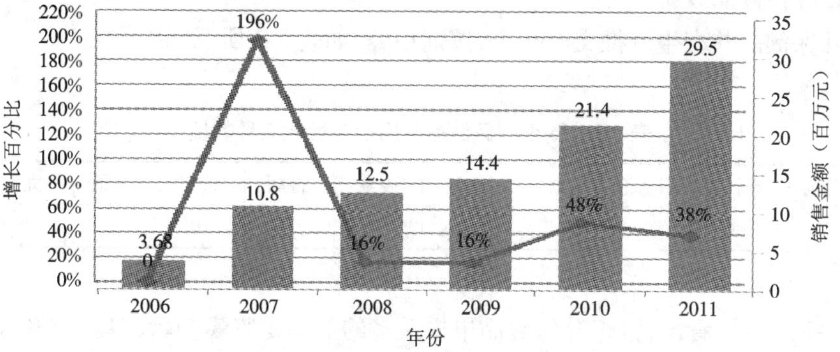

图 5-2　2006—2011 年银杏滴丸市场竞争格局

表 5-5　各城市各年度银杏叶制剂购药金额及年增长率

城市＼年份	购药金额(万元)及年增长率(%)				
	2007 年	2008 年		2009 年	
杭州	3 436. 9	4 629. 4	34. 7	4 990. 5	7. 8
南京	2 079	2 935. 9	41. 2	3 566. 8	21. 5
上海	16 060. 5	20 074. 6	25	20 841	3. 8
武汉	1 995. 2	3 175	59. 1	3 273. 2	3. 1
重庆	2 475. 9	3 525. 6	42. 4	4 367. 6	23. 9
成都	1 093. 8	1 475. 2	34. 9	1 316. 5	-10. 8
合计	27 141. 3	35 815. 7		38 355. 6	

目前我国银杏叶制剂重点厂家所占市场份额见表 5-6。

表 5-6　银杏叶制剂重点厂家市场份额

排名	生产厂家简称	商品名	剂型	市场份额
1	扬子江药业	依康宁	片剂	22%
2	贵州信邦	银杏天宝	片剂	16%
3	上海信谊百路达	百路达	胶囊+片剂	13%
4	德国威玛舒培	金纳多	片剂+滴剂	11%
5	浙江万邦	万邦	滴丸	10%
6	博福—益普生(天津)	达纳康	片剂+口服液	6%
7	浙江康恩贝	天保宁	片剂	5%
8	上海杏灵	斯泰隆	片剂	4%
9	湖南汉森	百林芯康	胶囊	3%
10	深圳海王	银可络	片剂	2%

2. 银杏叶保健品分析

银杏叶保健品共有生产批文 259 个,按剂型分,如表 5-7 所示。

表 5-7 银杏叶保健品不同剂型批准文号数量

剂型	片剂	颗粒剂	口服液	软胶囊	饮料	胶囊	滴丸	茶剂	其他	丸剂	总计
数量	33	5	3	61	2	139	1	10	3	2	259

从表 5-7 中可以看出,银杏叶保健品申报最多的剂型是胶囊和软胶囊,胶囊占到一半以上(54%),片剂排在第三,这与药品有一定的差别,排除了注射剂(因为注射剂不能申报保健品)。这可能是因为药品片剂比较多,这是避开竞争的一种趋势。

银杏叶保健品不同地区批准文号数量见表 5-8。对申报地区数量进行分析,北京位居第一,主要原因是北京申报公司多,同时对保健食品(含多酚类保健食品)的接受程度高;山东排第二,分析原因是山东的健康产品公司多,同时山东的银杏资源也丰富,山东的两个 OEM 工厂(威海荣成百合生物技术公司和威海紫光生物技术公司)申报了许多文号,大部分文号是给销售公司使用的;广东排第三,首先是广东对养生保健有广泛的群众基础,同时有两大保健品 OEM 工厂(汕头仙乐制药股份有限公司和广东长兴生物技术有限公司),这两家 OEM 工厂申报了许多文号,大部分文号也是给销售公司使用的。

表 5-8 银杏叶保健品不同地区批准文号数量

地区	数量	地区	数量	地区	数量	地区	数量
北京	56	湖南	10	云南	7	江西	2
山东	43	河南	9	黑龙江	6	重庆	2
广东	36	湖北	9	辽宁	6	新疆	2
上海	21	天津	9	贵州	5	海南	2
浙江	12	四川	8	河北	4	安徽	1
江苏	12	吉林	8	福建	3	西藏	1

注:由于部分文号是由多家单位共同申报的,按地区统计时会有重复,故统计总数偏高。

通过网络和微信调研发现,银杏叶保健品以国际品牌销售居多,国内品牌的银杏黄酮保健品还未形成气候,主要销售品牌有百合康、一品康、麦络喜、中科等,见表 5-9。

表 5-9 银杏叶保健品功能与价格

品牌	功能	价格(元)	网址
百合康	辅助降血脂	142	www.baihekang.com.cn
中科	改善记忆,调节血脂	135	www.zhongke.com
长兴	辅助降血脂	115	www.gd-caxin.com

续表

品牌	功能	价格(元)	网址
麦络喜	延缓衰老,调节血脂	139	www. leken. com. cn
圣科益心康	调节血脂	128	www. shengkejiankang. com
澳天力	辅助降血脂	188	www. b-h. com. cn

由于银杏黄酮不是药食同源的原料,目前国际品牌(见表5-10)的银杏叶产品只能从天猫国际和京东全球购来购买。这些没有申请批准文号的产品不受宣传的限制,许多产品在互联网上夸大宣传,直接对本土品牌形成不公平竞争。

表5-10 在中国销售的银杏叶保健品国际品牌

品牌	宣传功能	价格(元)	国别
GNC	改善记忆,延缓大脑衰老,缓解支气管收缩、哮喘,改善心脑血管循环,预防动脉粥样硬化	198	美国
Doppel herz	预防糖尿病,降低血黏度,活血化瘀,预防和治疗脑出血和脑梗死	209	德国
Puritan's Pride	宣传银杏叶所有功能	109	美国
Swisse	宣传银杏叶所有功能	135	澳大利亚
Deidou	宣传银杏叶所有功能	290	加拿大
Nutrilite	宣传银杏叶所有功能并夸大其词	204	美国
USANA	宣传银杏叶所有功能	205	美国
Thompson's	宣传银杏叶所有功能	138	澳大利亚
Nature Made	宣传银杏叶所有功能	118	美国
Jarrow	宣传银杏叶所有功能	158	美国

目前银杏黄酮的保健品由于药品先入为主的销售影响,还没有形成影响力较大的品牌。

5.2.2 葡萄多酚产品分析

葡萄多酚保健品第一个批文下发给进口产品葡乐安胶囊,批准文号为卫进食健字[1997]第089号,批准功能为调节体液免疫。第一个国产批文下发给连云港正大天晴申报的必绿胶囊,批准文号为卫食健字[1998]第371号,批准功能为延缓衰老、抗疲劳。到目前为止,中国已经批准以葡萄多酚为原料的保健品145个,按剂型分见表5-11和图5-3,按地区分布见表5-12。

表 5-11 葡萄多酚保健品不同剂型批准文号数量

剂型	片剂	胶囊	软胶囊	颗粒剂	丸剂	粉	饮料	其他	总计
数量	18	74	45	3	1	2	1	1	145

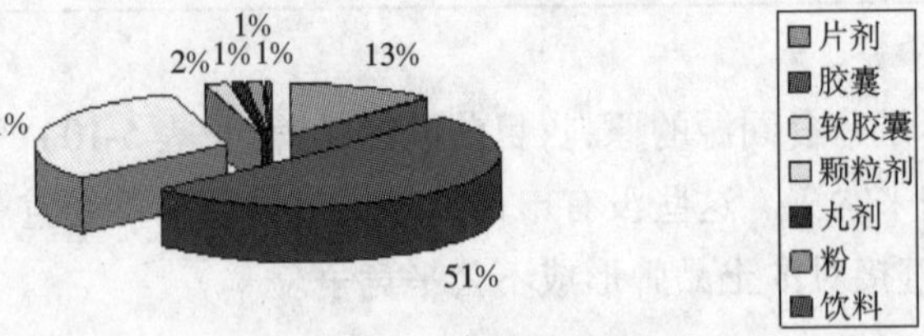

图 5-3 葡萄多酚保健品不同剂型批准文号比例图

表 5-12 葡萄多酚保健品批准文号数量地区分布

地区	数量	地区	数量	地区	数量	地区	数量
北京	28	辽宁	5	黑龙江	3	重庆	1
山东	21	浙江	5	福建	3	甘肃	1
广东	18	吉林	5	河南	2	广西	1
江苏	9	陕西	4	内蒙古	1	贵州	1
湖北	7	新疆	4	云南	1	海南	1
上海	7	四川	4	安徽	1		
天津	6	江西	3	湖南	1		

注:由于部分文号是由多家单位共同申报的,按地区统计时会有重复,故统计总数偏高。

通过网络和微信调研发现,葡萄多酚保健品国内品牌已经出现,都是经过注册的保健品,国际品牌也开始启动,但多数以膳食补充剂的形式销售,国产葡萄籽有些已经在朝品牌化迈进,如表 5-13 所示。

表 5-13 国产葡萄籽胶囊品牌

品牌	申报功能	价格(元)	网址
汤臣倍健	抗氧化	178	www. by-health. com
同仁堂	抗氧化	315	www. tongrentangkj. com
金奥力*	抗氧化	128	www. whqhzg. com
清基胶囊	延缓衰老	228	www. zkpharma. com
莲菁华	调节血脂	156	www. lehah. com
安利	抗氧化	458	www. amway. com
百合康*	祛黄褐斑	102	www. baihekang. com. cn
维妥立*	增强免疫力、抗氧化	136	www. siriopharm. com
舒尼美	抗氧化	138	www. jfhealth. com

续表

品牌	申报功能	价格(元)	网址
国珍	抗氧化	300	www.5dgz.com

注:加 * 的是代工厂(OEM)申请的品牌,这些工厂替很多公司贴牌,价格分很多层次。

由于中国本土企业销售保健品(包括多酚类保健品)需要申报文号,而许多企业没有相关批准文号,就只能借用生产工厂的产品文号,委托其他厂家生产,于是市场上就出现了许多厂家的产品用同一个文号的乱象。

汕头仙乐制药有限公司自己生产维妥立牌葡萄籽芦荟软胶囊,同时贴牌为其他公司生产,部分产品名单如下:惠普生维妥立牌葡萄籽芦荟软胶囊、千林维妥立牌葡萄籽芦荟软胶囊、康富来维妥立牌葡萄籽芦荟软胶囊、禾博士维妥立牌葡萄籽芦荟软胶囊、Lumi 维妥立牌葡萄籽芦荟软胶囊、善存维妥立牌葡萄籽芦荟软胶囊、善有加维妥立牌葡萄籽软胶囊。

荣成百合生物技术有限公司自己生产金百康葡萄籽大豆提取物软胶囊,同时贴牌为其他公司生产,部分产品名单如下:无痕尚品百合康牌葡萄籽大豆提取物软胶囊、修正百合康牌葡萄籽大豆提取物软胶囊、恩喜曼百合康牌葡萄籽大豆提取物软胶囊、天使艾美百合康牌葡萄籽大豆提取物软胶囊、生命力百合康牌葡萄籽大豆提取物软胶囊、康琪 100 百合康牌葡萄籽大豆提取物软胶囊、通御中医世家百合康牌葡萄籽大豆提取物软胶囊。

威海紫光生物技术有限公司自己生产金奥力牌葡萄籽维 E 软胶囊,同时贴牌为其他公司生产,部分产品名单如下:栢年健体金奥力牌葡萄籽维 E 软胶囊、紫一金奥力牌葡萄籽维 E 软胶囊、禾健金奥力牌葡萄籽维 E 软胶囊、力能高金奥力牌葡萄籽维 E 软胶囊、乐康佳美金奥力牌葡萄籽维 E 软胶囊、巢之安金奥力牌葡萄籽维 E 软胶囊、亨博士金奥力牌葡萄籽维 E 软胶囊、恩百金奥力牌葡萄籽维 E 软胶囊、维健康金奥力牌葡萄籽维 E 软胶囊、生命维他金奥力牌葡萄籽维 E 软胶囊、江中金奥力牌葡萄籽维 E 软胶囊、纽倍乐金奥力牌葡萄籽维 E 软胶囊、简吧金奥力牌葡萄籽维 E 软胶囊、澳王金奥力牌葡萄籽维 E 软胶囊、康凯金奥力牌葡萄籽维 E 软胶囊、展望生命金奥力牌葡萄籽维 E 软胶囊、活力达金奥力牌葡萄籽维 E 软胶囊、自然机理金奥力牌葡萄籽维 E 软胶囊、莱俪迩金奥力牌葡萄籽维 E 软胶囊、泰瑞乐金奥力牌葡萄籽维 E 软胶囊、澳新康金奥力牌葡萄籽维 E 软胶囊。

国际品牌保健品由于在网络上销售不需要申请文号(没有保健品注册文号),在网络上宣传不受约束,直接对中国本土品牌产生了巨大压力。葡萄多酚十大国际保健品品牌及宣传功能见表 5-14。

表 5-14　葡萄多酚十大国际保健品品牌及宣传功能

品牌	宣传功能	价格(元)	国家
GNC	保护胶原蛋白,改善皮肤弹性与光泽;美白、保湿、祛斑;减少皱纹;防治皮肤过敏及各类皮肤病;抗辐射	139	美国
Healthy Care	美白抗衰;防晒抗辐;抗过敏;改善睡眠;淡斑保湿;保护眼睛	178	美国

续表

品牌	宣传功能	价格(元)	国家
Puritan's Pride	高效的自由基清除剂,抗氧化、去斑、滋润干燥皮肤,减少黑色素,祛黄褐斑,美白肌肤	129	美国
Swisse	清除自由基、抗衰老、增强免疫力;保护皮肤、美容养颜;抗过敏;保护血管;抗辐射;保护消化系统;保护眼睛	169	澳大利亚
Nature's Bounty	帮助清除体内自由基、抗辐射、保护皮肤健康、减少色素沉淀、延缓衰老,发挥美容养颜的功效	109	美国
Blackmores	皮肤维他命,清除自由基;天然体内化妆品,保护胶原蛋白,让皮肤更加富有弹性与光泽,白嫩,湿润;抗过敏;抗辐射;保护心脑血管	149	澳大利亚
Nature's Way	抗氧化,清除自由基,延缓衰老;解决各类美肤困扰	99	美国
Caudalie	抗氧化保鲜力,肌肤水润Q弹;排毒养颜,抗氧化,防止自由基对肌肤造成伤害,减少肌肤老化,淡化细纹	418	法国
NOW Foods	有助于防止和治疗心血管疾病,有助于防止老化;有助于防止或者控制由药物、污染、烟草和其他毒素造成的对身体细胞的损害;对于消除皮肤衰老斑点和身体免疫力的提高都有一定作用	128	美国
USANA	1. 血管健康:能抵抗游离基对身体造成的破坏,维持心脏微细血管健康。 2. 皮肤衰老:通过促进血液循环起到预防皮肤过早衰老、令皮肤恢复弹性的作用。 3. 眼睛健康:加强眼部血液循环,缓解眼睛疲劳。 4. 抗氧化:蕴含葡萄籽生物类黄酮及专利注册“矿物维生素C”,具有强效抗氧化功能。 5. 血液循环:具有强效抗氧化、维持微循环血管健康及加强血液循环功能	298	美国

5.2.3 花青素产品分析

花青素作为保健品申报进入市场的时间比较短,第一个健字号是大兴安岭超越野生浆果开发有限责任公司生产的百岁健牌蓝莓口服液(国食健字G20030003),批准功能为免疫调节。到目前为止,中国已经批准以花青素为原料的保健品82个,共有生产批文82个,按剂型分如表5-15和图5-4所示。

表5-15 花青素保健品不同剂型生产批文数量

剂型	片剂	胶囊	软胶囊	颗粒剂	口服液	粉	饮料	总计
数量	11	22	37	8	1	1	2	82

从图5-4中可以看出,软胶囊、胶囊和片剂占了批文总数的86%,这三个剂型仍旧是保健品的主流剂型。但花青素这个产品已经出现了粉剂和饮料这些更接近普通食品的剂型,代表了新的多酚健康食品的一种发展趋势。按地区分布见表5-16。

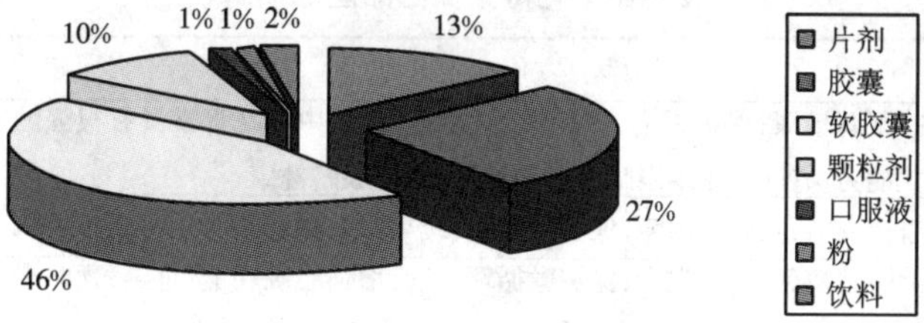

图5-4　花青素保健品不同剂型生产批文数量比例图

表5-16　花青素保健品生产批文数量地区分布

地区	数量	地区	数量	地区	数量	地区	数量
北京	21	江苏	4	辽宁	2	甘肃	1
广东	16	上海	4	四川	2	浙江	1
黑龙江	6	吉林	3	陕西	2	湖北	1
山东	5	江西	3	天津	2	河北	1
河南	4	内蒙古	2	广西	1	福建	1

从地区分布来看,北京、广东依旧是申报数量领先的地区,但花青素这个产品黑龙江地区的批准文号数量排在第三,与这个地区花青素原料丰富有直接的关系。通过网络和微信调研发现,花青素保健品国内品牌还未形成气候,销售的产品以国际品牌居多。国际品牌没有保健品注册文号,但在网络上宣传反而不受约束。花青素保健品国内品牌见表5-17,国际品牌见表5-18。

表5-17　花青素保健品国内品牌

品牌	申报功能	价格(元)	网址
好辰光	缓解视疲劳	260	www.haochenguangjk.com
百合康*	缓解视疲劳	88	www.baihekang.com.cn
Lumi	缓解视疲劳	368	www.lumilady.com
金奥力*	缓解视疲劳	139	www.lianhebangli.com
善元堂	缓解视疲劳	138	www.syt.com.cn
北京同仁堂净远胶囊	缓解视疲劳	290	www.tongrentangkj.com

注:加*的是代工厂(OEM)申请的品牌。

百合康和金奥力这两个品牌是代工厂的品牌,许多没有保健品文号的公司的产品都是由代工厂生产制造的。

表 5-18　花青素保健品国际品牌

品牌	宣传功能	价格(元)	国家
GNC	维持眼睛健康;保护视力,缓解眼干、疲劳;蓝莓中的花青素具有很强的抗氧化能力,有助于减少眼睛疲劳和压力,维持眼睛健康	179	美国
Doppel herz	改善夜视力,预防白内障,保护视网膜,缓解眼部疲劳	109	德国
Puritan's Pride	消除眼睛疲劳,提高视力;保护微循环血管;增强心脏功能;抗癌;预防老年痴呆,增强人体免疫等;抗动脉硬化和血栓形成	179	美国
Ctomi	祛除眼干涩,缓解眼疲劳,畅通微血管,强化视网膜,降低白内障的发生率	169	新西兰
HOLLAND&Barrett	缓解眼疲劳,清除黑眼圈,保护视力,预防近视	145	英国
Amway	具有改善视力的保健功能;缓解视疲劳,提高视力	189	美国
USANA	促进眼部微血管循环;预防眼部老化;预防白内障、青光眼、老花眼;改善老年人视力衰退;改善眼睛红、痒和干涩症状;改善近视、弱视、视力衰退	258	美国
Thompson's	能够帮助维持正常的细胞连接,稳定血管,改善眼部微循环;缓解眼睛干涩症状,减少红血丝;对于缓解眼部疲劳、修复视网膜有一定的功效	128	新西兰
Nature Made	保护视力、明目;有效防辐射;强化心脑血管、毛细血管,防止血栓	168	美国
Avail Naturals	维护视力健康,抵御眼睛损坏;清除视网膜内有毒物质;强力清除自由基,防止视网膜过氧化;强化眼睛毛细血管,增强抵抗力;舒解眼内压、眼睛干涩,防止发炎;防止视网膜出血、黄斑退化症;改善眼睛不适等问题	319	美国

5.3　代表性专业植物多酚企业

天津市益倍建生物技术有限公司(www.ubasichealth.com)是专业的白藜芦醇固体饮料生产企业,它以沈阳药科大学、天津科技大学为依托,属国家高新技术企业,拥有传世系列产品:传世安健(辅助癌症治疗,预防放化疗导致的脱发、厌食等)、传世爱姬(抗衰老)、传世风宝(治疗痛风)、传世颜回(美容、美白)、传世将棠(降血糖)。其产品已经进入"十二五"药品食品鸡尾酒治疗乙肝方案重大项目,在全国17家三甲医院临床使用。目前已有2个专利获授权,3个专利被受理。

青岛海隆达生物技术有限公司(http://www.hailongdacn.com/)是葡萄籽系列产品专业生产企业,成立于2000年,年生产葡萄籽提取物80吨;技术依托国家海洋局第一研究所、青岛大学医学院,拥有以葡萄多酚为原料的两个保健食品批文,即珍生葡萄籽胶囊(批准功能:延缓衰老)和珍生益脂胶囊(批准功能:辅助降血脂);产品上市十多年,主要通过会议营销方式销售,在山东地区有比较多的消费者。

武汉一元堂生物技术有限公司(http://www.whyyt.cn/)成立于2004年,是专业的女性健康产品公司,技术依托武汉大学生命科学学院、华中农业大学食品科学技术学院等,拥有国内发明专利、实用新型专利等多项优势专利技术。目前拥有三类剂型生产线,年生产能力为硬胶囊2亿粒、颗粒剂3 000万袋、片剂1亿片,以多酚类产品为主,主打明星产品为卵巢保养知名品牌巢之安知本天韵胶囊(大豆异黄酮为主)、一元堂牌复合葡萄粉、眸之晶眼部护理系列(花青素)、延缓衰老产品(白藜芦醇)等。公司始终坚持以独特的技术和具有中国领先优势的标准,为我国女性提供全新的健康理念和高品质的健康服务。

北京炫紫花青素生物科技有限公司(http://www.xzhqs.com)是由花青素的专业原料工厂投资的终端成品公司,以天津科技大学为技术依托,专业推广花青素系列健康产品,目前已经上市的花青素产品有炫紫系列花青素产品,紫薯晶粉系列产品,花青素咀嚼片、泡腾片、固体冲剂(美容、护眼、减肥),蓝莓花青素饮品,蓝莓学生眼保护产品,蓝莓中老年护眼产品。同时研发各种新型花青素产品,如花青素提高免疫力胶囊、花青素辅助降血脂压片、花青素抗氧化胶囊(保健品申报过程中)、高花青素含量的红酒即将上市。

北京里肯生物技术有限公司是以银杏黄酮(麦络喜)软胶囊(批准的保健功能:延缓衰老、调节血脂)和花宜青多维葡萄籽软胶囊(批准功能:延缓衰老、美容(祛黄褐斑))为主要产品的销售型公司,全国遍布 300 多个销售团队,产品为广大消费者所认可。

5.4　对策与建议

通过以上对中国植物多酚市场产品的分析发现,中国本土健康食品企业大多数已经涉足植物多酚类保健品,虽然比例不是很高,势头却较好,但在市场准入上存在一些障碍。笔者根据多年的实际所见,提出以下对策,希望能对提升植物多酚终端成品本土企业的市场占有率有所帮助。

(1)仔细研究相关政策法规,找到合适途径,解决国际跨国公司超国民待遇给本土企业造成的冲击。

(2)深入研究植物多酚的功能和机理,抢先获取知识产权,占领制高点,掌握植物多酚新功能研究以及市场发展的正确方向,以技术推动企业行业发展。

(3)强强联合,强专联合,重点研究市场需求和消费者心理,在单一植物多酚品种上构建产品完整系列,重点投入资金,整体宣传策划,建立发展规模化的、消费者信得过的品牌多酚产品。

(4)创新营销模式,充分利用互联网技术,仔细研究消费者心理、粉丝经济和网红效应,在确保植物多酚产品可靠效果的基础上,加快产品的消费者认知速度。

5.5　本章小结

本章对中国大陆植物多酚成品状况进行了调研,针对全国保健品销售 20 强企业的产品品种进行了统计分析,结果发现除专业公司外,90% 的企业销售多酚产品,产品平均占比 14.15% 。同时对银杏黄酮、葡萄多酚、花青素这三种主要植物多酚产品国内批准文号的情况进行了分析。从剂型上看,发现胶囊、软胶囊和片剂依旧是保健品的主要剂型,占到批准文号的 70% 以上;从地域上分,北京、广东和山东为保健品批准文号最多的前三省市,但黑龙江省花青素批准文号数量进入了前三,这应该与黑龙江花青素资源(野生蓝莓等浆果)丰富有直接关系。在销售方面,国际品牌通过网络在中国大陆销售不需要申请健字号,宣传也不受约束,直接冲击处于起步阶段的本土多酚健康产业,表明了政策畸形。而本土企业由于受文号限制，有销售渠道没有批准文号的企业只能贴牌加工，各展其能推动多酚保健品行业的发展，就出现了一个文号多个商标到处宣传的乱象，直接影响多酚健康产业的长远发展。

另外，分析了银杏叶药品在中国的情况，发现银杏黄酮制剂在中国发展迅速，申报批文中片剂数量占据绝对优势，但销售数据显示注射剂占据很大优势，滴丸销售量增长迅速。

最后，简单介绍了几家植物多酚专业企业的情况，指出尽管面临很大困难，但这些企业坚持下去才是未来植物多酚企业专业化发展的希望。

第 6 章　中国植物多酚产业市场供求情况及消费者行为分析

任何形式的终端市场都是消费者市场，这是所有产品体现价值的最后节点。在研究市场需求的过程中，充分了解消费者的行为特征、研究消费者行为是企业做好销售、了解市场动态的基本前提，企业或渠道经销商需要采用各种营销策略和方法，使消费者产生购买心理或直接消费，从而获取企业产品的利润，所以研究消费者行为及其系列影响因素是企业寻求销售快速增长、进一步细分市场、确定企业和产品定位、制定企业产品战略组合的第一要务。本章通过问卷调查，在分析了解我国植物多酚终端产品市场需求的基础上，深入探讨健康植物多酚终端产品消费者的行为特征，为植物多酚终端产品企业的销售增长提供相对科学的数据支持和趋势引导。

6.1　中国植物多酚市场供求情况分析

调查我国植物多酚终端产品市场的供给情况，主要通过产品供给方、品种、数量和售价等因素加以展开。从目前的产品供应总体情况看，植物多酚终端产品企业经过多年发展，其产品已经初步为消费者所接受，规格、品种仍在不断研发、调整，品牌知名度还未树立，有十分巨大的提高空间，在口碑形成过程中，售价根据品牌影响力的不同而有不一样的体现。植物多酚终端产品在品种、数量、价格上均迅速提升，且高端产品开始出现。表现出如下特征。

一是大多数国际健康品品牌以膳食补充剂的名义，通过天猫国际和京东全球购的通道进入中国进行销售，其中半数以上的产品价格比较合理，一瓶 60 ~ 90 粒的价格在 100 ~ 200 元之间，每天消费价格在 2 ~ 3 元，如：GNC 100 粒 300 mg 葡萄籽胶囊 149 元/瓶，每天 1 次，每次 1 粒，每天消费 1.49 元；普丽普莱蓝莓叶黄素软胶囊 120 粒 × 2 瓶只需 179 元，每日 2 次，每次 1 粒，每天消费 1.49 元；GNC 300 粒 60 mg 银杏黄酮胶囊 198 元/瓶，每天 2 次，每次 1 ~ 2 粒，每天消费 1.32 ~ 2.64 元。也有一些专业品牌价格很高，如欧缇丽（Caudalie）葡萄籽软胶囊 30 粒/盒 × 6 盒 599 元，美商婕斯（Jeunesse）沛泉菁华白藜芦醇果汁 30 mL × 30 袋/盒 611 元（市场标价 1 078 元），澳佳宝（Blackmores）越橘 30 粒 × 2 瓶 228 元，加拿大 Deidou 银杏胶囊 30 粒 290 元等，价格也被特定消费者所接受。

二是本土产的多酚保健品也十分丰富，价格都比较亲民，普遍为消费者所接受，如：康恩贝葡萄籽维生素 E 软胶囊 0.5 g/粒 × 100 粒，58 元/瓶，每天 1 次，每次 2 粒，每天消费 1.16 元；百合康牌越橘叶黄素软胶囊 0.5 g/粒 × 60 粒 × 2 瓶 45 元，每天 2 次，每次 2 粒，每天消费 1.5 元。同时也出现了一些高端品牌，如同仁堂牌葡萄籽提取物软胶囊 450 mg/粒 × 150 粒，315 元/瓶，每天 2 次，每次 2 粒，每天消费 8.4 元；Lumi 蓝莓葡萄籽叶黄素软胶囊

90粒每瓶288元,每天3次,每次1粒,每天消费9.6元。这些高端产品由于悠久的历史或名人效应同样被相关的消费群体所接受。综上可见,本土品牌在迅速成长,但目前多酚类的专业本土品牌还未长大,基本上都是综合保健品公司在同时生产经营各种相关产品。

三是中国保健品市场的营销目前还处于政策监管落后的状态,直销和会议营销在其中占有70%以上的比例,植物多酚这一类具有明确功效的产品比较适合这些营销模式。美商婕斯在中国通过类似直销和会议营销的方式销售白藜芦醇浓缩汁,发展迅速,在中国保健品行业俨然已经成为植物多酚专业公司的领头羊;沈阳中科药业有限公司利用会议营销的模式,极力推动以葡萄多酚为原料生产的清基胶囊的销售,据内部人士透露,其年销售额(以终端价计)达到6亿元,成为葡萄多酚销售额最大的专业公司;济南大医科技也利用会议营销的形式大力推广销售含白藜芦醇的产品——大医牌尚玺胶囊以及系列产品;天津市益倍建生物技术有限公司则凭借其学术优势开始专业化建设白藜芦醇的品牌,其产品作为药品+食品的鸡尾酒治疗方案已经在全国17家医院进入临床试验。

四是植物多酚产品的消费者由最初的以购买进口商品为主的富人阶层转化为大众阶层,消费主体以老人、注重保健的中年男性和白领女性为主,消费目的集中在长寿养生、健康、时尚、美容、礼品甚至治病防病等方面,表现在产品上即追求品质高档、包装时尚、产品新颖、差异消费、身份特征甚至私人订制等。千差万别的消费者行为要求相关植物多酚成品企业正确认识、分析消费者的消费心理,明确主要消费群体,进行精准消费群体细分,根据行业特点,从心理学角度,抓住消费者担忧健康、从众、追求地位、特立独行等各种心理,对他们的行为进行精准有效的靶向引导。

6.2 中国植物多酚市场消费者行为分析

以下两部分内容构成了一个完整的消费者购买行为调研:一是调查购买植物多酚产品的消费者的行为;二是调研植物多酚市场的三种主要产品(银杏黄酮片、葡萄多酚胶囊、花青素胶囊)的购买情况,最终结果分为两个部分,对于生产经营植物多酚终端产品的企业、渠道和经销商都具有很高的参考价值。

从亚当·斯密所在的时代,消费者行为理论就开始传播,后来经马歇尔、戈森等人继续研究,逐步变为消费者研究领域的重要内容,而用实证方法进行研究一直都是西方消费者行为研究的主流。但由于欧美国家与我国相比,文化传统、民族特性、宗教信仰、社会制度、时代变迁以及科学技术相差悬殊,利用西方理论分析我国的消费者市场行为有一定的缺陷。结合我国特色,我国的学者开始研究行为、意愿及影响因素,投入了大量的精力,希望能找到针对中国市场的实操性方法,已经取得了很大进展,成果具有很强的实际意义:蔡伟迟等(2001)通过对台湾零售店的销售人员和顾客进行调查发现,从业人员积极的销售情绪会影响消费者行为并促使其再次消费;沙确(Shaque)(2014)利用Logistic模型对马来西亚的消费者网络购物行为进行调查,发现性别、每周在线时间、家庭收入、电子商务经验、使用微信时间长短、网红、粉丝经济等均影响消费者意愿;李丽敏等(2011)认为消费者对于蓝莓食品认知较少,年龄、教育程度、性别等均会对消费者意愿产生影响;孙剑等(2010)在对绿色食品信息、价值属性、绿色购买行为的实证研究中指出，提高消费者对价值属性的认知，加强多渠道的外界信息刺激，创新营销技术手段是影响绿色购买行为的主要对策；王军等(2009)对消费者购买优质安全人参产品的意愿得出如下结论，消费者年龄、家庭收入水平、购买金额、产品溢价、替代品状况等具有显著影响；张莉侠等(2009)指出消费者对安全食品的购买愿望在增强，但对产品的宣传仍需加强；王芳等(2008)在对不同地区消费者绿色购买行为的实证研究中得出结论，绿色食品发展要加大宣传力度，并根据地区发展差异和消费习惯开拓产品，因地制宜发展区域特色品牌；王可山等(2007)得出可以通过加强认知、增加消费者信息接收量等途径，提高消费者对质量安全畜产食品支付意愿的结论；戴迎春等(2006)认为年龄、教育程度、对蔬菜外观等的关注程度影响消费者购买有机蔬菜的意愿[96]。

从目前的研究成果看，与多酚相关的健康食品、绿色有机食品、时尚产品等的消费者购买意愿以及行为方面的研究很少。本节着重借鉴已有的研究成果，设计各种变量，针对性考察消费者对植物多酚终端成品的购买意向和影响因素。所调研的植物多酚终端产品主要指符合国家政策、申报后具有批文的可以合法宣传的保健品，如花青素(蓝莓、越橘)胶囊、银杏叶片、葡萄籽胶囊、茶多酚、水飞蓟素、大豆异黄酮等。下面以前三种产品的调查进行消费者行为分析。

6.2.1　关于花青素市场消费者行为分析

1. 针对花青素胶囊产品的问卷设计及数据来源

计量模型：将消费者购买花青素胶囊产品的意愿作为被解释变量 y，将影响因素分为三个维度：消费者个体特征(7 个题项)、消费者行为特征(17 个题项)和对营销因素的关注度(12 个题项)。

本书采用 Logistic 理论模型，令 y 服从二项分布，将消费者肯定的答案用“1”表示，否定的答案用“0”表示，设 $y=1$ 的概率为 p，则 $y=1$ 的概率具体形式为

$$p(y)=f\left(\beta_0+\sum_{j=1}^{m}\beta_j x_{ij}\right)=\frac{1}{1+\exp\left(\beta_0+\sum_{j=1}^{m}\beta_j x_{ij}\right)}+\varepsilon_i$$

式中：$p(y)$ 表示消费者愿意购买花青素胶囊产品的概率；x_{ij} 是解释变量，表示第 j 种影响因素；β_j 表示第 j 种影响因素的回归系数；m 表示这一概率的影响因素个数；β_0 表示回归截距；ε_i 表示随机扰动；i 表示观察对象(个体)编号[97]。

变量说明：采取消费者访谈、问卷调研的方式，根据以上模型以及已有的研究成果、花青素胶囊产品的特点，将消费者购买花青素胶囊产品的影响因素分为三组，见表 6-1。

第一组是消费者个体特征。原先的研究表明，保健食品(健康食品)消费受到个人月收入水平、年龄、性别、宗教信仰、教育程度、生活区域等的影响。一般判断，女性消费者日常购物行为较多，接触花青素胶囊产品的机会更多，容易产生购买行为；由于花青素获取较为复杂，因此花青素胶囊销售价格偏高，如花青素胶囊每盒(瓶)100 粒，120 ~ 180 元不等，所以认为消费者教育程度的高低对其产品消费影响较大，学历越高，了解的知识越多，购买的

可能性越大;收入高的消费者家庭经济承受能力强,更容易购买。由于花青素的时尚性、功能明确性等特征,认为已婚女性对家中孩子和爱人的关注较多,购买花青素胶囊产品的可能性较大。年龄、职业、民族信仰等因素的影响需要进一步调研。

第二组是消费者行为特征。主要包括对产品品牌、功能、包装设计、价格、代言、互联网销售、送礼要求、是否购买过以及产品保健功能、是否为注册保健食品的关注程度。此外,消费者的购买习惯也被列入考察范围,包括购买地点的方便性,能否网上订货、微信购买,是否送达居住地,卖场内促销、电视广告、报纸广告、网络广告、售货员介绍和个人好奇程度等。根据消费者行为理论分析,花青素胶囊产品的包装设计时尚、代言品牌形象好,都会促进消费者购买;对保健、送礼诉求高的消费者往往更加倾向购买该类型产品。

第三组是对营销因素的关注度。包括花青素胶囊产品价格,送礼价格,吃水果习惯,喝红酒习惯,保健品消费情况,网购习惯,对保健品价格的关注程度,对品牌的重视程度,对时尚流行的兴趣,对各种媒体广告、微信的关注程度和是否受到劝说。根据市场营销学理论,消费者不但关注花青素胶囊产品的确切生物活性,还关注这些产品的符号价值,如品牌形象、广告宣传的艺术性等因素,这些因素可能会促进消费者对花青素胶囊产品的消费,但具体到影响程度有多大,需要以后进一步的研究和探索。

数据来源:笔者通过调查公司在 2015 年 7—12 月在湖北省各地以及通过互联网对北京、上海、天津等不同地区的消费者进行调查。实地调查地点是武汉、荆州、襄阳市的各大连锁超市、大型商场、连锁便利店、专卖店等,通过请被调查者现场填写并交回问卷的方法获得数据。现场总计发放调查问卷 650 份,回收 604 份,有效问卷 582 份,问卷有效率达 89.5% 。调研结果对于我国中等经济发达地区的花青素胶囊产品消费状况具有可靠的参考价值,有利于相关企业制定策略。

2. 问卷描述性统计

被调查者中没有买过花青素胶囊产品的人数为 163 人,占 28.0% 的比例,其余 72.0% 的人购买过花青素胶囊产品。调查样本的统计描述如表 6-2 所示,被调查者中女性占 52.2% 的比例,男性比例为 47.8% ;年龄在 25 ~ 45 岁的消费者人数最多;个人月收入在 5 001 ~ 8 000 元的消费者所占比例为 18.9% ,8 001 ~ 12 000 元的所占比例为 20.6% ,12 000 元以上的所占比例为 20.3% ,5 000 元以上的占到总数的 59.8% ,符合中等发达地区的居民收入水平。在消费者行为特征方面,消费者对保健功能和包装颜色及形状的重视程度较高,认为保健功能重要和非常重要的消费者占比为 71.1% ,认为包装颜色及形状重要和非常重要的消费者占比分别为 62.2% 和 60.3% 。在对营销因素的关注度方面,自己使用保健食品的价格和作为礼品赠送的保健食品的价格、保健食品使用习惯、饮食习惯、媒体宣传、互联网传播等都对消费者有较大影响。

表 6-1　计量模型解释变量说明

变量名称		变量定义
消费者个体特征	A1	女 =0,男 =1
	A2	25 岁以下 =1,25 ~30 岁 =2,31 ~45 岁 =3,45 岁以上 =4
	A3	大专及以下 =1,本科 =2,硕士及以上 =3
	A4	3 500 元以下 =1,3 500 ~5 000 元 =2,5 001 ~8 000 元 =3,8 001 ~12 000 元 =4,12 000 元以上 =5
	A5	未婚 =0,已婚 =1
	A6	公务员或事业单位人员 =1,企业员工 =2,服务行业人员 =3,个体经营者 =4,自由职业者 =5,工人 =6,学生 =7,其他 =8
	A7	家庭人口数
消费者行为特征	B1	不重要 =1,没有意见 =2,重要 =3,很重要 =4
	B2	不重要 =1,没有意见 =2,重要 =3,很重要 =4
	B3	不重要 =1,没有意见 =2,重要 =3,很重要 =4
	B4	不重要 =1,没有意见 =2,重要 =3,很重要 =4
	B5	不重要 =1,没有意见 =2,重要 =3,很重要 =4
	B6	不重要 =1,没有意见 =2,重要 =3,很重要 =4
	B7	不重要 =1,没有意见 =2,重要 =3,很重要 =4
	B8	不重要 =1,没有意见 =2,重要 =3,很重要 =4
	B9	不重要 =1,没有意见 =2,重要 =3,很重要 =4
	B10	不重要 =1,没有意见 =2,重要 =3,很重要 =4
	B11	不重要 =1,没有意见 =2,重要 =3,很重要 =4
	B12	不重要 =1,没有意见 =2,重要 =3,很重要 =4
	B13	不重要 =1,没有意见 =2,重要 =3,很重要 =4
	B14	不重要 =1,没有意见 =2,重要 =3,很重要 =4
	B15	不重要 =1,没有意见 =2,重要 =3,很重要 =4
	B16	不重要 =1,没有意见 =2,重要 =3,很重要 =4
	B17	不重要 =1,没有意见 =2,重要 =3,很重要 =4

续表

变量名称		变量定义
对营销因素的关注度	C1	很少=1,偶尔=2,一般=3,经常=4
	C2	很少=1,偶尔=2,一般=3,经常=4
	C3	很少=1,偶尔=2,一般=3,经常=4
	C4	很少=1,偶尔=2,一般=3,经常=4
	C5	很少=1,偶尔=2,一般=3,经常=4
	C6	很少=1,偶尔=2,一般=3,经常=4
	C7	很少=1,偶尔=2,一般=3,经常=4
	C8	很少=1,偶尔=2,一般=3,经常=4
	C9	很少=1,偶尔=2,一般=3,经常=4
	C10	很少=1,偶尔=2,一般=3,经常=4
	C11	很少=1,偶尔=2,一般=3,经常=4
	C12	很少=1,偶尔=2,一般=3,经常=4

注:模型中变量赋值为:A1:性别,A2:年龄,A3:教育程度,A4:个人月收入,A5:婚姻状况,A6:职业,A7:家庭人口数,B1:对产品保健功能的关注,B2:对包装颜色的关注,B3:对包装形状的关注,B4:对口感的关注,B5:对绿色产品的关注,B6:对品牌的关注,B7:对礼品的关注,B8:比较购买行为,B9:对价格的关注,B10:对购买地点方便性的关注,B11:对网上订购的关注,B12:对卖场内促销的关注,B13:对电视广告的关注,B14:对报纸广告的关注,B15:对网络广告的关注,B16:对售货员介绍的关注,B17:个人好奇程度,C1:对较贵水果的消费,C2:对较贵送礼水果的消费,C3:喝饮料习惯,C4:喝红酒习惯,C5:保健品消费情况,C6:对保健品价格的关注,C7:对时尚流行的兴趣,C8:对各种媒体广告的关注,C9:对新闻报道的关注,C10:受亲友劝说购买产品的情况,C11:对品牌的关注,C12:网上购物习惯。

表 6-2　被调查者基本统计特征

变量名称	人数/比例
Y	未购买过:163/28.0%;购买过:419/72.0%
A1	女:304/52.2%;男:278/47.8%
A2	25 岁以下:94/16.2%;25~30 岁:209/35.9%;31~45 岁:208/35.7%;45 岁以上:71/12.2%
A3	大专及以下:141/24.2%;本科:312/53.6%;硕士及以上:129/22.2%
A4	3 500 元以下:116/19.9%;3 500~5 000 元:118/20.3%;5 001~8 000 元:110/18.9%;8 001~12 000 元:120/20.6%;12 000 元以上:118/20.3%
A5	未婚:293/50.3%;已婚:289/49.7%
A6	公务员或事业单位人员:149/25.6%;企业员工:107/18.4%;服务行业人员:22/3.8%;个体经营者:76/13.1%;自由职业者:70/12.0%;工人:46/7.8%;学生:36/6.2%;其他:76/13.1%
A7	1:103/17.7%;2:61/10.5%;3:211/36.3%;4:196/33.7%;5:11/1.9%
B1	不重要:30/5.2%;没有意见:138/23.7%;重要:259/44.5%;很重要:155/26.6%
B2	不重要:72/12.4%;没有意见:148/25.4%;重要:169/29.0%;很重要:193/33.2%
B3	不重要:110/18.9%;没有意见:121/20.8%;重要:159/27.3%;很重要:192/33.0%
B4	不重要:123/21.1%;没有意见:123/21.1%;重要:152/26.1%;很重要:184/31.6%
B5	不重要:128/22.0%;没有意见:135/23.2%;重要:142/24.4%;很重要:177/30.4%

续表

变量名称	人数/比例
B6	不重要:129/22.2%;没有意见:127/21.8%;重要:174/29.9%;很重要:152/26.1%
B7	不重要:130/22.3%;没有意见:155/26.6%;重要:137/23.5%;很重要:160/27.5%
B8	不重要:147/25.3%;没有意见:135/23.2%;重要:152/26.1%;很重要:148/25.4%
B9	不重要:150/25.8%;没有意见:142/24.4%;重要:140/24.1%;很重要:150/25.8%
B10	不重要:144/24.7%;没有意见:164/28.2%;重要:132/22.7%;很重要:142/24.4%
B11	不重要:157/27.0%;没有意见:144/24.7%;重要:165/28.4%;很重要:116/19.9%
B12	不重要:147/25.3%;没有意见:164/28.2%;重要:127/21.8%;很重要:144/24.7%
B13	不重要:157/27.0%;没有意见:154/26.5%;重要:132/22.7%;很重要:139/23.9%
B14	不重要:143/24.6%;没有意见:162/27.8%;重要:138/23.7%;很重要:139/23.9%
B15	不重要:148/25.4%;没有意见:155/26.6%;重要:133/22.9%;很重要:146/25.1%
B16	不重要:157/27.0%;没有意见:147/25.3%;重要:149/25.6%;很重要:129/22.2%
B17	不重要:163/28.0%;没有意见:153/26.3%;重要:130/22.3%;很重要:136/23.4%
C1	很少:30/5.2%;偶尔:206/35.4%;一般:187/32.1%;经常:159/27.3%
C2	很少:90/15.5%;偶尔:150/25.8%;一般:224/38.5%;经常:118/20.3%
C3	很少:79/13.6%;偶尔:186/32.0%;一般:203/34.9%;经常:114/19.6%
C4	很少:92/15.8%;偶尔:183/31.4%;一般:198/34.0%;经常:109/18.7%
C5	很少:74/12.7%;偶尔:217/37.3%;一般:188/32.3%;经常:103/17.7%
C6	很少:89/15.3%;偶尔:185/31.8%;一般:197/33.8%;经常:111/19.1%
C7	很少:81/13.9%;偶尔:181/31.1%;一般:221/38.0%;经常:99/17.0%
C8	很少:79/13.6%;偶尔:191/32.8%;一般:201/34.5%;经常:111/19.1%
C9	很少:108/18.6%;偶尔:158/27.1%;一般:184/31.6%;经常:132/22.7%
C10	很少:129/22.2%;偶尔:145/24.9%;一般:143/24.6%;经常:165/28.4%
C11	很少:137/23.5%;偶尔:133/22.9%;一般:154/26.5%;经常:158/27.1%
C12	很少:149/25.6%;偶尔:129/22.2%;一般:133/22.9%;经常:171/29.4%

注:模型中变量Y表示消费者购买花青素胶囊产品的意愿,其余变量赋值与表6-1相同。

3. 模型检验

效度检验:关于消费者对花青素胶囊产品的购买意愿及影响因素,笔者选用了3个类别,共计36个题项来测度,这些题项只是笔者的自我判断,所以需要对这些题项进行探索性因素分析,以确定是否进行样本模型分析,从而保证调研结果的准确性和有效性。对题项进行KMO(Kaiser-Meyer-Olkin)值和Bartlett球形度检验,结果如表6-3所示,从中可看出各指标的选取样KMO值为0.828,Bartlett球形度检验的近似卡方为13 682.694,显著性水平$p=0.000$,满足因素分析条件,可以在模型中采用。

信度检验:本书利用量表的克朗巴哈α系数加以分析,如表6-4所示,表6-5和表6-6是删除某项后的克朗巴哈α系数,可以看出总体信度较高。从表6-5中可以看到,在删除A6(消费者职业)后,克朗巴哈α系数达到0.821;从表6-6中可以看到,再删除A4(消费者家庭月收入)后,克朗巴哈 α 系数进一步提高到 0.830,并且再删减题项不会使问卷信度提高。因此,在模型分析之前剔除 A4 和 A6,选择其余 34 个题项来测量消费者对花青素胶囊产品的购买行为。

模型统计检验:本书采用 SPSS19.0 统计软件,对所调查的 582 个消费者的截面数据进行 Logistic 二元回归分析,在数据处理过程中,采用全部变量进入法,得出检验结果如表 6-7 所示。模型的卡方统计值达 529.106($p=0.000$),Nagelkerke R^2 的值为 0.860,-2 对数似然值为 161.167,说明模型能够较好地拟合总样本数据,自变量对因变量有较好的解释力。由于在 Logistic 回归中,系数只反映变化的方向而不反映变化的大小,因此本书只研究自变量变化对消费者行为的正负方向影响。

表 6-3 KMO 值和 Bartlett 球形度检验

取样足够多的 KMO 值		0.828
Bartlett 球形度检验	近似卡方	13 682.694
	Df	630.000
	Sig.	0.000

表 6-4 克朗巴哈 α 系数

克朗巴哈 α 系数	备注
0.798	克朗巴哈 α 系数 <0.35 为低信度;0.35≤克朗巴哈 α 系数 <0.7 时,可以接受;克朗巴哈 α 系数≥0.7 属于高信度

表 6-5 第一次删除 A6 项的克朗巴哈 α 系数

A6 项已删除的克朗巴哈 α 系数	A1	A2	A3	A4	A5	A7	B1	B2	B3
	0.823	0.824	0.822	0.830	0.822	0.827	0.818	0.814	0.813
	B4	B5	B6	B7	B8	B9	B10	B11	B12
	0.810	0.809	0.809	0.807	0.808	0.808	0.808	0.810	0.809
	B13	B14	B15	B16	B17	C1	C2	C3	C4
	0.808	0.811	0.814	0.814	0.816	0.823	0.823	0.820	0.819
	C5	C6	C7	C8	C9	C10	C11	C12	
	0.819	0.818	0.818	0.819	0.818	0.820	0.820	0.821	

表 6-6　再次删除 A4 项的克朗巴哈 α 系数

A4、A6 项已删除的克朗巴哈 α 系数	A1	A2	A3	A5	A7	B1	B2	B3	B4
	0.800	0.801	0.829	0.829	0.804	0.815	0.810	0.819	0.808
	B5	B6	B7	B8	B9	B10	B11	B12	B13
	0.804	0.815	0.813	0.813	0.813	0.823	0.816	0.805	0.805
	B14	B15	B16	B17	C1	C2	C3	C4	C5
	0.817	0.830	0.821	0.813	0.819	0.800	0.817	0.816	0.826
	C6	C7	C8	C9	C10	C11	C12		
	0.826	0.814	0.825	0.824	0.816	0.806	0.928		

表 6-7　花青素胶囊产品消费模型的检验结果

变量名称	系数	标准误差	Wald 检验值	显著性	发生比率
A1	0.696	0.501	1.930	0.165	2.005
A2	0.719	0.261	7.577	0.006***	2.052
A3	1.137	0.370	9.463	0.002***	3.118
A5	1.704	0.498	11.695	0.001***	5.495
A7	0.893	0.212	17.793	0.000***	2.443
B1	-0.364	0.404	0.813	0.367	0.695
B2	0.991	0.460	4.634	0.031**	2.693
B3	0.904	0.420	4.620	0.032***	2.469
B4	0.629	0.417	2.275	0.131	1.876
B5	0.180	0.425	0.179	0.672	1.197
B6	1.461	0.457	10.220	0.001***	4.312
B7	0.241	0.420	0.330	0.566	1.273
B8	1.380	0.442	9.745	0.002***	3.975
B9	-0.398	0.407	0.959	0.327	0.672
B10	0.060	0.407	0.022	0.882	1.062
B11	0.600	0.413	2.110	0.146	1.821
B12	0.362	0.410	0.778	0.378	1.436
B13	0.608	0.446	1.857	0.173	1.836
B14	1.321	0.463	8.147	0.004***	3.746
B15	-0.480	0.411	1.368	0.242	0.619
B16	0.660	0.398	2.750	0.097*	1.934
B17	1.442	0.374	14.902	0.000***	4.230
C1	1.204	0.377	10.187	0.001***	3.335
C2	-0.358	0.337	1.126	0.289	0.699
C3	1.041	0.392	7.052	0.008***	2.831

续表

变量名称	系数	标准误差	Wald 检验值	显著性	发生比率
C4	0.057	0.380	0.023	0.880	1.059
C5	1.688	0.409	17.000	0.000***	5.410
C6	-0.134	0.371	0.130	0.718	0.875
C7	0.261	0.397	0.433	0.510	1.299
C8	0.441	0.380	1.347	0.246	1.554
C9	0.324	0.412	0.620	0.431	1.383
C10	-0.018	0.413	0.002	0.964	0.982
C11	1.172	0.462	6.426	0.011**	3.227
C12	0.453	0.316	2.050	0.152	1.573
常量	-43.288	5.443	63.238	0.000***	0.000

注：***、**和*表示估计系数的显著性水平分别为1%、5%和10%。

4. 结果分析

(1)消费者的年龄对其购买花青素胶囊产品具有显著的正向影响。这说明年龄比较大的人往往更加倾向于购买花青素胶囊产品，这是由于随着年龄的增长，人们对健康的关注度更高，而且年龄增长伴随着经济水平的提高，人们开始有能力消费花青素这类价格较高的保健品。

(2)消费者的受教育程度对其购买花青素胶囊产品具有显著的正向影响。这说明受教育程度高的消费者往往有更强的意愿购买花青素胶囊产品，随着受教育程度的提高，花青素胶囊产品的购买概率会上升。这一现象出现的原因是受教育程度较高的消费者往往对新事物更加感兴趣，对花青素胶囊产品的接受程度较高。

(3)消费者的婚姻状况对其购买花青素胶囊产品具有显著的正向影响。已婚者更愿意购买花青素胶囊产品，这与笔者的预期恰恰相反，这说明已婚人群对于花青素胶囊产品的保健功效和安全性了解深入，希望通过食用这些产品达到强身健体的效果。

(4)消费者的家庭人口数对其购买花青素胶囊产品具有显著的正向影响。这说明家庭有更多人口数的消费者往往更倾向于购买花青素胶囊产品，这与笔者的预期一致。在当前中国的家庭中，如果家庭人口数超过三人，往往意味着家中有老人，老人对于花青素这样的保健品会有一定的需求，所以会呈现出这样的一种正向关系。

(5)消费者对花青素胶囊产品的包装颜色和形状的关注对其购买该产品具有显著影响。也就是说，消费者对于包装的重视程度越高，他们购买花青素胶囊产品的概率也就越大，这从侧面说明了市面上出售的花青素胶囊产品包装比较精美，受到消费者欢迎。花青素胶囊产品的购买与消费者对包装的关注呈现出这样的正向关系，提醒企业在保证花青素胶囊产品质量的同时，应增加在包装设计和材料上的投入，以提升花青素胶囊产品的销售量。

(6)消费者对于品牌的关注度对花青素胶囊产品的购买具有显著的正向影响，也就是说，消费者对品牌越关注，就越有可能购买花青素胶囊产品。花青素虽然是一种水果提取物产品，但加工制成的花青素胶囊产品往往具有可靠的保健功效，所以消费者更加倾向于购买大品牌的花青素胶囊产品。

(7)消费者的比较购买行为对花青素胶囊产品的购买具有显著的正向影响，即消费者越习惯在购买商品时货比三家后再进行购买，其购买花青素胶囊产品的意愿就更强。这是一个很有意思的现象，一般来说，比较购买行为较强的消费者往往消费过程更为理性，不会一时冲动购买效用较低的产品。所以，花青素胶囊产品只要质量得到保证，就可以获取理性消费者的信任，由此看出花青素胶囊产品的销售前景十分乐观。

(8)在对花青素胶囊产品销售和宣传方式的关注上，可以看出消费者对于网络宣传、电视宣传等方式并没有很大兴趣，反而是对售货员介绍和对报纸广告的关注显著地正向影响了花青素胶囊产品的购买。一方面，购买花青素胶囊产品的消费者年龄总体来说偏大，报纸对于他们来说是比较常见的宣传方式，而售货员介绍使产品更加有真实感。另一方面，网络宣传和电视宣传等方式对于广告投放没有完全做到位，如果对新媒体宣传进行完善，可能会吸引更多的年轻消费者。

(9)个人好奇程度对于花青素胶囊产品的购买具有显著的正向影响，即消费者的好奇心越强，购买花青素胶囊产品的概率也就越大。这说明花青素胶囊产品作为一种新鲜的保健食品，会吸引好奇心强的消费者购买，所以加大广告宣传力度，激发消费者的好奇心，会使花青素胶囊产品的销售水平得到提升。

(10)消费者消费较贵水果的频率对花青素胶囊产品的购买具有正向且显著的影响，也就是说，消费者越常购买较贵的水果，他们购买花青素胶囊产品的概率越大。这一点不难理解，花青素胶囊产品所用提取物原料贵，相应的产品价格也高，经常消费高价格的水果的消费者对于水果的品质要求较高，喜欢尝试昂贵的水果，所以也会相应地消费价格较高、营养健康的花青素胶囊产品。

(11)消费者喝饮料的习惯对购买花青素胶囊产品具有显著的正向影响，即消费者越喜欢喝饮料，其购买花青素胶囊产品的概率也就越大。传统的饮料虽然口感很好，但多为碳酸饮料或加入了太多的糖分和添加剂，而花青素产品可以克服这个缺陷，让喜欢喝饮料的消费者改喝健康的花青素饮料。这个结论看似和本书的研究没有太大的关系，但可以指导企业把一部分产品开发的重心转移到健康的花青素饮品上。

(12)消费者对保健品的消费频率对于购买花青素胶囊产品具有显著的正向影响，也就是说购买保健品越多的消费者，购买花青素胶囊产品的概率越大。花青素胶囊产品是一类保健功能确切的食品，对健康较为关注的消费者购买该产品多用于送礼或食用，正向的影响符合我们的预期。

6.2.2　关于葡萄多酚(葡萄籽提取物)市场消费者行为分析

1. 问卷设计及数据来源

计量模型：将消费者购买葡萄多酚产品的意愿作为被解释变量 y，将影响因素分为三个维度：消费者个体特征(7个题项)、消费者行为特征(17个题项)和对营销因素的关注度(12

个题项)。本书采用 Logistic 理论模型,令 y 服从二项分布,将消费者肯定的答案用“1”表示,否定的答案用“0”表示,设 $y=1$ 的概率为 p,则 $y=1$ 的概率具体形式同第 6.2 节中的计量模型。式中:$p(y)$ 表示消费者愿意购买葡萄多酚产品的概率;x_{ij} 是解释变量,表示第 j 种影响因素;β_{ij} 表示第 j 种影响因素的回归系数;m 表示这一概率的影响因素个数;β_0 表示回归截距;ε_i 表示随机扰动;i 表示观察对象(个体)编号。

变量说明:采取问卷调研的方式,参照模型以及现成的研究成果、葡萄多酚产品的特点,将消费者购买葡萄多酚终端产品的影响因素分为三组,见表 6-8。

表 6-8 被调查者基本统计特征

变量	变量定义							
Y	购买过 = 1(359/64.7%)	未购买过 = 0(196/35.3%)						
消费者个体特征								
A1	女 = 0(260/46.8%)	男 = 1(295/53.2%)						
A2	25 岁以下 = 1(164/29.5%)	25 ~ 30 岁 = 2(194/35.0%)	31 ~ 45 岁 = 3(118/21.3%)	45 岁以上 = 4(79/14.2%)				
A3	大专及以下 = 1(122/22.0%)	本科 = 2(302/54.4%)	硕士及以上 = 3(131/23.6%)					
A4	3 500 元以下 = 1 (81/14.6%)	3 500 ~ 5 000 元 = 2 (90/16.2%)	5 001 ~ 8 000 元 = 3 (131/23.6%)	8 001 ~ 12 000 元 = 4 (135/24.3%)	12 000 元以上 = 5 (118/21.3%)			
A5	未婚 = 0(325/58.6%)	已婚 = 1(230/41.4%)						
A6	公务员或事业单位人员 = 1 (166/29.9%)	企业员工 = 2 (79/14.2%)	金融服务企业员工 = 3 (45/8.1%)	一般服务行业员工 = 4 (79/14.2%)	自由职业者 = 5 (68/12.3%)	个体经营者 = 6 (43/7.7%)	学生 = 7 (15/2.7%)	其他 = 8 (60/10.8%)
A7	1(103/18.6%)	2(66/11.9%)	3(177/31.9%)	4(198/35.7%)	5(11/2.0%)			
消费者行为特征								
B1	不重要 = 1(20/3.6%)	没意见 = 2(71/12.8%)	重要 = 3(228/41.1%)	很重要 = 4(236/42.5%)				
B2	不重要 = 1(44/7.9%)	没意见 = 2(102/18.4%)	重要 = 3(174/31.4%)	很重要 = 4(235/42.3%)				
B3	不重要 = 1(62/11.2%)	没意见 = 2(104/18.7%)	重要 = 3(175/31.5%)	很重要 = 4(214/38.6%)				
B4	不重要 = 1(86/15.5%)	没意见 = 2(111/20.0%)	重要 = 3(182/32.8%)	很重要 = 4(176/31.7%)				
B5	不重要 = 1(95/17.1%)	没意见 = 2(132/23.8%)	重要 = 3(157/28.3%)	很重要 = 4(171/30.8%)				
B6	不重要 = 1(104/18.7%)	没意见 = 2(114/20.5%)	重要 = 3(164/29.5%)	很重要 = 4(173/31.2%)				
B7	不重要 = 1(201/36.2%)	没意见 = 2(208/37.5%)	重要 = 3(74/13.3%)	很重要 = 4(72/13.0%)				
B8	不重要 = 1(218/39.3%)	没意见 = 2(158/28.5%)	重要 = 3(105/18.9%)	很重要 = 4(74/13.3%)				
B9	不重要 = 1(107/19.3%)	没意见 = 2(91/16.4%)	重要 = 3(173/31.2%)	很重要 = 4(184/33.2%)				
B10	不重要 = 1(106/19.1%)	没意见 = 2(120/21.6%)	重要 = 3(141/25.4%)	很重要 = 4(188/33.9%)				
B11	不重要 = 1(118/21.3%)	没意见 = 2(108/19.5%)	重要 = 3(161/29.0%)	很重要 = 4(168/30.3%)				
B12	不重要 = 1(75/13.5%)	没意见 = 2(127/22.9%)	重要 = 3(153/27.6%)	很重要 = 4(200/36.0%)				
B13	不重要 = 1(77/13.9%)	没意见 = 2(132/23.8%)	重要 = 3(166/29.9%)	很重要 = 4(180/32.4%)				
B14	不重要 = 1(186/33.5%)	没意见 = 2(171/30.8%)	重要 = 3(182/32.8%)	很重要 = 4(176/31.7%)				
B15	不重要 = 1(102/18.4%)	没意见 = 2(131/23.6%)	重要 = 3(140/25.2%)	很重要 = 4(182/32.8%)				

续表

变量	变量定义			
B16	不重要＝1(69/12.4%)	没意见＝2(56/10.1%)	重要＝3(214/38.6%)	很重要＝4(216/38.9%)
B17	不重要＝1(64/11.5%)	没意见＝2(112/20.2%)	重要＝3(153/27.6%)	很重要＝4(226/40.7%)
对营销因素的关注度				
C1	很少＝1(125/22.5%)	偶尔＝2(110/19.8%)	一般＝3(136/24.5%)	经常＝4(184/33.2%)
C2	很少＝1(101/18.2%)	偶尔＝2(126/22.7%)	一般＝3(164/29.5%)	经常＝4(164/29.5%)
C3	很少＝1(116/20.9%)	偶尔＝2(117/21.1%)	一般＝3(153/27.6%)	经常＝4(169/30.5%)
C4	很少＝1(104/18.7%)	偶尔＝2(137/24.7%)	一般＝3(140/25.2%)	经常＝4(174/31.4%)
C5	很少＝1(96/17.3%)	偶尔＝2(121/21.8%)	一般＝3(174/31.4%)	经常＝4(164/29.5%)
C6	很少＝1(172/31.0%)	偶尔＝2(151/27.2%)	一般＝3(126/22.7%)	经常＝4(106/19.1%)
C7	很少＝1(158/28.5%)	偶尔＝2(150/27.0%)	一般＝3(121/21.8%)	经常＝4(126/22.7%)
C8	很少＝1(176/31.7%)	偶尔＝2(156/28.1%)	一般＝3(136/24.5%)	经常＝4(87/15.7%)
C9	很少＝1(125/22.5%)	偶尔＝2(124/22.3%)	一般＝3(133/24.0%)	经常＝4(173/31.2%)
C10	很少＝1(165/29.7%)	偶尔＝2(176/31.7%)	一般＝3(117/21.1%)	经常＝4(97/17.5%)
C11	很少＝1(161/29.0%)	偶尔＝2(132/23.8%)	一般＝3(146/26.3%)	经常＝4(116/20.9%)
C12	很少＝1(146/26.3%)	偶尔＝2(152/27.4%)	一般＝3(121/21.8%)	经常＝4(136/24.5%)

注：模型中变量赋值为：Y：消费者购买葡萄多酚产品的意愿，A1：性别，A2：年龄，A3：教育程度，A4：个人月收入，A5：婚姻状况，A6：职业，A7：家庭人口数，B1：对产品保健功能的关注，B2：对包装颜色的关注，B3：对包装形状的关注，B4：对口感的关注，B5：对绿色产品的关注，B6：对品牌的关注，B7：对礼品的关注，B8：比较购买行为，B9：对价格的关注，B10：对购买地点方便性的关注，B11：对网上订购的关注，B12：对卖场内促销的关注，B13：对电视广告的关注，B14：对报纸广告的关注，B15：对网络广告的关注，B16：对售货员介绍的关注，B17：个人好奇程度，C1：对较贵水果的消费，C2：对较贵送礼水果的消费，C3：喝饮料习惯，C4：喝红酒习惯，C5：保健品消费情况，C6：对保健品价格的关注，C7：对时尚流行的兴趣，C8：对各种媒体广告的关注，C9：对新闻报道的关注，C10：受亲友劝说购买产品的情况，C11：对品牌的关注，C12：网上购物习惯。括号内数据表示"人数/比例"。

第一组是消费者个体特征，第二组是消费者行为特征，第三组是对营销因素的关注度，不再赘述。

数据来源：与花青素胶囊产品数据来源一致。实际发放调查问卷600份，回收579份，检查后确认有效问卷555份，问卷有效率达95.9%。调研结果对于中等经济发达地区的葡萄多酚产品消费状况具有一定的代表性。

2. 问卷描述性统计

统计数据显示被调查者中有196人未购买过葡萄多酚产品，占35.3%的比例，购买过葡萄多酚产品的消费者占64.7%的比例。表6-8是调查样本的统计性描述，被访者中46.8%为女性，53.2%为男性，男性比例略高；年龄在25～45岁之间的消费者人数最多；个人月收入方面，23.6%在5 001～8 000元之间，8 001～12 000元之间的所占比例为24.3%，12 000元以上的占比为21.3%，69.2%以上的个人月收入在5 000元以上，符合中等发达地区的居民收入水平。在消费者行为特征方面，消费者对保健功能和包装颜色及形状的重视程度较高，对售货员介绍的关注度也比较高，认为保健功能重要和非常重要的消费者占比为83.6%，认为包装颜色及形状重要和非常重要的消费者占比分别为73.7%和70.1%，认为售货员介绍重要和非常重要的消费者占比为77.5%。在对营销因素的关注度方面，保健品消费情况、保健品价格、新闻报道、微信等都对消费者影响较大。

3. 模型检验

效度检验：在测度消费者对葡萄多酚产品的购买意愿及影响因素方面，笔者的研究设想与观点和花青素胶囊产品的分析一致。对题项进行KMO值和Bartlett球形度检验，结果如表6-9所示，可以看出，各指标的选取样KMO值为0.750，Bartlett球形度检验的近似卡方为12 728.208，显著性水平$p=0.000$，达到因素分析条件，能够在模型中被采用。

表6-9 KMO值和Bartlett球形度检验

取样足够多的KMO值		0.750
Bartlett球形度检验	近似卡方	12 728.208
	Df	630.000
	Sig.	0.000

信度检验：本书利用量表的克朗巴哈α系数来进行分析，首先将所设计的36个题项全部引入进行分析，但由于总体信度在删除A6和A7后有提升空间，出于提升总体信度的考虑，删除了A6和A7这两个题项，剩余的34个题项的信度见表6-10，从中能够看到，总体信度在可以接受的范围之内，能够进行深入的定量研究。

表6-10 克朗巴哈α系数

克朗巴哈α系数	备注
0.679	克朗巴哈α系数<0.35为低信度；0.35≤克朗巴哈α系数<0.7时，可以接受；克朗巴哈α系数≥0.7属于高信度

模型统计检验：本书采用SPSS19.0统计软件，对所调查的555个消费者的截面数据进行Logistic二元回归分析，在数据处理过程中，采用全部变量进入法，得出检验结果如表6-11所示。模型的卡方统计值达642.399($p=0.000$)，Nagelkerke R^2的值为0.943，-2对数似然值为78.409，说明模型能够较好地拟合总样本数据，自变量对因变量有较好的解释力。由于在Logistic回归中，系数只反映变化的方向而不反映变化的大小，因此本书只研究自变量变化对消费者行为的正负方向影响。

表 6-11　葡萄多酚产品消费模型的检验结果

变量名称	系数	标准误差	Wald 检验值	显著性	发生比率
A1	0.672	0.745	0.813	0.367	1.957
A2	1.105	0.470	5.525	0.019***	3.020
A3	1.204	0.584	4.248	0.039***	3.334
A4	0.364	0.276	1.737	0.187	1.440
A5	0.627	0.920	0.464	0.496	1.872
B1	3.120	0.797	15.319	0.000***	22.643
B2	-0.761	0.702	1.176	0.278	0.467
B3	0.026	0.655	0.002	0.968	1.027
B4	0.249	0.651	0.146	0.703	1.282
B5	2.187	0.765	8.182	0.004***	8.906
B6	-0.254	0.495	0.264	0.607	0.776
B7	-0.149	0.531	0.079	0.779	0.861
B8	0.130	0.674	0.037	0.847	1.139
B9	0.155	0.515	0.091	0.763	1.168
B10	-0.490	0.760	0.415	0.519	0.613
B11	0.961	0.622	2.388	0.122	2.615
B12	2.668	0.880	9.189	0.002***	14.408
B13	1.955	0.678	8.325	0.004***	7.064
B14	3.067	0.822	13.913	0.001***	21.483
B15	0.507	0.789	0.412	0.521	1.660
B16	0.547	0.613	0.798	0.372	1.728
B17	2.878	0.900	10.231	0.001***	17.773
C1	3.012	0.977	9.512	0.002***	20.331
C2	2.278	0.829	7.546	0.006***	9.758
C3	4.204	1.032	16.600	0.000***	66.946
C4	-0.199	0.784	0.064	0.800	0.820
C5	0.918	0.501	3.365	0.067*	2.505
C6	2.694	0.839	10.323	0.001***	14.796
C7	1.796	0.697	6.644	0.010***	6.027
C8	1.096	0.726	2.279	0.131	2.992
C9	2.239	0.805	7.736	0.005***	9.385
C10	4.570	1.088	17.655	0.000***	96.498
C11	2.863	1.052	7.399	0.007***	17.506
C12	-1.094	0.601	3.314	0.069***	0.335
常量	-106.685	20.545	26.965	0.000***	0.000

注：***、**和*表示估计系数的显著性水平分别为 1%、5% 和 10%。

4. 结果分析

(1)年龄对消费者购买葡萄多酚产品具有显著的正向影响,也就是说,消费者年龄越大,消费葡萄多酚产品的概率越大,这与我们的预期相符。随着年龄的增长,人体对于各种微量元素和矿物质的需求提升,人们才开始服用一定量的保健品,因此,年龄和购买葡萄多酚产品的概率呈现出正向关系。

(2)受教育程度也对消费者购买葡萄多酚产品有着正向的影响,即受教育程度越高的消费者购买葡萄多酚产品的概率越大,这个结论符合我们的预期。人们在文化水平提升的同时,会越来越关注健康,在日常生活中更加注重养生,而不是等到生病才去治疗,因此这样的消费者往往会更多地消费葡萄多酚产品。

(3)消费者对产品保健功能的关注与葡萄多酚的购买呈现出一种显著的正向关系,也就是说,消费者对产品的保健功能越关注,其购买葡萄多酚产品的概率越大,这符合我们的预期。这说明葡萄多酚产品的保健效果较好,企业可以针对产品保健效果好加强宣传。

(4)消费者对是否为绿色产品的关注与购买葡萄多酚产品呈现出显著的正向关系,亦即消费者对绿色产品越关注,其购买葡萄多酚产品的概率越大,这符合我们的预期。葡萄多酚产品是一种绿色产品,这是该产品吸引消费者的优势之一,所以在未来的发展过程中企业应该充分利用这一优势,发展葡萄的绿色种植和科学栽培,以获取更多消费者的青睐。

(5)在葡萄多酚产品的众多宣传手段中,消费者对卖场内促销、电视广告、报纸广告的关注度对购买葡萄多酚产品有着正向的显著影响,即消费者对卖场内促销、电视广告、报纸广告的关注度越高,购买葡萄多酚产品的概率越大。与其他产品相似,消费者依然选择通过网络了解该产品,这提醒企业在强化传统宣传手段的同时,适当地利用网络平台吸引一些年轻的消费者。

(6)个人好奇程度对购买葡萄多酚产品具有显著的正向影响,即消费者的好奇心越强,购买葡萄多酚产品的概率也就越大。这说明葡萄多酚产品作为一种时尚、功效可靠的保健食品,会吸引好奇心强、时尚新潮、注重养生的消费者购买,所以扩大广告宣传、激发消费者的好奇心和养生愿望,会使葡萄多酚产品的销售量得到提升。

(7)在营销因素方面,消费者消费较贵保健品的频率也对葡萄多酚产品的购买产生正向且显著的影响,也就是说,消费者越常购买较贵的保健品(无论是自身消费还是送礼),他们购买葡萄多酚产品的概率也越大。这一点不难理解,经常消费价格高的保健品的消费者消费能力较强,所以较有可能消费价格较高、营养健康的葡萄多酚产品。

(8)消费者喝红酒的习惯对购买葡萄多酚产品具有显著的正向影响,即消费者越喜欢喝红酒,其购买葡萄多酚产品的概率也就越大。红酒虽然口感很好,但多含酒精,而葡萄多酚产品可以克服这个缺陷,让喜欢喝红酒的消费者可以改喝健康的葡萄多酚饮品替代部分红酒。这个结论看似和本书的研究没有太大的关系,但可以指导企业把产品开发的部分重心转移到健康的葡萄多酚、红酒多酚保健食品上去。

(9)消费者对保健品的消费频率也对购买葡萄多酚产品具有显著的正向影响,也就是说购买保健品越多的消费者,购买葡萄多酚产品的概率越大。葡萄多酚是一类功效可靠、能预防多种疾病的保健食品,对健康较为关注的消费者购买该产品食用,正向的影响符合我们的预期。

(10)消费者对保健品价格的关注也对葡萄多酚产品的购买具有显著的正向影响,也就是说,消费者购买保健品时越关注价格,其购买葡萄多酚产品的概率就越大。因此,针对葡萄多酚消费者的这一特点,企业应该对葡萄多酚产品进行合理定价,以吸引消费者购买。

(11)消费者对时尚流行的兴趣对葡萄多酚产品的购买具有显著的正向影响,也就是说,消费者对时尚流行越感兴趣,就越倾向于消费葡萄多酚产品,这与我们的预期是相符的。葡萄多酚是一种新产品,自然可以吸引那些对时尚流行感兴趣的消费者,因此,企业如果可以在宣传和推广方面下功夫,就能吸引这类消费者购买。

(12)消费者对新闻报道的关注对葡萄多酚的购买有显著的正向影响,即消费者在日常生活中越关注新闻报道,特别是科学养生的新闻报道,他们消费葡萄多酚产品的概率越大。这是因为消费葡萄多酚这类保健品的多数是具有一定经济实力的中老年人,他们往往更喜欢看新闻报道中的养生知识。这个现象提醒企业可以增加新闻报道期间的养生广告投放,以提高产品的知名度。

(13)受亲友劝说购买的情况与葡萄多酚产品的消费呈现出正向关系,也就是说消费者越容易受到亲朋好友劝说后进行消费,就越有可能购买葡萄多酚产品。针对这一特点,可以对葡萄多酚产品采用类似于“安利”产品的直销方式,亲朋好友相互推荐,分享使用感受,会吸引更多的潜在消费者去购买,而且目前国家的直销门槛越来越低,对企业来说,直销成本显著下降。

(14)消费者网上购物的习惯对葡萄多酚产品的消费有着一定的反向影响,即消费者越喜欢网上购物,他们消费葡萄多酚产品的概率越小,这个结论有些出乎意料,但也有一定原因。如前文所述,葡萄多酚的消费者多为中老年人,他们往往没有网购的习惯,更喜欢看到真实的商品,所以他们更多在实体店或者会议中购买产品。这提醒企业应尽可能多地发展线下产品的销售,如增加实体店、经销商、科学养生讲座进行销售。

6.2.3　关于银杏叶产品市场消费者行为分析

1. 问卷设计及数据来源

计量模型:将购买意愿作为被解释变量 y,将影响因素分为 36 个题项,包含在三个维度,即个体特征(7 个)、行为特征(17 个)和对营销因素的关注度(12 个)中。本书采用 Logistic 理论模型,令 y 服从二项分布,将消费者肯定的答案用“1”表示,否定的答案用“0”表示,设 $y=1$ 的概率为 p,则 $y=1$ 的概率具体形式同第 6.2 节中的计量模型。式中:$p(y)$ 表示消费者愿意购买银杏叶产品的概率;x_{ij}是解释变量,表示第 j 种影响因素;β_{ij}表示第 j 种影响因素的回归系数;m 表示这一概率的影响因素个数;β_0 表示回归截距;ε_i 表示随机扰动,i 表示观察对象(个体)编号。

变量说明:采取问卷调查的方式,根据模型以及现有的研究成果、银杏叶产品的特性,将影响因素分为三组,见表 6-12。

表 6-12 被调查者基本统计特征

变量	变量定义							
Y	购买过 =1(463/81.4%)	未购买过 =0(106/18.6%)						
消费者个体特征								
A1	女 =0(267/46.9%)	男 =1(302/53.1%)						
A2	25 岁以下 =1(203/35.7%)	25～30 岁 =2(175/30.8%)	31～45 岁 =3(84/14.8%)	45 岁以上 =4(107/18.8%)				
A3	大专及以下 =1(115/20.2%)	本科 =2(337/59.2%)	硕士及以上 =3(117/20.6%)					
A4	3 500 元以下 =1 (120/21.1%)	3 500～5 000 元 =2 (67/11.8%)	5 001～8 000 元 =3 (127/22.3%)	8 001～12 000 元 =4 (142/25.0%)	12 000 元以上 =5 (113/19.9%)			
A5	未婚 =0(351/61.7%)	已婚 =1(218/38.3%)						
A6	公务员或事业单位人员 =1 (148/26.0%)	企业员工 =2 (78/13.7%)	金融服务企业员工 =3 (30/5.3%)	一般服务行业员工 =4 (62/10.9%)	自由职业者 =5 (69/12.1%)	个体经营者 =6 (51/9.0%)	学生 =7 (54/9.5%)	其他 =8 (77/13.5%)
A7	1(79/13.9%)	2(100/17.6%)	3(203/35.7%)	4(176/30.9%)	5(11/1.9%)			
消费者行为特征								
B1	不重要 =1(194/34.1%)	没意见 =2(142/25.0%)	重要 =3(132/23.2%)	很重要 =4(101/17.8%)				
B2	不重要 =1(50/8.8%)	没意见 =2(104/18.3%)	重要 =3(164/28.8%)	很重要 =4(251/44.1%)				
B3	不重要 =1(63/11.1%)	没意见 =2(111/19.5%)	重要 =3(182/32.0%)	很重要 =4(213/37.4%)				
B4	不重要 =1(82/14.4%)	没意见 =2(132/23.2%)	重要 =3(156/27.4%)	很重要 =4(199/35.0%)				
B5	不重要 =1(97/17.0%)	没意见 =2(130/22.8%)	重要 =3(175/30.8%)	很重要 =4(167/29.3%)				
B6	不重要 =1(105/18.5%)	没意见 =2(134/23.6%)	重要 =3(164/28.8%)	很重要 =4(166/29.2%)				
B7	不重要 =1(69/12.1)	没意见 =2(117/20.6%)	重要 =3(176/30.9%)	很重要 =4(207/36.4%)				
B8	不重要 =1(53/9.3%)	没意见 =2(39/6.9%)	重要 =3(225/39.5%)	很重要 =4(252/44.3%)				
B9	不重要 =1(170/29.9%)	没意见 =2(162/28.5%)	重要 =3(116/20.4%)	很重要 =4(121/21.3%)				
B10	不重要 =1(177/31.1%)	没意见 =2(194/34.1%)	重要 =3(102/17.9%)	很重要 =4(96/16.9%)				
B11	不重要 =1(45/7.9%)	没意见 =2(115/20.2%)	重要 =3(177/31.1%)	很重要 =4(232/40.8%)				
B12	不重要 =1(56/9.8%)	没意见 =2(116/20.4%)	重要 =3(191/33.6%)	很重要 =4(206/36.2%)				
B13	不重要 =1(50/8.8%)	没意见 =2(46/8.1%)	重要 =3(257/45.2%)	很重要 =4(216/38.0%)				
B14	不重要 =1(109/19.2%)	没意见 =2(119/20.9%)	重要 =3(174/30.6%)	很重要 =4(167/29.3%)				
B15	不重要 =1(120/21.1%)	没意见 =2(122/21.4%)	重要 =3(157/27.6%)	很重要 =4(170/29.9%)				
B16	不重要 =1(143/25.1%)	没意见 =2(123/21.6%)	重要 =3(125/22.0%)	很重要 =4(178/31.3%)				
B17	不重要 =1(127/22.3%)	没意见 =2(135/23.7%)	重要 =3(149/26.2%)	很重要 =4(158/27.8%)				
对营销因素的关注度								
C1	很少 =1(82/14.4%)	偶尔 =2(69/12.1%)	一般 =3(202/35.5%)	经常 =4(216/38.0%)				
C2	很少 =1(77/13.5%)	偶尔 =2(103/18.1%)	一般 =3(170/29.9%)	经常 =4(219/38.5%)				
C3	很少 =1(146/25.7%)	偶尔 =2(153/26.9%)	一般 =3(129/22.7%)	经常 =4(141/24.8%)				
C4	很少 =1(83/14.6%)	偶尔 =2(120/21.1%)	一般 =3(174/30.6%)	经常 =4(192/33.7%)				
C5	很少 =1(95/16.7%)	偶尔 =2(116/20.4%)	一般 =3(161/28.3%)	经常 =4(197/34.6%)				
C6	很少 =1(85/14.9%)	偶尔 =2(131/23.0%)	一般 =3(164/28.8%)	经常 =4(189/33.2%)				

续表

变量	变量定义			
C7	很少 =1(157/27.6%)	偶尔 =2(184/32.3%)	一般 =3(113/19.9%)	经常 =4(115/20.2%)
C8	很少 =1(168/29.5%)	偶尔 =2(152/26.7%)	一般 =3(134/23.6%)	经常 =4(115/20.2%)
C9	很少 =1(75/13.2%)	偶尔 =2(109/19.2%)	一般 =3(168/29.5%)	经常 =4(217/38.1%)
C10	很少 =1(154/27.1%)	偶尔 =2(164/28.8%)	一般 =3(128/22.5%)	经常 =4(123/21.6%)
C11	很少 =1(155/27.2%)	偶尔 =2(148/26.0%)	一般 =3(147/25.8%)	经常 =4(119/20.9%)
C12	很少 =1(168/29.5%)	偶尔 =2(159/27.9%)	一般 =3(128/22.5%)	经常 =4(114/20.0%)

注：模型中变量赋值为：Y：消费者购买银杏叶产品的意愿，A1：性别，A2：年龄，A3：教育程度，A4：个人月收入，A5：婚姻状况，A6：职业，A7：家庭人口数，B1：对产品保健功能的关注，B2：对包装颜色的关注，B3：对包装形状的关注，B4：对口感的关注，B5：对绿色产品的关注，B6：对品牌的关注，B7：对礼品的关注，B8：比较购买行为，B9：对价格的关注，B10：对购买地点方便性的关注，B11：对网上订购的关注，B12：对卖场内促销的关注，B13：对电视广告的关注，B14：对报纸广告的关注，B15：对网络广告的关注，B16：对售货员介绍的关注，B17：个人好奇程度，C1：对较贵水果的消费，C2：对较贵送礼水果的消费，C3：喝饮料习惯，C4：喝红酒习惯，C5：保健品消费情况，C6：对保健品价格的关注，C7：对时尚流行的兴趣，C8：对各种媒体广告的关注，C9：对新闻报道的关注，C10：受亲友劝说购买产品的情况，C11：对品牌的关注，C12：网上购物习惯。括号内数据表示“人数/比例”。

数据来源：与花青素胶囊产品、葡萄多酚产品数据来源一致。发放调查问卷600份，回收583份，有效问卷569份，问卷有效率达97.6%。调查结果对于中等经济发达地区的银杏叶产品消费状况具有一定的代表性。

2. 问卷描述性统计

如表6-12所示，有106个被调查者没有购买过银杏叶产品，占18.6%的比例；被访者中女性占46.9%，男性占53.1%，男性比女性比例略高一些；年龄在25～45岁的消费者人数最多；22.3%的个人月收入为5 001～8 000元，25.0%的为8 001～12 000元，19.9%的为12 000元以上，67.1%的为5 000元以上，符合中等发达地区的居民收入水平。在消费者行为特征方面，消费者对包装颜色及价格、网上订购、微信营销和电视广告的重视程度较高。在对营销因素的关注度方面，与花青素胶囊产品和葡萄多酚产品基本一致。

3. 模型检验

效度检验：在测度消费者对银杏叶产品的购买意愿及影响因素方面，笔者的研究设想与观点和花青素胶囊产品的分析一致。对题项进行KMO值和Bartlett球形度检验，结果如表6-13所示，从中可以看出，各指标的选取样KMO值为0.751，Bartlett球形度检验的近似卡方为12 728.721，显著性水平$p=0.000$，满足因素分析条件，可以在模型中采用。

表6-13　KMO值和Bartlett球形度检验

取样足够多的KMO值		0.751
Bartlett球形度检验	近似卡方	12 728.721
	Df	630.000
	Sig.	0.000

信度检验：本书利用量表的克朗巴哈 α 系数加以分析，首先将所设计的 36 个题项全部引入分析，但由于总体信度在删除 A4 和 A6 后有提升空间，出于提升总体信度的考虑，删除了 A4 和 A6 这两个题项，剩余的 34 个题项的信度如表 6-14 所示，从中可以看到总体信度在可以接受的范围内，可以进行进一步的定量研究。

表 6-14 克朗巴哈 α 系数

克朗巴哈 α 系数	备注
0.778	克朗巴哈 α 系数 < 0.35 为低信度；0.35 ≤ 克朗巴哈 α 系数 < 0.7 时，可以接受；克朗巴哈 α 系数 ≥ 0.7 属于高信度

模型统计检验：本书采用 SPSS19.0 统计软件，对所调查的 569 个消费者的截面数据进行 Logistic 二元回归分析，在数据处理过程中，采用全部变量进入法，得出检验结果如表 6-15 所示。模型的卡方统计值达 405.590（$p = 0.000$），Nagelkerke R^2 的值为 0.825，−2 对数似然值为 141.562，说明模型能够较好地拟合总样本数据，自变量对因变量有较好的解释力。由于在 Logistic 回归中，系数只反映变化的方向而不反映变化的大小，因此本书只研究自变量变化对消费者行为的正负方向影响。

表 6-15 银杏叶产品消费模型的检验结果

变量名称	系数	标准误差	Wald 检验值	显著性	发生比率
A1	0.830	0.528	2.471	0.116	2.294
A2	2.080	0.450	21.368	0.000***	8.004
A3	0.246	0.429	0.330	0.566	1.279
A5	0.538	0.728	0.545	0.460	1.712
A7	−0.812	0.256	10.034	0.002***	0.444
B1	2.801	0.603	21.596	0.000***	16.468
B2	0.874	0.465	3.530	0.060*	2.397
B3	0.305	0.472	0.419	0.517	1.357
B4	1.783	0.559	10.160	0.001***	5.948
B5	−1.868	0.540	11.957	0.001***	0.154
B6	−0.279	0.390	0.512	0.474	0.756
B7	0.044	0.374	0.014	0.906	1.045
B8	0.046	0.387	0.014	0.905	1.047
B9	−1.154	0.409	7.956	0.005***	0.315
B10	2.775	0.601	21.340	0.000***	16.035
B11	−0.469	0.556	0.713	0.398	0.625
B12	0.073	0.487	0.022	0.881	1.075
B13	0.463	0.412	1.261	0.262	1.589

续表

变量名称	系数	标准误差	Wald 检验值	显著性	发生比率
B14	-0.232	0.408	0.324	0.569	0.793
B15	2.801	0.634	19.533	0.000 * * *	16.455
B16	-0.064	0.518	0.015	0.902	0.938
B17	-0.339	0.400	0.718	0.397	0.712
C1	0.448	0.398	1.271	0.260	1.565
C2	0.733	0.496	2.181	0.140	2.080
C3	0.553	0.365	2.295	0.130	1.738
C4	1.481	0.551	7.237	0.007 * * *	4.399
C5	0.230	0.422	0.297	0.586	1.259
C6	2.160	0.477	20.526	0.000 * * *	8.669
C7	0.916	0.399	5.274	0.022 * * *	2.499
C8	1.014	0.446	5.159	0.023 * * *	2.757
C9	-0.745	0.502	2.201	0.138	0.475
C10	-1.340	0.468	8.208	0.004 * * *	0.262
C11	1.480	0.462	10.266	0.001 * * *	4.392
C12	-0.137	0.468	0.086	0.769	0.872
常量	-32.460	5.136	39.943	0.000 * * *	0.000

注：* * *、* * 和 * 表示估计系数的显著性水平分别为 1%、5% 和 10%。

4. 结果分析

(1)消费者的年龄对其购买银杏叶产品具有显著的正向影响。这说明年龄比较大的人往往更加倾向于购买银杏叶产品,这是由于随着年龄的增长,他们对健康的关注度更高,且就中国而言,年龄增长伴随着经济水平的提高,人们开始有能力消费银杏叶这类价格较高的保健品。

(2)家庭人口数对银杏叶产品的购买具有显著的负向影响,也就是说,家庭人口数越多,其购买银杏叶产品的概率越小,这个结论出乎我们意料。与前文所述的花青素胶囊产品不同,银杏叶产品与家庭人口数的这种负向关系值得我们进一步探究,这可能带来市场细分方面的一些灵感。

(3)消费者对产品保健功能的关注与银杏叶产品的购买呈现出一种显著的正向关系,也就是说,消费者对产品的保健功能越关注,其购买银杏叶产品的概率也越大,这符合我们的预期。这说明银杏叶产品的保健效果较好,可以针对产品保健效果好加大宣传力度。

(4)消费者对银杏叶产品包装的颜色的关注对其购买该产品具有显著影响,也就是说,消费者对于包装颜色的重视程度越高,他们购买银杏叶产品的概率也就越大,这从侧面说明了市面上出售的银杏叶产品包装比较精美,受到消费者欢迎。银杏叶产品的购买与消费者对包装颜色的关注呈现出这样的正向关系,提醒企业应该在保证银杏叶产品品质的同时,增加在包装设计上的投入,使银杏叶产品的销售量提升。

(5)消费者对口感的关注和银杏叶产品的购买呈现出显著的正向关系,也就是说,消费者对口感越关注,对银杏叶产品消费的概率越大,这是一个很好的现象。银杏叶属于中草药,必然不会呈现出香甜可口的味道,所以使用其他配料使其口感变好,可以吸引关注口感的消费者。这个结论提醒企业,在生产制造银杏叶这类保健食品时,不仅要考虑产品功效,还可以添加一些天然的成分调整其口感。

(6)消费者对绿色食品的关注与银杏叶产品的购买呈现出一种显著的负向关系,即消费者越不关注绿色食品,就越有可能购买银杏叶产品,这一点显得有些异常。这个现象可能是由于现代生活节奏很快,人们往往没有时间和精力来考虑自己的饮食是否健康,可能会经常食用一些不健康的食品。但是这些消费者出于自身健康的考虑,会购买一些保健品来中和这种不良的饮食习惯,银杏叶产品的功效正激发了他们消费兴趣。

(7)消费者对于价格的关注与银杏叶产品的购买有一个显著的正向关系,即消费者越关注价格,对银杏叶产品消费的概率越小。这说明银杏叶产品的定价有些偏高,应该对价格做一些调整。

(8)购买地点的方便性和网络广告对银杏叶产品的购买具有显著的正向影响,而亲友劝说购买对其有着显著的负向影响。也就是说,购买地点越方便,对网络广告越关注,消费者购买银杏叶产品的概率就越大,而亲朋好友的劝说越多,消费者购买银杏叶产品概率就越小。这与银杏叶产品的消费者的年龄和生活习惯有关,他们往往更喜欢使用网络,更喜欢便捷的购买方式,不习惯口耳相传的营销方式。所以,对于银杏叶产品的市场,应该更多地开设网络商城,增加网络广告的投放,以迎合消费者的购买喜好。

(9)消费者对时尚流行的兴趣对银杏叶产品的购买具有显著的正向影响,也就是说,消费者对时尚流行越感兴趣,就越倾向于消费银杏叶产品,这与我们的预期是相符的。银杏叶产品是一种新产品,自然可以吸引那些对时尚流行感兴趣的消费者,因此,企业如果在宣传和推广方面下功夫,就会吸引这类消费者购买。

(10)消费者对品牌的关注对银杏叶产品的购买具有显著的正向影响,也就是说,消费者对品牌越关注,就越有可能购买银杏叶产品。国内的保健品行业鱼龙混杂,消费者没有专业知识,往往无法分辨出产品的好坏,所以消费者更倾向于购买大品牌的产品,这提醒企业,可以与知名企业合作开发银杏叶产品,以达到双赢的效果。

6.3 本章小结

本章对中国植物多酚市场的供求情况以及银杏黄酮、葡萄多酚和花青素三类保健食品的消费者行为进行分析,得出如下结论和建议。

(1)消费者的购买行为受到家庭收入、性别、婚姻状况、对包装的关注程度、红酒饮用习惯、对礼品的关注程度、多酚产品的口感、多酚产品的时尚宣传、品牌、对保健品的关注程度的影响,大多数是正向影响,少数是负向影响,如家庭人口对银杏叶产品的购买的影响。各个因素的影响程度各不相同,如家庭收入高、已婚、女性、品牌突出、媒体广告、时尚宣传能增加花青素、葡萄多酚产品的消费。

(2)根据分析结果,对于如何吸引消费者购买多酚产品有如下建议:第一,通过各种渠道加强消费者对多酚产品功能可靠、安全性高的认知,特别是在目前微信传播广、快的时代,以科学务实的态度将植物多酚的可靠功能告知消费者,切忌言过其实,虚假宣传;第二,细分市场,根据不同多酚的功能,专注于某种多酚,步步为营,以科学的态度逐步提升品牌知名度,扩大产品及其功能的影响力,专注于打造具有不同区域市场、专一渠道市场的专业品牌,逐步培养其为全国乃至全球的品牌;第三,加大营销创新方面的投入,加快在产品包装、营销模式、品牌策划方面的研发和创新,在目前建设健康中国的大好形势下,顺势而为,深入研究消费者的健康需求心理,有针对性地研制出时尚、功效确切的细分市场产品,明确自己产品的消费者定位;第四,继续推动我国多酚终端产品的发展,吸引大规模企业介入,利用我国多酚原料生产的优势,再加上我国人口众多、市场巨大的天然优势,利用现有的网络营销等,形成植物多酚产业浩浩荡荡发展的气势,迅速拉动需求,多方位合作,形成全国范围的植物多酚健康潮流。

第 7 章　尖峰集团植物多酚产品示范性分析（SWOT 分析）

7.1　尖峰集团概况及 SWOT 分析

7.1.1　尖峰集团历史沿革

浙江尖峰集团股份有限公司（以下简称“尖峰集团”）是在上海证券交易所上市的综合性企业，股票名称尖峰集团，证券代码 600668。该公司是全国水泥行业第一家上市公司，目前业务主要涉及水泥、医药、大健康和仓储物流板块。

1958 年成立的金华水泥厂是该公司的起点。1987 年 5 月 28 日，尖峰水泥集团宣告成立；1991 年，浙江尖峰建材集团股份有限公司挂牌；1993 年 7 月 28 日，浙江尖峰集团股份有限公司在上海证券交易所挂牌上市，是全国第 68 家上市公司；1997 年，投资天津天士力集团，目前持有逾 20% 的股份；1998 年，成立浙江尖峰药业有限公司（以下简称“浙江尖峰药业”）；2014 年，剥离浙江尖峰药业中的一部分资产，成立浙江尖峰健康科技有限公司（以下简称“浙江尖峰健康科技”），进军营养健康食品行业。

尖峰集团 2015 年度公司合并报表归属于母公司股东的净利润约为 2 亿元，总资产约 36 亿元，营业收入逾 22 亿元。

7.1.2　尖峰集团多酚产品介绍

浙江尖峰药业在 1999 年投资控股（55%）成立天津尖峰天然产物研究开发有限公司（以下简称“天津尖峰”），从研发生产葡萄籽提取物开始涉足健康多酚行业，目前天津尖峰已经成为国内专业的天然多酚原料生产厂和最大的葡萄多酚生产企业，主要产品包括葡萄籽提取物、苹果提取物、白藜芦醇、大豆异黄酮和花青素系列等，在行业内有很高的知名度，在国际上也得到了客户的充分肯定。葡萄籽提取物和苹果提取物注册了国际商标：grajfnol® 和 appjfnol®。建立了国内第一个专业网站：中国葡萄籽网（http://www.china-grapeseed.net/）。

天津尖峰是葡萄籽提取物国家标准的起草单位，对于葡萄籽提取物做了大量的应用研究，申请了许多专利，目前天津尖峰的葡萄籽提取物是满负荷生产。图 7-1 为天津尖峰十年葡萄多酚销售趋势图。浙江尖峰药业拥有自己的连锁药店，即尖峰大药房，发展了 40 多家连锁药店。

2014 年，剥离浙江尖峰药业的有关资产单独成立了浙江尖峰集团全资控股的浙江尖峰健康科技有限公司，建有一个全自动控制的植物提取生产车间，主要生产银杏黄酮和蔓越

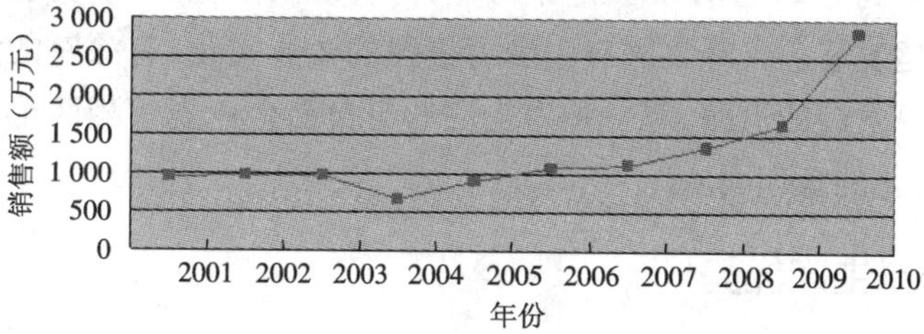

图 7-1　2001—2010 年天津尖峰葡萄多酚销售趋势

莓提取物这两种多酚原料，同时还生产销售保健食品，如舒尼美牌葡萄籽提取物软胶囊、骨泰胶囊、蓝莓花青素软糖、葡萄多酚系列固体饮料等。目前浙江尖峰健康科技拥有一个子公司——天津壹杯红生物科技有限公司，该子公司是国家高新技术企业，拥有多项产品商标和专利，主要生产、销售碧优缇原花青素美容胶囊，同时在申报白藜芦醇胶囊。

7.1.3　SWOT 分析

SWOT 分析法是用来确定企业自身的竞争优势、竞争劣势、机会和威胁，从而将公司的战略与公司内部资源、外部环境有机地结合起来的一种科学的分析方法。S(strengths)是优势、W(weaknesses)是劣势，O(opportunities)是机会、T(threats)是威胁。

优势是组织机构的内部因素，具体包括有利的竞争态势、充足的财政来源、良好的企业形象、雄厚的技术力量、规模经济、可靠的产品质量、较大的市场份额、成本优势、广告攻势等。劣势也是组织机构的内部因素，具体包括设备老化、管理混乱、缺少关键技术、研究开发落后、资金短缺、经营不善、产品积压、竞争力差等。机会是组织机构的外部因素，具体包括新产品、新市场、新需求、外国市场壁垒解除、竞争对手失误等。威胁也是组织机构的外部因素，具体包括新的竞争对手、替代产品增多、市场紧缩、行业政策变化、经济衰退、客户偏好改变、突发事件等。

所谓 SWOT 分析，即基于内外部竞争环境和竞争条件的态势分析，就是将与研究对象密切相关的各种主要内部优势、劣势和外部的机会、威胁等通过调查列举出来，并按照矩阵形式排列，然后用系统分析的思想把各种因素相互匹配起来加以分析，从中得出一系列相应的结论，而结论通常带有一定的决策性[62]。

运用这种方法，可以对研究对象进行系统、准确、全面的深入研究，从而根据研究结果制定相应的发展战略、计划以及对策，如确定采用 SO 战略（增长型战略）、ST 战略（多种经营战略）、WO 战略（扭转型战略）还是 WT 战略（防御型战略）。

7.2　尖峰集团多酚产品发展优势

7.2.1　尖峰集团的综合优势

尖峰集团成立近 40 年，是上市 23 年的一个老牌公司，尽管业务从原来的水泥单一行业发展到医药兼营,再到2014年发展大健康行业,但管理队伍稳定,公司股权架构稳固,国有相对控股,保持稳健发展。尖峰集团有生命力极强的企业文化,有深厚的文化积淀,有一条方向明确、适合自身发展的道路,有一种内生性的与自己企业规模相匹配的发展欲望,有一支高度认同尖峰文化的管理团队。

7.2.2 多酚原料生产优势

销售渠道优势:天津尖峰从1999年开始涉足健康多酚行业,17年的产品质量和口碑为其积累了丰富的客户资源,葡萄多酚和白藜芦醇的销售地域遍布全球,累计国际客户200多家,国内客户500多家,是许多国际公司(如安利公司、NBTY和JARROW(杰诺)等)的合格供应商,同时是国内优质保健品公司(如北京同仁堂科技、汕头仙乐制药、山东威海紫光、天津天狮生物工程公司等)的优秀供应商。

品质与品牌优势:天津尖峰自1999年开始进入葡萄多酚行业,后续生产苹果多酚、花青素、大豆异黄酮。在葡萄多酚的生产和应用研究方面,注重科研投入,申报了多项多酚专利,同时积极参与国家葡萄多酚的标准制定工作,主持制定了商务部的葡萄籽提取物国际商务标准,同时合作出版了《葡萄多酚——防病抗衰植物有效成分》(山东科技出版社)和《葡萄多酚基础与临床》(人民卫生出版社)2本专著,提高了产品的美誉度,而且产品质量得到行业内用户和专家的一致肯定。同时获得国家重大新药创制项目的支持,更加体现了产品质量的优势。其商标产品grajfnol®和appjfnol®是国内健康多酚原料首创,因其功效可靠,尤其为企业客户所接受,也带动了其他产品的销售,同等条件下,天津尖峰的植物多酚原料产品价格稍高,也为大家所接受。

技术优势:天津尖峰积累了17年的多酚原料产品的研发和生产经验,对于其他新资源的植物多酚生产也储备了技术,只要植物多酚市场启动,功效被大众接受,就能迅速启动生产,赶上市场节奏。

人才优势:天津尖峰生产植物多酚17年,人员流动较少,从研发、生产、质量管理到销售各个环节专业人员经验丰富,不管是新产品研究,扩大生产,还是拓展市场,提高或稳定产品质量,都有10年以上的工作经验,并能迅速培训出相关人员以快速适应多酚原料生产企业的发展壮大。

7.2.3 终端产品优势

终端产品的优势,首先体现在生产设施方面。天津壹杯红生物科技有限公司拥有保健食品胶囊剂的生产质量管理规范(GMP)生产许可,年产能1亿粒,技术工人操作熟练,拥有十几年胶囊国际代工(OEM)经验。浙江尖峰健康科技拥有保健食品软胶囊和硬胶囊生产线各一条,年产能各1亿粒,生产设备运营良好,还有扩展空间。

在批准文号方面,天津壹杯红生物科技有限公司拥有国内唯一的以原花青素成分加功能命名的产品——碧优缇牌原花青素美容胶囊[卫食健字(2001)第0396号],功能是祛黄褐斑,十分贴近国内美容行业市场;目前正在申报壹杯红牌葡萄籽胶囊,已经通过专家审定,该产品含有高含量白藜芦醇成分,必将成为一个新的亮点。浙江尖峰健康科技目前正在生产葡萄籽软胶囊的保健食品，批准文号为国食健字G20110702，功能为抗氧化，符合现在中老年市场的需要；同时生产对眼睛有保护作用的健康食品蓝莓软糖，贴合目前消费者电脑工作时间长、休闲时手机刷屏无节制的社会现象。

成本优势：尖峰集团原料生产和终端产品形成产业链，生产地点在浙江金华和天津滨海新区，生产和物流成本低，具有价格优势。

7.2.4　资金保障优势

尖峰集团作为在上海证券交易所上市20多年的企业，一直发展稳健，企业经营状况良好，融资能力强，完全能够保证有计划、有目标的资金需求，不管是扩大原料工厂建设，还是终端产品市场、渠道建设。

7.3　尖峰集团多酚产品发展劣势

7.3.1　原料资源配置松散，优势资源无法共享

天津尖峰拥有17年的植物多酚生产、销售经验，品牌口碑好，人才资源丰富，但地点在天津，而浙江尖峰健康科技地处金华，工厂是新建的，员工经验相对不足，两者之间人才不能很好流动；天津尖峰是浙江尖峰药业下属企业，与浙江尖峰健康科技不属同一个板块，技术、人才以及品牌等资源共享难以实现；天津尖峰为浙江尖峰药业的控股企业，浙江尖峰健康科技是浙江尖峰集团的全资子公司，股东利益不一致，同样导致资源共享的难题，出现矛盾；天津尖峰设备相对落后，浙江尖峰健康科技设备先进，但优势资源无法共享。

7.3.2　终端产品生产资源浪费

浙江尖峰健康科技有限公司拥有软胶囊和硬胶囊生产线，每条线年产能1亿粒，目前产品品种很少，生产任务不饱和；天津壹杯红生物科技有限公司也有硬胶囊生产线，同样生产任务不饱和，造成资源浪费。

7.3.3　终端产品营销人才缺乏

多酚终端产品的销售大本营在浙江金华，在吸引健康产品营销人才方面不具优势，加上企业本身的稳健风格，始终不能寻觅到优秀的健康食品营销人才。

7.3.4　科研的劣势

不管是在多酚原料的新产品研究、新功能研究还是终端产品的应用性研究方面均缺乏高端科研人才。由于金华地理位置的原因，很难招聘到博士等高端人才，不能有效开展国内甚至国际技术领先产品的研发；天津尖峰因为股权架构等方面的原因，也不能招聘到高端的研发人才，不能对葡萄多酚或苹果多酚进行更深入的研究，引导终端工厂积极使用原料，导致与国际接轨存在一定距离，未能与知名公司在科研方面紧密合作，共同发展。

7.4 机会

7.4.1 国家大形势

健康中国被写进"十三五"国家战略,保健食品可能进入医院或进入医保,医用营养品可以进入医院等,将使得植物多酚这一天然抗氧化产品发挥极大的健康防病作用,新的需求正在产生。

7.4.2 保健品监管从严

随着多酚行业的日趋规范,国家对健康品从原料到成品进一步从严管理,迫使许多企业加大投资满足需求或者退出竞争,银杏叶事件直接导致银杏黄酮这一多酚原料供应紧张,银杏叶价格稳步上升;SDA 对制药企业开展常规性飞行检查,促使保健品企业从采购、生产到销售的一系列环节规范化,微小类健康品原料和成品企业逐步丧失市场空间和机会。

7.4.3 国际市场对用于慢性病的健康食品需求强烈

2014 年,植物多酚类产品蔓越莓原花青素位列销量最好的植物来源健康品第二位,表明植物多酚类产品对慢性病的预防和改善越来越得到认可。

7.4.4 新市场形成

东南亚等发展中国家市场需求开始增长,一个地域相对接近的新市场正在形成。2016 年 6 月 30 日—7 月 1 日,在新加坡举办的保健品与功能食品亚太峰会对这一市场增长进行研讨。同时,随着美国退出 TPP,中国与亚洲国家的贸易合作将进一步加强,亚洲地区形势进一步稳定,给亚洲市场带来一个很大的发展机遇。

7.5 威胁

7.5.1 新的竞争对手不断涌现

随着国家健康大潮流的来临,许多企业纷纷进入大健康产业,特别是终端产品行业:绝大多数制药企业进入健康品领域,如辉瑞制药有限公司收购千林健康产业有限公司及其千林品牌系列产品;多数国际健康品公司也通过各种渠道进入中国市场,如 NBTY 与汤臣倍健组建合资公司进军中国保健品市场;许多健康品原料企业也延长产业链进入终端产品行业,如安琪酵母从原料向终端延伸;同时一些农业公司也尝试进入健康品原料行业。此外,由于国家放宽直销企业的审批条件,直销企业迅速增加,到 2016 年年底,直销企业至少达到 100 家,新的商业模式的普遍化导致竞争更加激烈。

7.5.2　产品宣传受限

政府监管日趋严格，尤其是新广告法的实施，给终端产品的宣传带来很大的限制。

7.6　SWOT矩阵分析

根据以上分析，画出SWOT矩阵分析表（见表7-1），以确定尖峰集团多酚产业今后发展战略。

表7-1　尖峰集团多酚产业SWOT矩阵分析

内部 / 外部	S（优势） ①集团思想稳健 ②原料销售渠道众多、可靠 ③原料行业品牌、技术、人才 ④成品生产条件好，成本低 ⑤成品批文适应市场 ⑥资金优势	W（劣势） ①原料企业架构不合理，资源浪费 ②成品生产硬件重复、能力不饱和 ③成品营销人才缺乏
O（机会） ①健康中国大形势，成品需求增长 ②国家监管严格，小微企业被淘汰，让出原料市场 ③市场对新品原料需求强烈 ④东南亚等新兴市场快速增长	SO战略（增长型战略） ①加大原料生产、销售力度，充分发挥原料的优势 ②集中力量开发新品原料 ③开发适应新兴市场的原料和成品	WO战略（扭转型战略） ①改变原料企业架构，充分发挥优势，专注做强多酚原料（葡萄、苹果、银杏等） ②加大力量引进终端成品营销队伍，占领新兴市场，实现市场增长
T（威胁） ①终端成品竞争者急剧增加，终端市场竞争更加激烈 ②新广告法实施，对终端成品宣传产生限制 ③直销政策放宽，直销企业直接抢占市场份额	ST战略（多种经营战略） ①加大原料投入力度 ②减少甚至退出成品销售	WT战略（防御型战略） ①改变原料企业框架，减员合并销售 ②合并生产线，专注成品生产，招代理销售

7.7　本章小结

本章运用SWOT分析法，分析了尖峰集团在多酚行业的优势、劣势、机会和威胁，并通过SWOT矩阵分析，得出尖峰集团应采取的植物多酚产品发展战略：对于植物多酚原料产业，应在利益一致的前提下，充分利用天津尖峰的品牌、技术和人才优势，结合浙江尖峰健康科技的生产设备、技术和资金优势，重点加大投入，调整企业框架和股份结构，做强植物多酚原料产业，使其发展成为规模和质量都领先的中国第一的植物多酚原料基地。同时充分利用尖峰集团这个上市公司的融资平台，放眼全球，并购、收购相关联的植物多酚原料企业，特别是欧洲有特色的中小葡萄多酚和橄榄多酚、石榴多酚企业，形成市场、产品的强强结合，抓住国内植物多酚健康食品发展对高品质原料的需求迅速增长的大好机遇，发展出世界一流的植物多酚原料企业。

针对终端成品，采取 WT 战略，减少甚至撤销营销队伍，加大科研开发力度，研发功效可靠、技术领先的多酚终端成品，将终端产品工厂建成注重成本控制、质量稳定的植物多酚产品（包含葡萄籽、白藜芦醇、茶多酚、苹果多酚等）的高效保健品专业生产基地，联合专业、成熟的销售队伍或公司进行销售，必要时申请直销牌照，采取直销模式快速进入市场，抓住植物多酚产品功效可靠的特点，迅速依靠合作队伍占领市场，建立品牌。

第8章 中国植物多酚产业政策分析

我国从20世纪80年代后期开始颁布、实施一些相应的产业政策，如《国务院关于当前产业政策要点的决定》(1989年)、《九十年代国家产业政策纲要》(1994年)、《当前国家重点鼓励发展的产业、产品和技术目录》(2000年修订)、《汽车产业发展政策》(2004年5月21日，国家发改委令第8号)、《钢铁产业发展政策》(2005年7月8日，国家发改委令第35号)，指导企业面对复杂的环境、迎接诸多的市场机遇和挑战，引导行业产业科学发展，起到了积极的作用。企业了解用足这些政策，将为自身带来巨大的效益。

8.1 产业政策含义

1970年在日本经合发展大会上，“产业政策”一词被首次提出，迅速在全球传播并发展。我国在1989年2月国务院颁布的《中国产业政策大纲》中首次采用该词，内容涉及科技创新、信息、资金支持、人才引进等各个领域。

国家政策中有些是专门针对产业的，有些并不针对产业，所以就有广义和狭义之分。广义的产业政策是能关联上的政策总和，狭义的产业政策是专门针对某一种产业的政策，如汽车产业政策。本书研究的是广义的植物多酚产业政策。

8.2 中国植物多酚产业政策现状

目前多酚产业属于细分行业，同时还与多个行业发生交叉，前端属于农业，中间涉及生物医药、传统中药，后续涉及保健食品、健康食品、药品、化妆品等。笔者研究的行业政策都是相关性政策，以近十年内发布的为准，极少数延续超过十年。所列政策并不完整，如果由国家统一制定政策的，各省区市的政策就没有一一列出。政策主要包括大方向性支持现代农业加工与生物医药等方面的。(见表8-1)

表8-1 各级政府多酚产业政策汇总

发布及实施主体	政策名称	发布时间
国务院	《食品工业“十二五”发展规划》	2012年4月
中国人民银行	《中国人民银行关于加大金融创新力度 支持现代农业加快发展的指导意见》	2013年11月
财政部	《中央财政现代农业生产发展资金管理办法》	2013年1月6日
财政部	《国家农业综合开发项目和资金管理暂行办法》	1999年
国家发展改革委、农业部	《关于加快发展农业循环经济的指导意见》	2016年2月

续表

发布及实施主体	政策名称	发布时间
国家林业局、国务院	《关于支持农业产业化龙头企业发展的意见》	2012 年 3 月 6 日
陕西省人民政府	《陕西省"十二五"循环经济发展规划:石榴》	2012 年 9 月
国务院	《"十二五"循环经济发展规划》	2012 年 12 月
山东省人民政府	《山东省循环经济发展"十二五"规划》	2011 年 11 月
浙江省人民政府	《浙江省循环经济发展"十二五"规划》	2011 年 12 月
烟台市人民政府	《烟台市"十二五"葡萄酒产业发展规划》	2014 年 9 月
中共云南省委、云南省人民政府	《关于强化改革举措　落实加快高原特色农业现代化建设的意见》	2015 年 1 月
玉溪市人民政府	《玉溪市蓝莓产业发展规划(2013—2020 年)》	2014 年 5 月
鹤岗市人民政府	《鹤岗市蓝莓产业发展规划》	2011 年 7 月
黔东南苗族侗族自治州	《蓝莓产业发展规划》	2015 年 8 月
工信部、农业部	《葡萄酒行业"十二五"发展规划》	2012 年 7 月
山东省人民政府	《山东省"十二五"食品工业发展规划》	2012 年 10 月
甘肃省人民政府	《甘肃省葡萄酒产业发展规划(2010—2020)》	2010 年 5 月
新疆维吾尔自治区商务厅	《2015 年推动新疆葡萄酒产业发展实施方案》	2015 年 4 月
宿州市人民政府	《宿州市林木产业发展规划(2010—2020 年)》	2012 年 8 月
云南省财政厅	《云南省战略性新兴产业发展专项资金管理办法》	2012 年 10 月
云南省发改委	《关于组织 2015 年云南省战略性新兴产业发展专项资金项目申报工作的通知》	2015 年 2 月
中共郯城县委	《关于加快银杏产业发展的意见》	2011 年 7 月
郯城县人民政府、中共安陆县委	《关于加快银杏产业发展的意见》	2014 年 4 月
安陆县人民政府、国家林业局、国家发改委、财政部、商务部、国家税务总局	《林业产业政策要点》	2007 年 8 月
中国银监会、中国证监会、浙江省人民政府办公厅	《关于促进茶产业传承发展的指导意见》	2016 年 1 月
农业部	《关于促进茶叶生产持续健康发展的意见》	2013 年 4 月
云南省人民政府	《关于进一步加快茶产业发展的意见》	2010 年 11 月
郴州市人民政府	《关于加快茶叶产业发展的意见》	2014 年 3 月
石门县人民政府办公室	《关于加快茶叶产业发展的意见》	2007 年 10 月
江西省人民政府办公厅	《关于加快推进我省茶叶产业发展的意见》	2008 年 12 月
宜春市人民政府办公室	《〈关于进一步加快茶叶产业发展的意见〉的通知》	2012 年
陕西省人民政府	《关于加快全省茶产业发展的意见》	2014 年 8 月
湖南省人民政府	《关于加快茶叶产业发展的意见》	2009 年
攀枝花市人民政府	《石榴产业发展规划》	2009 年 9 月
伊春市人民政府	《伊春市笃斯越橘等野生浆果资源保护管理暂行办法》	2008 年
黑龙江省发改委	《黑龙江省蓝莓产业发展规划(2010—2020)的通知》	2010 年
国家食品药品监督管理总局	《保健食品注册与备案管理办法》	2016 年 2 月 26 日

续表

发布及实施主体	政策名称	发布时间
国务院	《深化标准化工作改革方案》	2015年3月26日
浙江省	《浙江省企业产品标准备案管理办法》(2015年修订)	2015年6月
黑河市	《蓝莓产业发展规划(2011—2015)》	2012年2月

8.2.1　植物多酚产业政策主体较多

在植物多酚产业发展过程中,政策主体是指负责制定和实施植物多酚产业政策的国家相关机构和组织。中国目前的植物多酚产业虽然包括农业加工业、生物技术行业、食品行业、药品行业、植物多酚生产制造业、植物多酚资源保护行业、植物多酚产品流通业,但由于不同细分产业发展参差不齐,政策主体实施部门多头交叉,很多方面的政策都可以依靠,但不一定适合,需要认真思考。从纵向看,目前的实施主体分为四个层次:第一层次是国家层次,包括国务院、科技部、发改委、农业部、林业局、财政部,还有商务部、中医药局等,甚至还有金融机构;第二层次是直辖市、省、自治区级的行政管理部门,如上海市、内蒙古自治区和黑龙江省省委、人民政府、发改委、办公厅、农业厅、科技厅,甚至还有一些专门的发展机构等;第三层次包括地市级的行政部门,如大连市人民政府、苏州市科技局、鹤岗市人民政府、伊春市人民政府等;第四个层次是一些基层主管部门,如基层的林业局、科技局、财政局、农业局等。从2011年"十二五"计划开始,各级政府部门相关联的政策逐渐增多,支持力度比较大。

8.2.2　植物多酚产业政策客体逐渐增多

植物多酚产业政策客体是指植物多酚产业政策面向的目标群体,即各类与植物多酚相关的企业和科研机构。植物多酚企业是产业群体中的主要组成部分,牵涉生产、加工、销售、教育市场、售后服务等一系列环节,需要各种政策的指导和支持。随着植物多酚产业的壮大,企业性质、数量、规模、地位等都发生了显著的改变。从性质上看,上市企业、国有企业已经涉足。从规模上看,产业中虽然包含大型企业的下属企业,但以中小型企业为主,特别是销售公司,甚至有不少微型企业(销售额<300万元)。从产业链的位置看,最前端的有科技创新型企业,还有不少科研机构、大专院校,后两者不生产产品,只研究技术;中间有原料提供型企业(如银杏叶种植企业,实际是农场)、生产加工型企业(如茶多酚生产工厂);下游有批发代理型企业(如葡萄籽胶囊的销售公司),还有零售型企业等。总之,享受政策的客体实际存在于很多相关行业之中。

8.2.3　植物多酚产业政策数量迅速增多

我国植物多酚产业从1998年正大天晴正式生产葡萄多酚原料,葡乐安正式注册进入中国销售开始;1998—2008年间,植物多酚产业受国际需求影响逐步发展起来,政府介入较少;从2008年开始,植物多酚产业受国际环境的影响开始快速发展,尽管政府没有专门的政策直接针对多酚行业，但有许多政策已经开始针对某种多酚，例如茶、蓝莓和葡萄产业，有些相关文件或项目指南中甚至明确提到利用农业废料生产原料类茶多酚、葡萄多酚，同时鼓励开发保健食品和健康食品。

从2008年到现在，综合指导性扶植政策陆续出台，直接关系到多酚企业的发展，企业开始主动寻找适合多酚产业发展的各种政策以享受相关政策。2012年3月，国务院发布的《国务院关于支持农业产业化龙头企业发展意见》中提出："（九）发展农业循环经济。支持龙头企业以农林剩余物为原料的综合利用和开展农林废弃物资源化利用、节能、节水等项目建设，积极发展循环经济。"这就给多酚生产企业很多空间，不管是银杏黄酮、茶多酚还是葡萄多酚、苹果多酚、石榴多酚，其加工、生产、销售都是最接近循环经济的领域。2016年国家发改委《关于加快发展农业循环经济的指导意见》指出："坚持减量化优先和资源化利用。强化源头减量化，提高资源利用效率，减少生产、加工、流通、消费等各环节能源资源消耗和废弃物产生。促进废弃物资源化、规模化、产业化、高值化利用，提升农业综合效益。构建林业循环经济产业链。推广林上、林间、林下立体开发产业模式。鼓励利用木、竹、藤在采伐、抚育、造材、加工过程中产生的废弃物和次小薪材，生产人造板、纸、活性炭、木炭、竹炭、酒精等产品和生物质能源，鼓励对废弃的食用菌培养基进行再利用；鼓励利用城市园林绿地废弃物进行堆肥，生产园林有机覆盖物，生产生物质固体成型燃料、人造板，制作食用菌棒等；鼓励经济林和果树修剪枝丫材、林产品加工副产品等资源化利用。推进农产品加工副产物综合利用。鼓励综合利用企业与合作社、家庭农场、农户有机结合，促进种养业主体调整生产方式，使副产物更加符合循环利用要求和加工原料标准，把副产物制作成饲料、肥料、微生物菌、草毯、酒精和沼气等，构建资源—产品—副产物—资源的闭合式循环模式，实现综合利用、变废为宝。促进农产品加工副产物的高增值化研究，重点支持企业技术创新和改造，深入研究开发加工副产物的营养成分，提高产品附加值。提高加工副产物的有效供给和资源化利用水平，减少废弃物排放。加大科研投入，促进产学研结合，加强农业资源高效利用、农产品加工副产物综合利用等农林牧渔循环经济的共性和关键技术装备研发和转化推广力度。"[63]这里可以看出政策对植物健康多酚的生产扶持力度非常明确。

我国地方政府陆续出台的关于细分农业领域如茶产业、蓝莓产业、葡萄酒产业、小浆果产业的政策里面包含了针对多酚产业的一些扶持内容。如：2016年《浙江省人民政府办公厅关于促进茶产业传承发展的指导意见》中明确指出："支持茶叶龙头企业采用提取分离等现代加工技术，提取茶叶功能成分并加工成各种功能食品，如饮料、食品、保健品、食品添加剂、饲料添加剂、日化用品等终端产品，发展茶叶精深加工，提高茶叶资源利用效率。到2020年，全省培育10家产值上亿元的茶叶精深加工龙头企业，年综合利用原料茶10万吨，夏秋茶资源利用率比2015年提高20%以上。"[64]《贵州省茶产业提升三年行动计划（2014—2016）》中也明确提出："3.着力延伸产业链。立足资源禀赋、产业基础和市场需求，形成以绿茶为主，名优茶和大宗茶并举，春夏秋茶并重的产品结构。大力发展茶叶精深加工以及茶叶衍生品开发，延伸产业链、拓宽产业幅，促进茶叶资源综合利用。到2016年，全省夏秋茶青资源利用率达到80%，新增茶饮料、茶食品、茶保健品、茶日化品等生产企业50家，茶叶深加工产值10亿元以上。"[65]

黑龙江省作为蓝莓发展大省,已经将蓝莓产业作为重点扶持的特色农业产业,省级和地市级政府制定和实施的各项政策在数量和发展规划等方面均走在前列。如黑龙江省发改委 2010 年发布的《黑龙江省蓝莓产业发展规划》,第一次较为详尽地对蓝莓产业进行战略规划,规划中阐述了指导思想和基本原则,并以 2010 年为基期,用 2 ~ 3 年时间实现野生资源保护和品牌建设两个突破性成果,并围绕这两个目标,制定关于蓝莓基地建设、产业化措施、科技创新和科技成果推广体系建设、市场建设和品牌建设的规划,并对每一范畴都做了详细的规划和解读,对下级相关部门制定政策和相关企业有很强的指导意义。重点目标之一:建成和培育 8 ~ 10 个年产值超过 5 亿元的龙头企业。重点开发蓝莓生物保健用品和高级化妆品等精深加工产品。培育和打造有机蓝莓产品国际知名品牌 4 ~ 5 个,国内知名品牌 5 ~ 8 个,加工业产值达到 572 亿元[66]。黑河市《蓝莓产业发展规划(2011—2015)》提出,发展精深加工,强化招商引资,积极引进战略投资主体,采取基地、生产、研发、销售一体化模式运作,大力发展精深加工。精心培育特色地方品牌,对符合质量认证标准的加工企业,使用同一品牌,提高市场占有率和品牌知名度。开展蓝靛果等果实未知营养成分的检测、分析,积极与国内外科研机构开展蓝靛果果实保鲜技术及维生素、花色苷、类黄酮的合作与开发研究。

国家相关技术部门的一些政策也对多酚产业的发展意义重大,如 2016 年 2 月 26 日国家食品药品监督管理总局《保健食品注册与备案管理办法》中的备案制的实行将会给多酚产业带来重大的发展机遇,特别是对花青素等水果类多酚更是重大利好消息。2015 年 3 月 26 日国务院《深化标准化工作改革方案》指出以后企业标准采用自我声明报备制,特别是《浙江省企业产品标准备案管理办法》(2015 年修订)在 2015 年 6 月正式出台,给多酚的使用政策提供了广阔的发展空间。

8.2.4　政策主体表现多样化

各级行政主体在颁布、研究、实施、督促相应政策实施的基础上,还积极发挥其社会、经济、文化等职能。如邳州市政府在 2015 年成功举办"中国邳州银杏产业发展高峰论坛",会上聚集了上海杏灵科技药业股份有限公司、中国中医科学院中医药发展研究中心、首都医科大学中医药学院、中国食品药品检定研究院等单位和 100 多位行业专业人士,就银杏产业的发展现状和趋势,银杏资源的科学开发与利用,银杏药物新技术、新产品研发,银杏医药产业的成功、危机、启示等课题,进行了深入研究、探讨。再如黑龙江省政府综合协调多个部门成功举办两届"中国 · 大兴安岭国际植物蓝莓节",并在中央电视台核心频道以蓝莓为主题发布黑龙江省旅游形象广告,有效提升了蓝莓产业的品牌形象。各级政府充分发挥其协调功能,简化办事程序,协调有关部门,开辟蓝莓产业的绿色通道等[67]。

8.3　中国植物多酚产业政策建议

鉴于中国植物多酚产业的特征和所处的发展阶段,坚持政府引导、企业推动、科技支撑加上现代市场营销的方式才能有力促进多酚产业快速成长,所以政府要转变职能,充分发挥引导、协调等作用，大力减少约束性的政策，有针对性地制定并完善相应政策（如市场准入、生产准入等方面的限制性政策），甚至可以参考美国的膳食补充剂政策，大大降低生产经营者的准入门槛，才能有力促进产业发展，扶持植物多酚产业快速度过成长期，走向稳健的持续发展阶段。所以从产业发展和市场变化的需求出发，加快调整和完善有很强针对性的产业政策支撑体系，对我国植物多酚产业的快速持续发展十分重要。

8.3.1 政策主体还需扩宽

随着植物多酚产业的逐渐成熟和经济效益的迅速突出，更高级别的政府机构应该尽快参与制定和实施针对性强的专门产业政策。从国家级的组织和机构上来决策，在专门针对植物多酚农业资源和植物多酚功效应用研究等科技水平更高、推动产业发展更集中、企业受益更广泛的层面上加大支持，在国家科技部的“973”“863”“国际科技合作重点项目”“国际合作计划”“十三五”重大新药创制、“星火计划项目”“十三五”健康中国具体落实相关政策时直接推出，加以科学引导和扶持，减少限制，增加更多的前瞻性指导，快速推动植物多酚产业健康持续发展。

8.3.2 政策内容要专注、重点突出

从植物多酚产业目前所处的发展阶段来看，各级政府相关机构还不是很了解这个产业，只有深入了解研究该行业，站在植物多酚产业链的角度对该产业的发展进行科学长远的规划，才能设计出真正符合多酚产业发展特点、企业受益、消费者也受益的好政策。要结合不同区域的多酚植物资源特点、人才情况、传统消费习惯、工业化程度、社会健康疾病状况等特征，精准制定指导性、务实性政策，并以此为基准突出政策的重点内容，特别是需要放宽与农业循环经济和养生健康相关的限制性政策等条款。

目前影响植物多酚产业快速健康发展的重要原因之一是应用性研究少。应用性研究的成果能带动多酚产业的快速发展，扩大终端销售，但由于研究成果的普适性，企业不愿意投入研究，而科研院校资金不足，没能力投入，这就需要政府制定合理的政策进行引导，使两者有效结合。

目前生产茶多酚、苹果多酚、葡萄多酚等的原料资源极其丰富，都是农田废弃物或农产品加工后不能有效利用且破坏环境的废物，如果针对这一环节制定相应的扶持政策，将会起到事半功倍的效果。

目前多酚产品的生产和应用处于一种混沌不清的状态，出口国外则政策法规的限制比较少，而真正要在国内使用、教育、推广、销售，就有许多法规限制。如果按照“法无禁止即可入”的原则，植物多酚产业的发展很快就会走上一个新台阶，但监管的时候如果使用“法律允许才能为”的思路来执法，植物多酚产业的发展就任重道远。比如：国际品牌的系列植物多酚产品在我国没有任何食品、卫生方面的审查和监管，就能够在互联网上销售，而我国本土的产品就有诸多限制，这是完全不平等的待遇，国家在政策上依旧是给予了外国公司超国民待遇。

8.3.3 政府要合理定位,有效培育植物多酚市场

基于目前中国植物多酚市场特征(详见第6章),各级政府要遵循市场经济的规律,明白自己在市场经济中的位置,只能通过引导、协调、奖励等市场经济的手段制定政策来推动植物多酚企业合力发展市场。通过新闻、宣传等手段来教育消费者,从而扩大植物多酚市场的需求,避免急功近利、一刀切和过度干预。在目前的状况下,政府职能主要是创造公平的市场机会,纠正市场失灵和引导市场走向。我国植物多酚市场特别是成品市场比较混乱,尤其是互联网上的国际邮购、天猫国际、京东全球购等营销模式的出现,严重的虚假宣传、价格欺骗、价格战、张冠李戴、胡乱编造生产地区等现象常常遇到。从消费者的角度看,大家对花青素、葡萄籽、石榴多酚及相关产品认知较为有限,在了解"植物多酚"具体品种的人群中,对于具体植物多酚品种,如水飞蓟、葡萄多酚、花青素、苹果多酚等的营养成分和保健功能的了解多依赖百度广告,从而被广告严重误导,因此各级政府要积极指导科研单位、企业以及相关协会、大专院校从理论上、学术上培育、教育和完善市场,要协调以下几个方面。

一是协调生产要素市场和商品市场。政府扶持政策应该从当前的重视生产环节转向重视植物多酚功效研究、科研应用和市场营销、模式创新等,首先出台鼓励各类机构开展植物多酚功能机理研究、功效研究、应用研究等方面的相应政策,联合科研院校合作研究多酚的各种创新应用领域、方法以及新的医药保健机理功能,便于植物多酚生产企业与科研单位进行专业化分工合作,从根本的健康需求方面拉动植物多酚终端产品市场的快速增长,从而带动种植行业、原料提取行业、成品加工生产行业等全产业链的发展。其次制定特殊政策,利用互联网搭建专业平台,使中小型生产企业能够寻找到信誉好、销售能力强、资金雄厚的销售渠道、代理商和连锁终端等,创建长期稳定的营销通路、平台和网络,让生产和销售有效对接,减少中间环节,使消费者能够以更为合理的价格使用植物多酚的保健食品或其他产品,循环促使产业发展。

二是制定相应政策引导企业塑造品牌、专业分工。引导生产企业优化产品结构,专注于深入研究不同多酚产品,根据消费者对功效以及地位、层次等的需求,塑造不同类别植物多酚健康产品、保健食品的形象,以银杏黄酮、花青素、葡萄多酚行业的发展带动各自相关产业的协调发展,通过政策引导,促使企业制定品牌化、专业化的持久发展战略,为植物多酚产业培养出多个细分行业的龙头企业,真正让功效可靠、副作用小的植物多酚健康产品为大众服务,提高消费者生活质量,预防多种疾病发生,同时减轻医疗负担。

三是制定政策扶持本土品牌。当前我国植物多酚的产品(包括原料和终端成品)由于市场准入政策和品牌等的限制,与国际公司相比,受到政策歧视,产业发展严重受阻。例如:原料类的植物多酚产品,大部分品种没有国家标准,例如葡萄多酚被列入了GB 2760,但没有生产审批标准,不能按食品添加剂生产,而无法取得生产资质,在国内就无法销售,目前大部分用于出口;但如果是进口的葡萄多酚,就可以在中国销售。而终端成品,例如花青素产品,本土产品需要宣传功能,就需要申报保健食品,不仅申报时间长,而且费用高昂,还不能全面宣传功效;而进口的各种花青素保健食品,实际上可以在网上随便宣传,我国对国

际上那些健康食品实行备案制,只要是符合生产条件的企业都可以生产,成本降低了很多。而本土生产的多酚保健食品想要通过正规渠道出口国外销售,还要经商检部门检测,海关、商检的政策又自相矛盾,因此中国植物多酚企业既无法正常走向国际市场,也不能公平地加入国内市场竞争,更不用说根据已有资源和实力确定产业链的合理位置。政府应该站在战略高度上,找到市场增长的空间位置和空间范围,整理相关政策,修正不合理和自相矛盾的条款,给企业松绑,使本土企业能够享受到与国际公司同等的待遇甚至特殊待遇,使我国的植物多酚产业迅速发展,不仅在国内,更要在国际上占领更大的市场份额。

8.3.4 继续拓宽植物多酚产业的投融资渠道

在建设健康中国的大好形势下,政府不仅应该出台扶持植物多酚产业发展的专项基金政策,更应该多出台一些鼓励资金进入植物多酚产业的针对性政策。2013 年 11 月出台的《中国人民银行关于加大金融创新力度　支持现代农业加快发展的指导意见》等对植物多酚产业的发展是一个十分利好的消息,但针对性并不强,投融资渠道仍显单一。不管是从其他国家的产业发展经验来看,还是从其他产业的发展经验分析,政府专项补贴型资金多在产业的初创期投入,是对企业科技成果到商品转化过程的无偿资助,不是市场行为,只能起到一定的帮助作用,真正要使产业发展壮大还是要靠市场经济的无形之手。植物多酚产业目前已经到了产业成长期,政府应该调整政策方向,通过政策调整促使企业获得投资行业的青睐,同时促使投资行业进入该行业来共同发展,使之更多地依靠市场,形成产业出资人的多元化和投融资渠道的多元化。现在上市的渠道和市场选择面很宽,新三板的门槛十分低,极容易进入这一流动性不强的资本市场,逐步升级。各级政府可以通过制定各种政策,比如针对多酚原料类企业,对循环经济利用程度高的企业放宽上市条件等,力推企业尽早上市,或者针对植物多酚功能研究、龙头企业发行专门的债券,对大量使用废弃物的原料企业进行专项农业保险扶持等,从产业发展推动者变为产业发展引导者,通过市场行为全面激发植物多酚产业行业活力,使植物多酚行业成为健康细分领域的投资重地,使植物多酚产业得到飞速发展,力争 3 ~5 年赶上甚至超过国际多酚产业的水平。

8.3.5 完善与调整植物多酚产业人才政策,加大人才储备

我国植物多酚产业正处在当前建设健康中国的顺风口,这是一个迅速发展健康细分领域的最佳时期,但目前各个产业链人才缺乏,跟不上产业发展需求,各级政府不仅应该制定相关政策吸引人才,更应该制定政策鼓励培养人才、储备人才,去参与国内、国际竞争,这是确保植物多酚产业快速持续发展的关键方法。

制定合理政策,在研究机构与企业之间、国内与国际之间,甚至企业与政府之间,建立高效的人才科学使用、快速流动的崭新机制。通过政策让企业认识到,快速发展阶段首先要打破传统的人才自我培养模式,应建立全球化的人才观,认识到只要需要的人才到位,发展不是问题;不仅可以重金引进人才,还能充分给予施展空间,加大力度创建高效率运营的输入输出双向人才流通机制,让各种专业的多酚行业人才涌入进来,解决植物多酚产业人才稀缺、跟不上产业发展的困境。政府可以制定专项政策,拨出专项资金跨区域、跨行业与

技术领先的科研单位建立合作项目，因地制宜地解决不同植物多酚、不同产业环节的问题。也可积极探索人才的柔性流动政策，建立不同的人才吸引机制，营造宽松的人才发展环境，特别是多酚生物活性成分研究的人才的使用。政府应该制定专门政策，鼓励科研院校的高级技术人才与企业紧密结合，研究、探讨一些企业普遍需要的、适应目前健康养生市场的功能应用题目等，这些人才企业不能长期聘用，但对于产业发展十分重要。

制定合理政策，促进企业投入资金建立以培训为主的人才积累和储备机制。各级政府要本着植物多酚产业健康可持续发展的理念，在短期内引进高级人才打破植物多酚产业发展现存技术瓶颈的基础上，发展多种形式的人才培训。如邀请行业资深人士、国内外知名企业家、科研机构各种专家进行各种专业的报告和短期培训，逐步建立长期培训机构，培训植物多酚生产、营销多方面的知识技能，为本行业培养、储备中长期发展的足够人才，保证植物多酚行业长期稳定发展。

建立独特的人才评价体系。目前我国的人才评价体系比较完善，不可能针对植物多酚行业制定专门的政策来评价植物多酚行业人才。但根据植物多酚行业的特殊性，可以制定一个独特的人才评价体系，设想如下：由于植物多酚品种较多，各个品种的深入研究开发会造就出各种人才，他们在希望获得物质支持的同时，也需要获得细分行业地位的认可。政府可以出台一些评价系统，每年根据在多酚行业的贡献和影响力，选出产品专家，确立其行业科学相关身份、地位，如“植物多酚十大影响力人物”“银杏黄酮领军人物”“苹果多酚首席专家”“葡萄多酚行业领袖”等，同时促使高级人才专注于深入研究植物多酚细分品种，培养出一批国际领先的植物多酚科学家、企业家。

8.3.6　提高政策执行能力

我国的许多产业政策制定得都很科学，但由于制定者、执行者、监督者基本不是同一批人，所以常常是“上有政策，下有对策”，使得一些很好的政策非但不能让企业受益，反而阻碍企业发展。这就要求政府提高政策执行能力，具体建议：一是公开透明解释相关政策，解放思想，与企业行业协会等共同研究，制定执行实施政策的重点和基本原则，建立完善的运营机构、决策流程、执行程序与监督机制，来保证相关政策为植物多酚行业提升效益或保驾护航；二是建立严谨的实操性强的规章制度，避免闭门造车，在制定政策执行方案前一定要深入企业、市场，从企业实际出发，由于刚兴起的植物多酚行业交叉学科多，如果不从实际出发，就会出台互相矛盾的政策或执行措施，直接阻碍行业发展和产业壮大。

8.4　本章小结

本章界定了我国植物多酚产业政策的范畴是广义产业政策。由于专门针对多酚的产业政策几乎没有，笔者收集、整理了各级政府及机构发布的可能与多酚有联系的政策 41 个，内容范畴为种植、深加工、循环经济、科技创新以及市场准入等，分析后发现从 1998 年开始各级政府出台过一些可以关联上的政策；2008 年以后，政策数量迅速增多，但不是针对植物多酚产业的，只是可以关联上的广义政策，包括金融创新扶持、战略规划、循环经济、资源保护、科技创新、市场准入等，条款更为细致，可操作性较强，政府职能也逐渐增多。笔者认为植物多酚产业政策主体众多，政策客体逐渐增多，政策数量迅速增加，政策主体表现方式多样化，通过分析提出今后政策制定和完善的一些建议：制定政策的部门主体还需要进一步升级，要突出重点，制定专门针对多酚产品的政策，特别是需要修改生产准入和市场准入的政策，取消国内外企业歧视性政策，给本土企业松绑，同时建议政府制定针对性培育健康品牌的政策。并且在投融资方面也应该制定市场化的政策，引导资本大量进入植物多酚行业。在吸引人才和培养人才方面，建议制定政策培养细分多酚品种的专家，鼓励专家迅速成长为国际大师。最后希望政府能够深入企业，与企业一起来制定提高政策执行力的流程，多方面保证植物多酚行业快速持续发展。

第 9 章　结论与展望

9.1　研究结论

9.1.1　中国植物多酚原料产业行业水平已经与国际相接近

特别是在原料生产方面，我国已经初步形成了一些颇具专业特色的企业，茶多酚、葡萄多酚、银杏黄酮、花青素等专业厂家已经初具规模，大量出口供应欧美日韩等，但由于应用研究落后，没有形成品牌效应，与欧洲发达国家的原料企业相比还有一定的距离。今后不管是科研院校还是企业都要更加注重植物多酚原料的研究，同时原料类企业规模普遍较小，为了迅速发展成为竞争力强大的企业，原料类企业应该向专业规模化方向发展，联合不同品种专业企业，根据不同的利益需求，收购兼并，走向规模以上的专业化，这是未来多酚原料产业的发展方向。

9.1.2　中国植物多酚成品企业与国际公司相比有较大的差距

欧洲 10 大健康食品企业和美国 20 大健康食品企业的产品种类中大比例涉及植物多酚品种，多数企业经营范围包含葡萄多酚、银杏黄酮、蓝莓、水飞蓟等，我国企业 20 大保健品公司也涉足一些植物多酚产品，还未形成品牌品种，平均涉足率 14.15%，还处于刚开始发展的阶段。同时企业申报的批文多，投入生产能力不足，多家企业贴牌生产，使用同一个文号，使得植物多酚保健品市场十分混乱，而国际品牌公司通过互联网销售根本不需要报批，直接对我国本土企业造成巨大冲击，国际健康品公司超国民待遇的现象严重阻碍我国本土多酚健康食品事业的发展。

以银杏黄酮、葡萄多酚、花青素这三种产品为例对消费者购买行为进行分析后认为：消费者购买行为受到家庭收入、性别、婚姻状况、对包装的关注程度、红酒饮用习惯、对礼品的关注程度、对保健品的关注程度、植物多酚产品的时尚宣传、多酚产品的口感、品牌的影响，大多数是正向影响，极个别是反向影响。

在企业如何吸引消费者方面，重点提出要通过不同渠道让消费者充分认识到植物多酚产品保健功能的可靠、安全，同时要细分市场，以不同植物多酚为主线，专注于单一植物多酚，步步为营，在不同区域、不同专业渠道、不同消费群体中逐步打造专业品牌，在此基础上稳步延伸；加大在植物多酚功能和作用机理上的科研投入，进一步提升植物多酚产品的质量和功效，加强与国际组织的交流和合作，从设计、理念、文化上提升植物多酚企业气质，注重研究健康流行理念和养生趋势，进行市场细分，利用植物多酚产品保健功能明确可靠、安全性高的特性打造中高端市场，重点研究消费者心理，打造细分品牌；持续推动中国多酚终端产品的发展,吸引大规模企业介入,利用其现有的营销网络迅速拉动需求,全面组织实施植物多酚健康计划,使其成为健康中国计划中的一个重要组成部分。

9.1.3 尖峰集团应采取的多酚产品发展战略

对于植物多酚原料产品,应该在利益一致的前提下,充分利用天津尖峰的品牌、技术和人才优势,结合浙江尖峰健康科技的生产设备、技术和资金优势,重点加大投入,调整企业框架和股份结构,做强植物多酚原料产业,使之发展成为规模和质量都领先的中国第一的植物多酚原料基地。同时充分利用尖峰集团这个上市公司的融资平台,放眼全球,并购、收购相关联的多酚原料企业,特别是欧洲有特色的中小型葡萄多酚、橄榄多酚、石榴多酚企业,形成市场、产品的有机强强结合,抓住国内植物多酚健康食品发展、高端植物多酚原料需求迅速增长的大好机遇,发展成为世界一流的多酚原料企业。

针对终端成品,采取 WT 战略,减少甚至撤销营销队伍,加大科研开发力度,研发功效可靠、技术领先的多酚终端成品,将终端产品工厂建成注重成本控制、质量稳定的植物多酚产品(包含葡萄籽、白藜芦醇、茶多酚、苹果多酚等)的高效保健品专业生产基地,联合(参股、控股或并购)专业、成熟销售队伍或小型营销公司进行市场推广,必要时申请直销牌照,采取直销模式快速进入市场,抓住植物多酚产品功效可靠的特点,迅速依靠合作队伍占领市场,建立品牌。这个结论对于其他植物多酚产业的企业也有很多可以借鉴的地方。

9.1.4 针对性强的政策总量较少,行业准入政策阻碍发展,亟须完善

通过研究国家相关政策,发现国家没有颁布专门的产业政策,已颁布的政策基本上是可以关联上的政策。扶持性政策对多酚行业的发展起到了很好的促进作用,而市场准入和生产准入方面的政策使本土多酚企业受到歧视,在与国外公司的竞争中处于十分不利的地位,严重阻碍该产业的壮大,建议政府部门修改和完善植物多酚生产准入和市场准入政策,使本土植物多酚行业企业和国外公司能平等竞争,推动植物多酚企业快速持续发展。建议政府制定政策的主体进一步提高层次以及放宽,政策的内容应更具有针对性,突出重点,明确针对一些多酚品种制定政策,来提升我国多酚产业的水平。另外,笔者提出了创新人才培养机制,建议制定合理政策鼓励培养植物多酚行业细分品种的领军人物、国际大师。

9.1.5 中国植物多酚产业企业的对策

通过对中国植物多酚市场产品的分析发现,中国的本土健康食品企业大多数已经涉足植物多酚类健康食品,发展势头较好,虽然比例不是很高,且在市场准入上存在一些障碍,笔者根据多年的实际所见,提出以下对策,希望能对植物多酚终端成品本土企业在市场占有提升上有所帮助。

(1)仔细研究相关政策法规,找到合适途径,解决国际跨国公司超国民待遇给我们本土企业造成的冲击。

(2)深入研究植物多酚功能和机理,抢先获取知识产权,占领制高点,掌握植物多酚新功能研究以及市场发展的正确方向,以技术推动企业行业发展。

(3)实行强强联合,强专联合,重点研究市场需求和消费者心理,在单一植物多酚品种上构建完整产品系列,重点投入资金,进行整体宣传策划,发展规模化的、消费者信得过的专业品牌多酚产品。

(4)创新营销模式,充分结合互联网技术,仔细研究消费者心理、粉丝经济和网红效应,在确保植物多酚产品可靠效果的基础上,加快产品的消费者认知速度。

9.2 研究展望

植物多酚产业的研究视角广,是天然药物化学、食品科学、产业经济学、市场营销学、计量经济学等多种学科交织的研究课题,需要较为丰富的理论知识和实践经验,才能达到预期效果。笔者经济学方面的研究经历较少,在编写工作开始后,就意识到自己还有许多方面没有考虑周全,导致本书对植物多酚产业的发展还有一些方面不够深入和全面,本研究后续可以从以下几个方面进一步研讨。

(1)数据采集方式限制了研究范围的扩展,以后的研究需要与互联网大数据结合。由于植物多酚产业在中国属于新兴事物,发展时间也较短,因此在可以找到的各种公开的统计年鉴、大会报告、专业资料上没有相关的参考数据,企业产量、相关品种都是凭借走访企业、访问企业家等人士统计所得,不连贯的数据使得许多先进的统计方法不能使用,但目前互联网技术飞速发展,大数据时代的数据红利完全可以为植物多酚行业提供服务,这需要与大型互联网公司合作研究,这是一个趋势。

(2)应用技术领域需要进一步研究。目前植物多酚产业的发展瓶颈是我国在植物多酚应用性研究方面还没有十分突出的成果,直接导致植物多酚大量的应用材料需要参考国际文献的数据,不能形成自己的技术专长。这方面深入研究的创新性成果,将会使中国植物多酚产业在十分巨大的国内外健康产业市场的竞争中占据优势,保证中国植物多酚产业领先和持续发展。

(3)市场需求的对比研究。我国庞大的健康产品消费市场对植物多酚的需求对本产业发展有着巨大的拉动作用,本课题在分析消费者行为时虽然用 Logistics 回归分析做了一些研究,但植物多酚健康产品市场功能类别众多,规格品种变化替代频繁,健康流行趋势更加强烈,需求明显上升。今后的研究可以将不同品种、不同渠道、不同区域进行对比研究,特别是根据区域多酚资源特点、不同人群消费特点、不同行业工种特点进行细分,找出市场的不同需求特点,引导企业进行精准营销。

(4)政策研究方面的深入。由于中国地域辽阔,多酚植物资源十分丰富,各地各级政府每年出台各种不同的政策,笔者没有足够时间针对每种植物多酚资源查找详细的各级政策,以后的研究应该在这方面深入,为地方特色的植物多酚产业提供助力。同时对于植物多酚市场准入政策的研究也是十分重要的方向,对准入原则的深入研究将会给多酚产业发展带来无法预计的推动力。

附录

附录一　生产经营多酚原料企业基本情况及行为调查问卷

尊敬的朋友：

您好！

这是一份关于植物多酚原料生产企业的基本情况及行为调查问卷。问卷中问题的答案无对错之分，您填答的所有资料，仅供科学研究使用，绝不外流。请您按照实际情况或者想法进行选择，非常感谢您的合作与参与！

企业名称：____________所在地区：____________省____________市(县)

贵公司成立于____________年

被调研人姓名：____________职务：____________联系方式 e-mail：____________

一、企业基本资料调查

1.1　企业性质：

□1. 个体经营

□2. 合伙企业

□3. 集体企业

□4. 股份合作制企业

□5. 外商与港澳台投资企业

□6. 上市公司或上市公司下属企业(不包含新三板)

□7. 其他(如新三板)

1.2　企业的经营时间：

□1. 5 年及以下

□2. 6 ~ 10 年

□3. 11 ~ 20 年

□4. 20 年以上

1.3　企业的资产规模：

□1. ≤1 000 万元

□2. >1 000 万 ~ 2 000 万元

□3. >2 000 万 ~ 5 000 万元

□4. >5 000 万 ~ 1 亿元

□5. >1 亿元

1.4　企业的年销售额：

□1. ≤1 000 万元

□2. >1 000 万~5 000 万元

□3. >5 000 万~1 亿元

□4. >1 亿~3 亿元

□5. >3 亿元

1.5　企业所拥有的员工数：

□1. 50 人以下

□2. 50~100 人

□3. 101~200 人

□4. 201~500 人

□5. 500 人以上

1.6　企业负责人的最高学历：

□1. 初中及以下

□2. 高中

□3. 本科

□4. 硕士及以上

1.7　企业产品的主要销售领域：

□1. 本地区

□2. 本省

□3. 全国

□4. 全球

1.8　企业是否有自己的品牌？

□1. 是

□2. 否

1.9　企业类型：

□1. 生产型

□2. 加工型

□3. 生产加工型

□4. 生产兼销售型

1.10　企业除了生产加工多酚产品外，是否经营其他产品？

□1. 有

□2. 没有

1.11　您认为本企业产品目前的销路如何？

□1. 很不好

□2. 不好

□3. 一般

□4. 畅销

□5. 很畅销

1.12 贵公司是否为行业领先企业?

□1. 是

□2. 不是

1.13 贵公司是否获得过国家政策上的支持?

□1. 是

□2. 否

如果有,是哪方面的支持?

□1. 贷款

□2. 补贴

□3. 土地

□4. 技术

□5. 其他

1.14 贵公司生产的是哪种多酚?

□茶多酚□葡萄多酚或白藜芦醇□花青素(来源于越橘、桑葚、紫甘薯、黑豆、黑米等)□银杏黄酮□苹果多酚和根皮苷□槲皮素(主要来源于槐米)□绿原酸(主要来源于金银花、杜仲叶)□大豆异黄酮(来源于大豆)□水飞蓟素(来源于植物水飞蓟)□其他

二、企业行为调查

(一)企业战略方面

1.1 企业目标市场是否明确?

□1. 明确

□2. 不明确

1.2 是否有企业文化?

□1. 有

□2. 没有

1.3 企业是否有3~5年或长于5年的长远规划?

□1. 有

□2. 没有

1.4 您认为目前制约企业发展的最主要因素是什么?

□1. 市场需求

□2. 技术

□3. 资金

□4 政府政策

□5. 竞争者行为

□6. 生产原料短缺

□7. 其他

1.5 您认为什么可以作为多酚产品市场细分的依据?

□1. 产品种类

□2. 客户(终端产品厂家)行业性质

  □a. 健康食品企业

  □b. 日化、化妆品企业

  □c. 药品企业

  □d. 其他

□3. 工艺

□4. 原料资源供应

1.6 您认为本企业具备哪些竞争优势?

□1. 资本雄厚

□2. 客户网络资源

□3. 技术优势

□4. 地理优势(如当地政府支持、水土气候、自然资源等优势)

□5. 从事过类似行业的生产或经营

□6. 其他

1.7 您认为多酚原料产业发展目前最主要的问题是:

□1. 技术

□2. 生产环节

□3. 竞争方面

□4. 渠道方面

□5. 市场开发方面

□6. 如果有时间请详细说明:____

____谢谢!

(二)企业营销策略方面

2.1 您认为企业是否应该注重营销?

□1. 是

□2. 否

2.2 企业是否有产品品牌?

□1. 有

□2. 无

2.3 企业是否应该在产品环节不断推陈出新?

□1. 是

□2. 否

2.4 请您根据您认为的重要程度对下列问题进行勾选:(产品方面)

	极不重要	不重要	一般重要	很重要	非常重要
1. 您认为多酚产品质量安全的重要程度如何?	□	□	□	□	□
2. 您认为多酚生产过程的重要程度如何?	□	□	□	□	□
3. 您认为优质多酚产品增加利润的重要程度如何?	□	□	□	□	□
4. 您认为新产品开发的重要程度如何?	□	□	□	□	□
5. 您认为拥有自己产品品牌的重要程度如何?	□	□	□	□	□
6. 您认为品牌建设的重要程度如何?	□	□	□	□	□
7. 您认为产品包装的重要程度如何?	□	□	□	□	□
8. 您认为自建企业的科研机构的重要程度如何?	□	□	□	□	□
9. 您认为技术创新的重要程度如何?	□	□	□	□	□
10. 您认为注重营销与增加盈利的关系重要程度如何?	□	□	□	□	□

2.5　您为产品定价的策略是什么?

□1. 拥有话语权,自主定价

□2. 随行业主要领导者定价

□3. 随行就市定价

□4. 其他

2.6　近期您会调整自己产品的价格吗?

□1. 调高价格

□2. 调低价格

□3. 维持不变

2.7　您有控制自己产品流通渠道的意愿吗?

□1. 有

□2. 没有

2.8　您销售自己的多酚产品主要靠哪些渠道?(可多选)

□1. 自己队伍销售

□2. 经销商

□3. 大型代理公司

□4. 电子商务

□5. 其他

2.9　您认为有必要为你的多酚原料产品做促销吗?

□1. 必要

□2. 不必要

2.9.1　企业常关注的促销手段有:(可多选)

□1. 公共关系(含事件广告)

□2. 技术推广(学术会议等)

□3. 商业广告

□4. 参加展会

□5. 地方政府推广

□6. 其他

2.9.2　企业一年的促销费用为：

□1. 10 万元以下

□2. 10 万 ~ 50 万元

□3. 51 万 ~ 100 万元

□4. 101 万 ~ 150 万元

□5. 151 万 ~ 200 万元

□6. 200 万元以上

2.9.3　您认为本企业促销费用投入不足的原因有：

□1. 产品销路很好

□2. 企业有良好的形象

□3. 资金不足

□4. 促销没用

□5. 其他

2.9.4　请根据您认为的重要程度对下列题项进行勾选：(促销方面)

	极不重要	不重要	一般重要	很重要	非常重要
1. 公司产品的专业化对产品销售的影响	□	□	□	□	□
2. 促销行为对销售量的影响	□	□	□	□	□
3. 企业关注竞争者促销的程度	□	□	□	□	□
4. 与行业其他企业合作促销的意愿程度	□	□	□	□	□
5. 公共关系对提高企业市场占有率的影响	□	□	□	□	□
6. 学术推广对抵御竞争的影响	□	□	□	□	□
7. 学术推广对提升企业知名度的影响	□	□	□	□	□
8. 广告宣传对提升终端工厂对产品认知的影响	□	□	□	□	□
9. 广告宣传中选择媒体的重要程度	□	□	□	□	□

2.10　您认为政府在企业生产经营中应该发挥哪些作用？

□1. 宣传推广

□2. 政策引导支持

□3. 技术指导

□4. 资金支持

□5. 信息传递

□6. 法律规范

□7. 其他

2.11 您认为政府是否应该加大企业所在地广告宣传(如原产地等宣传)?

□1. 加大

□2. 减小

□3. 无所谓

2.12 国家是否有行业协会?

□1. 有

□2. 没有

2.13 您是否愿意与行业协会合作?

□1. 愿意

□2. 不愿意

2.14 请根据您认为的重要程度对下列题项进行勾选:(与行业协会的合作意愿)

	极不重要	不重要	一般重要	很重要	非常重要
1. 行业协会提供信息的重要性	□	□	□	□	□
2. 行业协会提供技术指导的重要性	□	□	□	□	□
3. 行业协会对增强行业竞争力的影响	□	□	□	□	□
4. 行业协会对促进交流与合作的影响	□	□	□	□	□
5. 行业协会与政府协调的重要性	□	□	□	□	□
6. 行业协会对保护企业利益的重要性	□	□	□	□	□

附录二 关于银杏叶产品消费者行为调查问卷

尊敬的女士/先生:

您好!

万分感谢您在百忙中接受我们的问卷调查,您所提供的信息对我们的研究很有价值,本次调查我们希望了解您对银杏叶产品的一些看法和认识,调查的目的是想了解我国消费者针对银杏叶产品的购买行为特征,只做学术性研究之用,调查数据绝对保密,希望您在填写问卷时按照对银杏叶产品的理解据实填写,答案没有正确、错误之分。

谢谢您的合作和付出宝贵时间,祝您身体健康,工作愉快!

第一部分:基本情况(单选)

1.1 您的性别:□1. 男□2. 女

1.2 您的年龄:□1. 25 岁以下□2. 25 ~ 30 岁□3. 31 ~ 45 岁□4. 45 岁以上

1.3 您的受教育程度:□1. 大专及以下□2. 本科□3. 硕士及以上

1.4 您的月收入:□1. 3 500 元以下□2. 3 500 ~ 5 000 元□3. 5 001 ~ 8 000 元□4. 8 001 ~ 12 000元□5. 12 000 元以上

1.5 您的婚姻状况:□1. 未婚□2. 已婚

1.6 您的职业:□1. 公务员或者事业单位人员□2. 企业员工□3. 金融服务企业员工□4. 一般服务行业员工□5. 自由职业者□6. 个体经营者□7. 学生□8. 其他

1.7 您的家庭人口数:____人

1.8 您购买过银杏叶产品吗?

□1. 没购买过。请转入第三部分

□2. 购买过。请转入第二部分

第二部分:银杏叶产品消费者认知及行为调研(可多选)

2.1 您通过哪种途径了解到银杏叶及其相关产品?

□1. 书籍中的相关文章□2. 报纸相关介绍□3. 企业商业广告信息□4. 朋友告知□5. 购买点了解□6. 销售人员推销□7. 送礼所得□8. 微信微博□9. 电视电影等媒体□10. 其他

2.2 您购买过何种银杏叶相关产品?(可多选)

□1. 袋泡茶□2. 胶囊□3. 软胶囊□4. 口服液□5. 片剂□6. 面膜□7. 酒类□8. 滴丸□9. 其他

2.3 您购买银杏叶产品的用途是什么?

□1. 自用□2. 送礼□3. 其他

2.4 您为什么购买银杏叶产品?

□1. 营养价值□2. 保健功能□3. 被广告吸引□4. 医生开方□5. 好奇□6. 送礼□7. 其他

2.5 您在什么地方购买银杏叶产品比较多?

□1. 网络□2. 药店□3. 会销会场□4. 医院□5. 朋友推荐(直销)□6. 电视直销□7. 其他

2.6 您通常多长时间购买一次银杏叶产品?

□1. 随机购买□2. 吃完就买□3. 一月□4. 一季度□5. 一季度以上

2.7 您知道银杏叶的品牌产品吗?

□1. 不知道□2. 知道

2.8 您每月购买银杏叶相关产品的费用大概有:____元

请直接转入第四部分。谢谢!

第三部分(可多选)

3.1 您认为银杏叶产品的哪些方面会吸引您购买?

□1. 保护心脑血管□2. 缓解视疲劳 3. 精美包装□4. 动人广告□5. 是一种新产品□6. 价格□7. 其他

3.2 您最希望消费银杏叶类的什么相关产品?

□1. 口服液□2. 片剂□3. 胶囊□4. 袋泡茶□5. 面膜□6. 酒类□7. 滴丸□8. 其他

3.3 如果购买银杏叶产品作为礼品,您认为哪些因素最吸引您?

□1. 保健功能□2. 包装、体积大小□3. 价格□4. 动人广告□5. 其他

3.4 如果您购买银杏叶产品,会把它送给谁?

□1. 自己□2. 老人□3. 孩子□4. 朋友□5. 爱人□6. 领导□7. 其他

第四部分:消费者购买行为意向调查(单选)

您认为购买银杏叶产品时下列因素的影响程度如何?

因素	不重要	没有意见	重要	很重要
1. 产品保健功能	□	□	□	□
2. 包装颜色	□	□	□	□
3. 包装形状	□	□	□	□
4. 口感	□	□	□	□
5. 是否为绿色产品	□	□	□	□
6. 产品品牌	□	□	□	□
7. 是否能作为礼品	□	□	□	□
8. 买东西要比较以免吃亏	□	□	□	□
9. 价格	□	□	□	□
10. 购买地点方便性	□	□	□	□
11. 能否网上订货	□	□	□	□
12. 卖场内的促销	□	□	□	□
13. 电视广告	□	□	□	□
14. 报纸广告	□	□	□	□
15. 网络广告	□	□	□	□
16. 售货员介绍	□	□	□	□
17. 个人好奇	□	□	□	□

第五部分:消费者个人形态因素调查(单选)

因素	很少	偶尔	一般	经常
1. 您消费过较贵的食品	□	□	□	□
2. 您购买过较贵的食品送礼	□	□	□	□
3. 您有喝饮料的习惯	□	□	□	□
4. 您在餐饮消费中有喝红酒的习惯	□	□	□	□
5. 您消费保健品	□	□	□	□
6. 您关注保健品的价格	□	□	□	□
7. 您对时尚流行感兴趣	□	□	□	□
8. 您关注各种媒体广告	□	□	□	□
9. 您关注新闻报道	□	□	□	□

续表

因素	很少	偶尔	一般	经常
10. 您会受到亲戚朋友的劝说购买商品	□	□	□	□
11. 您购买产品时注意品牌	□	□	□	□
12. 您有网上购物的习惯	□	□	□	□

附录三　关于葡萄多酚产品消费者行为调查问卷

尊敬的女士/先生：

您好！

万分感谢您在百忙中接受我们的问卷调查，您所提供的信息对我们的研究很有价值，本次调查我们希望了解您对葡萄多酚产品的一些看法和认识，调查的目的是想了解我国消费者针对葡萄多酚产品的购买行为特征，只做学术性研究之用，调查数据绝对保密，希望您在填写问卷时按照对葡萄多酚产品的理解据实填写，答案没有正确、错误之分。

谢谢您的合作和付出宝贵时间，祝您身体健康，工作愉快！

第一部分：基本情况（单选）

1.1　您的性别：□1. 男□2. 女

1.2　您的年龄：□1. 25 岁以下□2. 25～30 岁□3. 31～45 岁□4. 45 岁以上

1.3　您的受教育程度：□1. 大专及以下□2. 本科□3. 硕士及以上

1.4　您的月收入：□1. 3 500 元以下□2. 3 500～5 000 元□3. 5 001～8 000 元□4. 8 001～12 000 元□5. 12 000 元以上

1.5　您的婚姻状况：□1. 未婚□2. 已婚

1.6　您的职业：□1. 公务员或者事业单位人员□2. 企业员工□3. 金融服务企业员工□4. 一般服务行业员工□5. 自由职业者□6. 个体经营者□7. 学生□8. 其他

1.7　您的家庭人口数：____人

1.8　您购买过葡萄多酚产品吗？

□1. 没购买过。请转入第三部分

□2. 购买过。请转入第二部分

第二部分：葡萄多酚产品消费者认知及行为调研（可多选）

2.1　您通过哪种途径了解到葡萄多酚及其相关产品？

□1. 书籍中的相关文章□2. 报纸相关介绍□3. 企业商业广告信息□4. 朋友告知□5. 购买点了解□6. 销售人员推销□7. 送礼所得□8. 微信微博□9. 电视电影等媒体□10. 其他

2.2　您购买过何种葡萄多酚相关产品？（可多选）

□1. 袋泡茶□2. 胶囊□3. 软胶囊□4. 口服液□5. 片剂□6. 面膜□7. 酒类□8. 滴丸

□9. 其他

2.3　您购买葡萄多酚产品的用途是什么?

□1. 自用□2. 送礼□3. 其他

2.4　您为什么购买葡萄多酚产品?

□1. 营养价值□2. 保健功能□3. 被广告吸引□4. 医生开方□5. 好奇□6. 送礼□7. 其他

2.5　您在什么地方购买葡萄多酚产品比较多?

□1. 网络□2. 药店□3. 会销会场□4. 医院□5. 朋友推荐(直销)□6. 电视直销 □7. 其他

2.6　您通常多长时间购买一次葡萄多酚产品?

□1. 随机购买□2. 吃完就买□3. 一月□4. 一季度□5. 一季度以上

2.7　您知道葡萄多酚的品牌产品吗?

□1. 不知道□2. 知道

2.8　您每月购买葡萄多酚相关产品的费用大概有:____元

请直接转入第四部分。谢谢!

第三部分(可多选)

3.1　您认为葡萄多酚产品的哪些方面会吸引您购买?

□1. 保护心脑血管□2. 缓解视疲劳 3. 精美包装□4. 动人广告□5. 是一种新产品 □6. 价格□7. 其他

3.2　您最希望消费葡萄多酚类的什么相关产品?

□1. 口服液□2. 片剂□3. 胶囊□4. 袋泡茶□5. 面膜□6. 酒类□7. 滴丸□8. 其他

3.3　如果购买葡萄多酚产品作为礼品,您认为哪些因素最吸引您?

□1. 保健功能□2. 包装、体积大小□3. 价格□4. 动人广告□5. 其他

3.4　如果您购买葡萄多酚产品,会把它送给谁?

□1. 自己□2. 老人□3. 孩子□4. 朋友□5. 爱人□6. 领导□7. 其他

第四部分:消费者购买行为意向调查(单选)

您认为购买葡萄多酚产品时下列因素的影响程度如何?

因素	不重要	没有意见	重要	很重要
1. 产品保健功能	□	□	□	□
2. 包装颜色	□	□	□	□
3. 包装形状	□	□	□	□
4. 口感	□	□	□	□
5. 是否为绿色产品	□	□	□	□
6. 产品品牌	□	□	□	□
7. 是否能作为礼品	□	□	□	□
8. 买东西要比较以免吃亏	□	□	□	□

续表

因素	不重要	没有意见	重要	很重要
9. 价格	□	□	□	□
10. 购买地点方便性	□	□	□	□
11. 能否网上订货	□	□	□	□
12. 卖场内的促销	□	□	□	□
13. 电视广告	□	□	□	□
14. 报纸广告	□	□	□	□
15. 网络广告	□	□	□	□
16. 售货员介绍	□	□	□	□
17. 个人好奇	□	□	□	□

第五部分:消费者个人形态因素调查(单选)

因素	很少	偶尔	一般	经常
1. 您消费过较贵的食品	□	□	□	□
2. 您购买过较贵的食品送礼	□	□	□	□
3. 您有喝饮料的习惯	□	□	□	□
4. 您在餐饮消费中有喝红酒的习惯	□	□	□	□
5. 您消费保健品	□	□	□	□
6. 您关注保健品的价格	□	□	□	□
7. 您对时尚流行感兴趣	□	□	□	□
8. 您关注各种媒体广告	□	□	□	□
9. 您关注新闻报道	□	□	□	□
10. 您会受到亲戚朋友的劝说购买商品	□	□	□	□
11. 您购买产品时注意品牌	□	□	□	□
12. 您有网上购物的习惯	□	□	□	□

附录四　关于花青素产品消费者行为调查问卷

尊敬的女士/先生:

您好!

万分感谢您在百忙中接受我们的问卷调查,您所提供的信息对我们的研究很有价值,本次调查我们希望了解您对花青素产品的一些看法和认识,调查的目的是想了解我国消费者针对花青素产品的购买行为特征,只做学术性研究之用,调查数据绝对保密,希望您在填写问卷时按照对花青素产品的理解据实填写,答案没有正确、错误之分。

谢谢您的合作和付出宝贵时间,祝您身体健康,工作愉快!

第一部分:基本情况(单选)

1.1　您的性别:□1. 男□2. 女

1.2　您的年龄:□1. 25 岁以下□2. 25 ~ 30 岁□3. 31 ~ 45 岁□4. 45 岁以上

1.3　您的受教育程度:□1. 大专及以下□2. 本科□3. 硕士及以上

1.4　您的月收入:□1. 3 500 元以下□2. 3 500 ~ 5 000 元□3. 5 001 ~ 8 000 元□4. 8 001 ~ 12 000 元□5. 12 000 元以上

1.5　您的婚姻状况:□1. 未婚□2. 已婚

1.6　您的职业:□1. 公务员或者事业单位人员□2. 企业员工□3. 金融服务企业员工□4. 一般服务行业员工□5. 自由职业者□6. 个体经营者□7. 学生□8. 其他

1.7　您的家庭人口数:____人

1.8　您购买过花青素产品吗?

□1. 没购买过。请转入第三部分

□2. 购买过。请转入第二部分

第二部分:花青素产品消费者认知及行为调研(可多选)

2.1　您通过哪种途径了解到花青素及其相关产品?

□1. 书籍中的相关文章□2. 报纸相关介绍□3. 企业商业广告信息□4. 朋友告知□5. 购买点了解□6. 销售人员推销□7. 送礼所得□8. 微信微博□9. 电视电影等媒体□10. 其他

2.2　您购买过何种花青素相关产品?(可多选)

□1. 袋泡茶□2. 胶囊□3. 软胶囊□4. 口服液□5. 片剂□6. 面膜□7. 酒类□8. 滴丸□9. 其他

2.3　您购买花青素产品的用途是什么?

□1. 自用□2. 送礼□3. 其他

2.4　您为什么购买花青素产品?

□1. 营养价值□2. 保健功能□3. 被广告吸引□4. 医生开方□5. 好奇□6. 送礼□7. 其他

2.5　您在什么地方购买花青素产品比较多?

□1. 网络□2. 药店□3. 会销会场□4. 医院□5. 朋友推荐(直销)□6. 电视直销□7. 其他

2.6　您通常多长时间购买一次花青素产品?

□1. 随机购买□2. 吃完就买□3. 一月□4. 一季度□5. 一季度以上

2.7　您知道花青素的品牌产品吗?

□1. 不知道□2. 知道

2.8　您每月购买花青素相关产品的费用大概有:____元

请直接转入第四部分。谢谢!

第三部分(可多选)

3.1　您认为花青素产品的哪些方面会吸引您购买?

□1. 保护心脑血管□2. 缓解视疲劳□3. 精美包装□4. 动人广告□5. 是一种新产品□6. 价格□7. 其他

3.2　您最希望消费花青素类的什么相关产品？

□1. 口服液□2. 片剂□3. 胶囊□4. 袋泡茶□5. 面膜□6. 酒类□7. 滴丸□8. 其他

3.3　如果购买花青素产品作为礼品，您认为哪些因索最吸引您？

□1. 保健功能□2. 包装、体积大小□3. 价格□4. 动人广告□5. 其他

3.4　如果您购买花青素产品，会把它送给谁？

□1. 自己□2. 老人□3. 孩子□4. 朋友□5. 爱人□6. 领导□7. 其他

第四部分：消费者购买行为意向调查（单选）

您认为购买花青素产品时下列因素的影响程度如何？

因素	不重要	没有意见	重要	很重要
1. 产品保健功能	□	□	□	□
2. 包装颜色	□	□	□	□
3. 包装形状	□	□	□	□
4. 口感	□	□	□	□
5. 是否为绿色产品	□	□	□	□
6. 产品品牌	□	□	□	□
7. 是否能作为礼品	□	□	□	□
8. 买东西要比较以免吃亏	□	□	□	□
9. 价格	□	□	□	□
10. 购买地点方便性	□	□	□	□
11. 能否网上订货	□	□	□	□
12. 卖场内的促销	□	□	□	□
13. 电视广告	□	□	□	□
14. 报纸广告	□	□	□	□
15. 网络广告	□	□	□	□
16. 售货员介绍	□	□	□	□
17. 个人好奇	□	□	□	□

第五部分：消费者个人形态因素调查（单选）

因素	很少	偶尔	般	经常
1. 您消费过较贵的食品	□	□	□	□
2. 您购买过较贵的食品送礼	□	□	□	□
3. 您有喝饮料的习惯	□	□	□	□

续表

因素	很少	偶尔	一般	经常
4. 您在餐饮消费中有喝红酒的习惯	□	□	□	□
5. 您消费保健品	□	□	□	□
6. 您关注保健品的价格	□	□	□	□
7. 您对时尚流行感兴趣	□	□	□	□
8. 您关注各种媒体广告	□	□	□	□
9. 您关注新闻报道	□	□	□	□
10. 您会受到亲戚朋友的劝说购买商品	□	□	□	□
11. 您购买产品时注意品牌	□	□	□	□
12. 您有网上购物的习惯	□	□	□	□

附录五 银杏叶药品批文名单

药品名称	批准文号	生产厂家
银杏酮酯颗粒国药准字	Z20000050	上海杏灵科技药业股份有限公司
银杏酮酯滴丸国药准字	Z20060461	北京汉典制药有限公司
银杏酮酯滴丸国药准字	Z20050220	山西千汇药业有限公司
银杏酮酯滴丸国药准字	Z20050393	浙江九旭药业有限公司
银杏叶颗粒国药准字	Z20040103	江苏康缘药业股份有限公司
银杏叶提取物注射液国药准字	H20070226	悦康药业集团有限公司
银杏叶滴剂国药准字	Z20080674	山东仙河药业有限公司
银杏叶滴丸国药准字	Z20040071	万邦德制药集团股份有限公司
银杏叶软胶囊国药准字	Z20060457	石家庄市华新药业有限责任公司
银杏叶软胶囊国药准字	Z20040082	石家庄市华新药业有限责任公司
银杏叶胶囊国药准字	Z20040104	华润三九黄石药业有限公司
银杏叶胶囊国药准字	Z20040097	芜湖绿叶制药有限公司
银杏叶胶囊国药准字	Z20040100	常州兰陵制药有限公司
银杏二萜内酯葡胺注射液国药准字	Z20120024	江苏康缘药业股份有限公司
杏灵分散片国药准字	Z20060444	北京四环科宝制药有限公司
舒血宁注射液国药准字	Z14021945	石药银湖制药有限公司
舒血宁注射液国药准字	Z11021351	北京华润高科天然药物有限公司
舒血宁注射液国药准字	Z11021350	北京华润高科天然药物有限公司
舒血宁注射液国药准字	Z23022003	黑龙江珍宝岛药业股份有限公司
舒血宁注射液国药准字	Z23022004	黑龙江珍宝岛药业股份有限公司
银杏叶酊国药准字	Z20060039	北京华润高科天然药物有限公司

续表

药品名称	批准文号	生产厂家
银杏叶丸国药准字	Z20050491	成都永康制药有限公司
银杏叶片国药准字	Z20027954	上海信谊百路达药业有限公司
银杏叶片国药准字	Z20064282	大连美罗中药厂有限公司
银杏叶片国药准字	Z20063922	烟台荣昌制药股份有限公司
银杏叶片国药准字	Z20044572	四川科伦药业股份有限公司
银杏叶片国药准字	Z20044573	四川科伦药业股份有限公司
银杏叶片国药准字	Z20064140	天津亚宝药业科技有限公司
银杏叶片国药准字	Z20063496	成都森科制药有限公司
银杏叶片国药准字	Z20055359	哈尔滨好博药业有限公司
银杏叶片国药准字	Z20064036	江苏飞马药业有限公司
银杏叶片国药准字	Z20064309	广东省博罗先锋药业集团有限公司
银杏叶片国药准字	Z20027960	健民集团叶开泰国药随州有限公司
银杏叶片国药准字	Z20063930	通化金马药业集团股份有限公司
银杏叶片国药准字	Z20064298	江苏苏中药业集团股份有限公司
银杏叶片国药准字	Z20064281	大连美罗中药厂有限公司
银杏叶片国药准字	Z20054975	广东广发制药有限公司
银杏叶片国药准字	Z20063136	广东一力罗定制药有限公司
银杏叶片国药准字	Z20063128	广东环球制药有限公司
银杏叶片国药准字	Z20063129	广东环球制药有限公司
银杏叶片国药准字	Z20027951	山西普德药业股份有限公司
银杏叶片国药准字	Z20027946	万邦德湖南天然药物有限公司
银杏叶片国药准字	Z20027961	江苏恩华赛德药业有限责任公司
银杏叶片国药准字	Z20027956	深圳海王药业有限公司
银杏叶片国药准字	Z20044171	湖北午时药业股份有限公司
银杏叶片国药准字	Z20027947	远大医药黄石飞云制药有限公司
银杏叶片国药准字	Z20027955	上海杏灵科技药业股份有限公司
银杏叶片国药准字	Z20027959	威海华洋药业有限公司
银杏叶片国药准字	Z20028024	安徽圣鹰药业有限公司
银杏叶片国药准字	Z20027939	广西金嗓子药业股份有限公司
银杏叶片国药准字	Z20043857	黑龙江天宏药业股份有限公司
银杏叶片国药准字	Z20073163	湖北午时药业股份有限公司
银杏叶片国药准字	Z20063084	石家庄以岭药业股份有限公司
银杏叶片国药准字	Z20063959	南京易亨制药有限公司
银杏叶片国药准字	Z20044308	江苏康缘药业股份有限公司
银杏叶片国药准字	Z20043499	广东罗浮山国药股份有限公司
银杏叶片国药准字	Z20063940	吉林省正和药业集团股份有限公司

续表

药品名称	批准文号	生产厂家
银杏叶片国药准字	Z20055358	哈尔滨好博药业有限公司
银杏叶片国药准字	Z20063287	重庆科瑞制药集团有限公司
银杏叶片国药准字	Z20055191	桂林兴达药业有限公司
银杏叶片国药准字	Z20053998	河北天成药业股份有限公司
银杏叶片国药准字	Z20063958	南京易亨制药有限公司
银杏叶片国药准字	Z20043856	黑龙江天宏药业股份有限公司
银杏叶片国药准字	Z20063923	烟台荣昌制药股份有限公司
银杏叶片国药准字	Z20064037	海南海灵化学制药有限公司
银杏叶片国药准字	Z20083315	哈尔滨泰华药业股份有限公司
银杏叶片国药准字	Z20053069	海口奇力制药股份有限公司
银杏叶片国药准字	Z20064166	广西半宙大康制药有限公司
银杏叶片国药准字	Z20027949	扬子江药业集团有限公司
银杏叶片国药准字	Z20027958	唐山市福乐药业有限公司
银杏叶片国药准字	Z20027957	江苏美通制药有限公司
银杏叶片国药准字	Z20027942	贵州益佰制药股份有限公司
银杏叶片国药准字	Z20054513	浙江佐力药业股份有限公司
银杏叶片国药准字	Z20055320	云南植物药业有限公司
银杏叶片国药准字	Z20073128	云南白药集团股份有限公司
银杏叶片国药准字	Z20033245	江西汇仁药业有限公司
银杏叶片国药准字	Z20053712	江苏吴中医药集团有限公司苏州制药厂
银杏叶片国药准字	Z20053912	江苏润邦药业有限公司
银杏叶片国药准字	Z20043061	湖南华纳大药厂有限公司
银杏叶片国药准字	Z20027943	海南省金岛制药厂
银杏叶片国药准字	Z20043514	长春海外制药集团有限公司
银杏叶片国药准字	Z20028023	贵州信邦制药股份有限公司
银杏叶片国药准字	Z20053715	湖南金泰制药有限公司
银杏叶片国药准字	Z20044136	云南生物谷药业股份有限公司
银杏叶片国药准字	Z20044174	天津敬一堂制药有限公司
银杏叶片国药准字	Z20027944	海南亚洲制药股份有限公司
银杏叶片国药准字	Z20028025	涿州东乐制药有限公司
银杏叶片国药准字	Z20055319	云南植物药业有限公司
银杏叶片国药准字	Z20053913	江苏润邦药业有限公司
银杏叶片国药准字	Z20043062	湖南华纳大药厂有限公司
银杏叶片国药准字	Z20073208	涿州东乐制药有限公司
银杏叶片国药准字	Z20044137	云南生物谷药业股份有限公司
银杏叶片国药准字	Z20027948	江苏晨牌药业集团股份有限公司

续表

药品名称	批准文号	生产厂家
银杏叶片国药准字	Z20025004	鲁南厚普制药有限公司
银杏叶片国药准字	Z20027950	宁波立华制药有限公司
银杏叶片国药准字	Z20027963	浙江康恩贝制药股份有限公司
银杏叶片国药准字	Z20054591	山东仙河药业有限公司
银杏叶片国药准字	Z20027940	广西亿康药业股份有限公司
银杏叶片国药准字	Z20027941	桂林红会药业有限公司
银杏叶片国药准字	Z20027952	上海双基药业有限公司
银杏酮酯国药准字	Z20000049	上海杏灵科技药业股份有限公司
银杏露国药准字	Z34020428	上海宝龙安庆药业有限公司
银杏露国药准字	Z33020968	浙江大德药业集团有限公司
银杏叶颗粒国药准字	Z20040113	山东百草药业有限公司
银杏叶胶囊国药准字	Z20040114	山东百草药业有限公司
银杏叶胶囊国药准字	Z20026290	万邦德湖南天然药物有限公司
银杏叶胶囊国药准字	Z20026289	湖南汉森制药股份有限公司
银杏叶胶囊国药准字	Z20063069	杭州康恩贝制药有限公司
银杏叶胶囊国药准字	Z20010169	上海信谊百路达药业有限公司
银杏叶胶囊国药准字	Z20040102	桂林红会药业有限公司
银杏酮酯片国药准字	Z20060371	上海杏灵科技药业股份有限公司
银杏茶颗粒国药准字	B20050041	湖南春光九汇现代中药有限公司
银杏叶软胶囊国药准字	Z20053531	辽宁盛生药业有限公司
银杏叶软胶囊国药准字	Z20050029	辽宁仙草堂药业股份有限公司
银杏叶软胶囊国药准字	Z20090920	洛阳君山制药有限公司
银杏叶软胶囊国药准字	Z20030097	浙江康莱特药业有限公司
银杏叶软胶囊国药准字	Z20063989	浙江康莱特药业有限公司
银杏叶口服液国药准字	Z33020645	浙江圣博康药业有限公司
银杏叶口服液国药准字	Z10920064	河北恒利集团制药股份有限公司
银杏叶分散片国药准字	Z20090953	贵州益佰女子大药厂有限责任公司
银杏叶分散片国药准字	Z20090494	鲁南厚普制药有限公司
银杏叶分散片国药准字	Z20055421	北京四环制药有限公司
银杏叶分散片国药准字	Z20050824	山西仟源医药集团股份有限公司
银杏叶分散片国药准字	Z20060440	吉林省跨海生化药业制造有限公司
银杏叶分散片国药准字	Z20050569	湖南华纳大药厂有限公司
银杏叶分散片国药准字	Z20050729	江苏晨牌药业集团股份有限公司
银杏叶分散片国药准字	Z20060447	海南海力制药有限公司
银杏叶分散片国药准字	Z20090638	哈药集团世一堂制药厂
银杏叶分散片国药准字	Z20060011	健民集团叶开泰国药随州有限公司

续表

药品名称	批准文号	生产厂家
银杏叶分散片国药准字	Z20060012	健民集团叶开泰国药随州有限公司
银杏叶分散片国药准字	Z20050272	湖南方盛制药股份有限公司
银杏叶分散片国药准字	Z20050178	深圳海王药业有限公司
银杏洋参颗粒国药准字	B20020773	广西亿康药业股份有限公司
银杏洋参胶囊国药准字	B20020772	广西亿康药业股份有限公司
银杏酮酯胶囊国药准字	Z20060370	上海杏灵科技药业股份有限公司
银杏酮酯分散片国药准字	Z20050670	江苏神龙药业有限公司
银杏内酯注射液国药准字	Z20110035	成都百裕科技制药有限公司
银杏二萜内酯国药准字	Z20120025	江苏康缘药业股份有限公司
银杏达莫注射液国药准字	H22026140	通化谷红制药有限公司
银杏达莫注射液国药准字	H14023515	山西普德药业股份有限公司
银杏达莫注射液国药准字	H52020032	贵州益佰制药股份有限公司
银杏达莫注射液国药准字	H22026139	通化谷红制药有限公司
银杏达莫注射液国药准字	H14023516	山西普德药业股份有限公司
银杏达莫注射液国药准字	H52020031	贵州益佰制药股份有限公司
复方银杏叶颗粒国药准字	Z20043730	江西济民可信药业有限公司
银杏蜜环口服溶液国药准字	H20013079	邛崃天银制药有限公司
复方银杏通脉口服液国药准字	B20020924	湖南补天药业有限公司

附录六 银杏叶保健品批文目录

序号	省区市	产品名称	申请企业名称
1	安徽	长江牌新绿康胶囊	芜湖康奇制药有限公司
2	北京	辅助降血脂茶	北京阿兰科贸有限公司
3	北京	百珍樘牌辅助降血脂茶	北京百珍樘科贸有限公司
4	北京	宝泽康牌红景天西洋参银杏叶片	北京宝泽康医药有限责任公司
5	北京	碧萝芷牌护康胶囊	北京倍和德营养制品科技发展有限公司
	河南	圣草牌洋参银杏茶	郑州倍和德营养制品科技有限公司
6	北京	康宜堂牌华美软胶囊	北京典奥中卫医药科技有限公司
7	北京	东方红1号牌颐天饮液	北京东方红航天生物技术股份有限公司
8	北京	真善道牌蜂铬苦瓜软胶囊	北京蜂道馆生物技术有限公司
		真善道牌蜂银葡萄籽软胶囊	
9	北京	华清美恒牌华清美乐颗粒	北京华清美恒天然产物技术开发有限公司
10	北京	圣首牌圣首胶囊	北京继春堂医药保健品厂
	云南		云南云绿生物有限公司

续表

序号	省区市	产品名称	申请企业名称
11	北京	嘉仁牌紫微新胶囊	北京家人康健网络科技有限公司
12	北京	健尔马牌桑铬胶囊	北京健尔马生物技术有限公司
13	北京	可尔牌银蜂软胶囊	北京可尔制药有限公司
14	北京	麦络喜牌银杏软胶囊	北京里肯生物科技有限公司 北京里肯咨询有限公司
15	北京	康乃心牌银杏鹿茸血酒	北京理化测试技术公司
16	北京 河南	年年青牌清体能口服片	北京利德思普生物科技发展有限公司 北京裕华创新科技发展有限公司 郑州利德思普生物科技有限公司
17	北京	达圣元牌葡银蜂软胶囊	北京明月竹医药科技有限公司
18	北京	纳百恩牌辅助降血脂软胶囊	北京纳百恩食品有限公司
19	北京	银杏王乳	北京农科瑞奇蜂业科技有限公司
20	北京	身心康牌抵抗力胶囊	北京身心康生物科技有限公司
21	北京	通溶乐和食片	北京盛联伟业科技有限公司
22	北京	圣科牌益心康胶囊	北京世纪圣科科技发展有限公司
23	北京	利享牌辅助降血脂片	北京世纪中康医药科技有限公司
	北京	芯之康牌辅助降血脂颗粒	
	北京	芯之康牌红曲银杏叶丹参胶囊	
	北京	康葆源牌辅助降血脂咀嚼片	
	北京	利享牌植物甾醇银杏叶颗粒	
	北京	康葆源牌辅助降血脂胶囊	
24	北京	索正牌清合软胶囊	北京世科同创生物科技有限公司
25	北京	蜜蜂谷牌蜂胶苦瓜软胶囊	北京市蜂业公司 北京金华林营养保健品有限责任公司
26	北京	三鼎养珍软胶囊	北京天汇佳三鼎生物技术有限公司
27	北京	天惠牌参杏胶囊	北京天惠参业股份有限公司
28	北京	同仁堂牌净远软胶囊	北京同仁堂健康药业股份有限公司
	北京	总统牌银杏红曲胶囊	
	北京	同仁堂牌辅助降血脂片	
29	北京	力源顺通牌蜂胶银杏胶囊	北京信缘居企业管理有限公司
30	北京	唐必可双欣软胶囊	北京一品堂医药科技有限公司
31	北京	图康牌脂瑞片	北京夷洛舒生物科技有限公司
	北京	紫光牌银杏茶	
32	北京	御生堂牌银杏膳食纤维口服液	北京御生堂生物工程有限公司
33	北京	雪工山牌藏丹胶囊	北京挚诚科技发展有限公司
34	北京	中和鸿业牌辅助降血脂软胶囊	北京中和鸿业医药科技有限公司
35	北京	中蜜蜂胶银杏叶软胶囊	北京中蜜科技发展有限公司

续表

序号	省区市	产品名称	申请企业名称
36	北京	资生牌六源片	北京资生生物工程有限公司
37	北京	八旗牌金瑞胶囊	会心堂(北京)生物科技有限公司
38	北京	哈雷牌金星胶囊	会心堂(北京)生物科技有限公司
39	北京	雅祥牌金纳康软胶囊	阳光益生(北京)医药科技有限公司
40	北京	颐园牌蜂胶灵芝孢子软胶囊	颐寿园(北京)蜂产品有限公司
41	北京	睿思牌睿思软胶囊	中国科学院地理科学与资源研究所
42	北京	航卫牌葛维康片	中国人民解放军空军航空医学研究所
43	北京	301 牌参杏颗粒	中国人民解放军总医院科技开发中心
44	福建	占熺牌克瑞地森胶囊	福建农大菌草技术开发公司
45	福建	福生堂牌银杏甲壳素片	福生堂(厦门)生物技术有限公司
46	福建 北京	思健牌紫诺软胶囊	厦门市思健科技开发有限公司 北京天恩生物工程高新技术研究所
47	广东	纽崔莱银杏苁蓉片 纽崔莱银杏健忆胶囊	安利(中国)日用品有限公司
48	广东	戈宝红麻牌银杏红麻茶	戈宝绿业(深圳)有限公司
49	广东	澳天力牌银杏红曲胶囊	广东美丽康保健品有限公司
50	广东 河北	太阳神牌银杏叶冲剂	广东太阳神集团有限公司 石家庄市生宝保健品有限公司
51	广东	维妥立牌银杏磷脂软胶囊	广东仙乐制药有限公司
52	广东	银杏软胶囊	广东仙乐制药有限公司
53	广东	玺源堂牌蜂胶银杏胶囊 纳豆银杏胶囊 银杏叶大豆磷脂软胶囊	广东长兴生物科技股份有限公司
54	广东 海南	康芝牌春天胶囊	广东中瑞医药顾问有限公司 海南康芝药业股份有限公司
55	广东	济生源牌端律软胶囊	广州健码医药生物科技有限公司
56	广东	善元堂牌银杏叶软胶囊	广州善元堂医药科技有限公司
57	广东	艾生维牌辅助降血脂软胶囊	广州市艾生维医药科技有限公司
58	广东	美澳健牌银杏叶亚麻籽油软胶囊	广州市龙力贸易发展有限公司
59	广东	纳通胶囊	广州市赛健生物科技有限公司
60	广东	君本佳牌佳力片	佳翰实业(深圳)有限公司
61	广东	海王牌银杏叶片 海王牌维佳龄胶囊	深圳海王药业有限公司
62	广东	金活牌三将清脂胶囊	深圳金活利生药业有限公司
63	广东	业之峰牌蓝色多康胶囊	深圳金活制药有限公司
64	广东	纽斯康牌辅助降血脂软胶囊	深圳纽斯康生物工程有限公司
65	广东	金施牌鱼油磷脂银杏叶软胶囊	深圳市东达技术发展有限公司

续表

序号	省区市	产品名称	申请企业名称
66	广东	莲菁华牌原花青素胶囊	深圳市汉荣实业发展有限公司
67	广东	百雅牌银杏紫苏软胶囊	深圳市乐活百雅医药科技有限公司
68	广东	奥蕾雅牌圣元胶囊	深圳市志中医药研究所
69	广东 天津	美目牌蓝莓愫片	深圳天颐生物科技发展有限公司 天津天颐生物科技发展有限公司
70	广东	宝卫牌太平银红片	太平保健药业(蛇口)有限公司
71	广东	银杏叶提取物鱼油软胶囊	汤臣倍健股份有限公司
72	广东	无限极牌怡瑞胶囊 无限极牌银杏海豹油软胶囊	无限极(中国)有限公司
73	广东 湖南	星湖牌益灵胶囊	肇庆星湖天然药物有限公司 湖南省中医药研究院
74	广东 江苏	黄金牌血康胶囊	珠海康奇有限公司 无锡健特药业有限公司
75	广东	联邦银丹牌健怡泡腾片	珠海联邦制药股份有限公司中山分公司
76	广东	贝复舒辉胶囊	珠海亿胜生物制药有限公司
77	广东	绿之元银杏螺旋藻胶囊	深圳市绿得宝保健食品有限公司
78	广西	彩王牌银杏茶	桂林彩王银杏开发有限责任公司
79	贵州	动力牌活丽美胶囊	贵阳新动力绿色食品有限公司
80	贵州	爱福宁牌比尔青胶囊 新动力牌脂本佳胶囊	贵州老来福药业有限公司
81	贵州	银杏鹰牌银杏软胶囊	贵州银杏鹰保健品有限公司
82	贵州	陆圣康源牌辅助降血脂胶囊	遵义陆圣康源科技开发有限责任公司
83	海南	唐缘牌辅助降血脂胶囊	海南百舒堂生物科技开发有限公司
84	河北 上海	疏脉通牌脂必康胶囊	河北路德医疗器械有限公司 上海德立普生物技术有限公司
85	河北	日生牌壳寡糖灵芝银杏叶胶囊	河北日生生物科技有限公司
86	河南	汉方牌康乃欣片	河南汉方药业有限责任公司
87	河南	羚锐牌银杏洋参含片	河南羚锐保健品股份有限公司
88	河南	添添福寿牌青青胶囊	河南新百消丹制药有限公司
89	河南	保众堂牌银根胶囊	郑州保众堂中医食疗新技术有限公司
90	黑龙江	樟子松鹿茸人参泽泻银杏叶山楂口服液	大兴安岭兴安鹿业有限公司
91	黑龙江	同泰牌纳豆蜂胶银杏叶软胶囊	哈药集团黑龙江同泰药业有限公司
92	黑龙江	三精牌银杏叶片	哈药集团三精制药股份有限公司
93	黑龙江	金晚霞牌蜂银软胶囊	
94	黑龙江	哈药六牌银杏叶片	哈药集团制药六厂
95	黑龙江	旗人牌银维酚软胶囊	黑龙江北奇神药业有限责任公司
96	湖北	彼尔牌双平胶囊	红桃 K 集团股份有限公司
97	湖北	蓝田牌银杏口服液	湖北洪湖蓝田水产品开发有限公司

续表

序号	省区市	产品名称	申请企业名称
98	湖北	板山牌银中胶囊	武汉二活堂生物工程有限公司
99	湖北	银心牌强身可乐	武汉巨力生物工程有限公司
100	湖北	元大牌缘圆胶囊	武汉市元大生物科技有限公司
101	湖北	百理王牌舒尔康胶囊	武汉舒而康科技有限公司
102	湖北	图悠牌航枫胶囊	武汉天天好生物制品有限公司
103	湖北	万松堂牌辅助降血脂茶	武汉万松堂生物医药科技有限公司
104	湖北	中油牌爱星软胶囊	中国农业科学院油料作物研究所
105	湖南	安淳牌美安康软胶囊	湖南安淳高新技术有限公司
106	湖南	姜黄银杏叶西洋参胶囊	湖南福湘生物技术有限公司
107	湖南	金六谷牌三七西洋参软胶囊	湖南金六谷药业有限公司
108	湖南 北京	葛之星牌银杏景天胶囊	湖南省强生药业有限公司 中国人民解放军总医院
109	湖南	怡清源辅助降血脂茶	湖南省怡清源茶业有限公司
110	湖南	佰利莱牌可邦片	湖南泰尔制药股份有限公司
111	湖南	秀媛堂牌银红康胶囊	岳阳市秀媛堂生物工程有限公司
112	湖南	亮奇典牌菲安软胶囊	长沙市亮奇典医药科技有限公司
113	湖南	明才牌鸿悦软胶囊	
114	吉林	瑞尔水缘胶囊	吉林省宏久生物科技股份有限公司
115	吉林	樱川牌纳豆银杏叶紫苏籽油软胶囊	吉林省雁鸣湖大豆生物科技有限责任公司
116	吉林	皓月牌瑞雪片	吉林省长春皓月清真肉业股份有限公司
117	吉林	欣科奇牌金笛软胶囊	吉林市新科奇保健食品有限公司
118	吉林 河南	金马牌欣脂宁软胶囊	通化神源药业欣源保健品有限公司 郑州市视新保健品技术服务有限公司
119	吉林	卓亚牌立诺胶囊	通化卓亚生物科技有限公司
120	吉林	兴安岭牌诺可美胶囊	伊春药业有限公司
121	吉林	广和堂牌可立胶囊	长春广和堂医药科技有限公司
122	江苏	乐尚牌俏脂饮料	江苏东山宾馆股份有限公司
123	江苏	鹏鹞牌银灵胶囊	江苏鹏鹞药业有限公司
124	江苏	庆缘康蜂胶银杏软胶囊	江苏省庆缘康生物科技有限公司
125	江苏	舜唐牌力德胶囊	江苏舜唐生物工程有限公司
126	江苏	博尔腾牌银杏首乌胶囊	江苏四环生物股份有限公司
127	江苏 北京	同禾唐人宝牌首泽胶囊	江苏同禾药业有限公司 中国医学科学院药物研究所
128	江苏	冠灵牌银杏胶囊	江苏银杏生化集团股份有限公司 江苏艾博药业有限公司
129	江苏	和尔牌和尔胶囊	南京和尔生物工程有限公司
130	江苏	民欣牌复合银杏叶片	南京桃园应用生物技术有限公司
131	江苏	民欣牌复合银杏叶胶囊	南京中医药大学

续表

序号	省区市	产品名称	申请企业名称
132	江苏	威华牌银杏三七胶囊	无锡市天赐康生物科技有限公司
133	江西	鑫森赑胶囊	江西德圣惠民药业有限公司 南昌市康尔聪保健品有限公司
134	江西	仁和牌脂压平胶囊	江西药都仁和制药有限公司
135	辽宁	必源牌辅助降血脂胶囊	大连海晏堂生物有限公司
136	辽宁 河南	羚锐牌银杏叶胶囊	沈阳成大医药科技开发有限公司 河南羚锐保健品股份有限公司
137	辽宁	医嘉牌青韵软胶囊	沈阳市泰阳中医中药研究所
138	辽宁	协合牌丹参银杏胶囊	沈阳协合集团有限公司
139	辽宁	珍奥核泰胶囊	珍奥集团股份有限公司
140	辽宁 北京	珍奥牌德诺片	珍奥集团股份有限公司 中国保健食品协会科技发展中心
141	内蒙古	科然牌银豆胶囊	内蒙古科然生物高新技术有限责任公司
142	山东	蓬生源牌辅助降血脂软胶囊	东营广元生物科技股份有限公司
143	山东	仁心福牌绿金素片	济南辉煌百易商务有限公司
144	山东	今世纪牌瑞元胶囊	济南今世纪科技开发有限公司
145	山东	老来寿牌知苏软胶囊	济南老来寿生物股份有限公司
		之本知本胶囊	
146	山东	孟氏牌脂欣康胶囊	济南孟氏生物科技研究所有限公司
147	山东	颐银牌颐银胶囊	济南仁和康达生物科技有限公司
148	山东	含康牌葡灵胶囊	济南天增润德科技发展有限公司
149	山东	纤溶原牌维脂通泰胶囊	济南伟星生物保健品有限公司
150	山东	银杏叶精	青岛大东食品有限公司
151	山东	康杰牌蜂银瓜铬软胶囊	青岛康杰药业有限公司
152	山东	银龄牌海欣胶囊	青岛银色世纪健康产业集团有限公司
153	山东	安然众合牌维海松胶囊	山东安然纳米实业发展有限公司
154	山东	康派达牌银杏软胶囊	山东大德昌生物医药投资有限公司
155	山东	彝新牌辅助降血脂胶囊	山东德圣医药科技有限公司
156	山东	华孟牌灵芝液	山东华孟生物工程有限公司
157	山东	金硕牌辅助降血脂软胶囊	山东金硕生物科技股份有限公司
158	山东	慈春堂牌蜂银丹软胶囊	山东康佳保健品有限公司
159	山东	金多莱牌银杏丹参壳寡糖胶囊	山东科尔生物医药科技开发有限公司
160	山东	普比欧牌阿胶含片	山东普比欧生物技术有限公司
161	山东	仁鹤牌银杏叶口服液	山东仁和制药有限公司
162	山东	纽士健牌银杏软胶囊	山东森健生物科技发展有限公司
		银迈牌银杏叶葛根胶囊	
		银迈牌辅助降血糖片	

续表

序号	省区市	产品名称	申请企业名称
163	山东	立寿牌减肥胶囊	山东圣海保健品有限公司
164	山东	美生牌通达康胶囊	
165	山东	祥和牌银螺胶囊	山东寿光圣海保健品有限公司
166	山东	畅生源牌畅生源胶丸	
167	山东	四世同堂牌蜂胶参银胶囊	山东天地健生物工程有限公司
168	山东	忘不了牌益福乐软胶囊	山东禹王制药有限公司
169	山东	忘不了牌双赢胶丸	
170	山东	杏安通牌银杏蜂胶山楂胶囊	郯城安泰生物科技有限公司
171	山东	抗氧化软胶囊	
172	山东	安泰牌山楂蜂胶银杏片	
173	山东	百合康牌纳豆银杏叶提取物胶囊	威海百合生物技术股份有限公司
174	山东	军亮消云牌蜂珍银杏胶囊	威海博力生物工程有限公司
175	山东	康星牌维乐宁软胶囊	威海康宝生物科技开发有限公司
176	山东	康星牌紫银蓝软胶囊	
177	山东	健博尔牌嘉纳瑞软胶囊	威海康博尔生物药业有限公司
178	山东	健博尔牌蜂胶银杏软胶囊	
179	山东	银杏叶提取物软胶囊	威海世一百年生物科技有限公司
180	山东	珍康牌海通胶囊	烟台北医大虫草科技开发有限公司
181	陕西	百邦牌天元胶囊	陕西百年健康药业有限公司
182	陕西	福熙牌安泊胶囊	陕西明福贸易有限公司
183	陕西	萃能牌怡和片	陕西仁康药业有限公司
184	陕西	都市蜂情牌蜂胶银杏叶软胶囊	西安艾尔医药科技有限公司
185	陕西	爱东牌银杏芦荟茶	西安佳诚药业有限公司
186	陕西	红曲银杏叶绞股蓝胶囊	西安斯强保健品有限公司 西安斯强实业有限公司
187	陕西	御麟牌银杏参宝胶囊	陕西安泰堂生物医药工程有限公司
188	上海	三得利牌黑乌龙茶饮料	三得利(上海)食品贸易有限公司
189	上海	奥医牌赛诺康胶囊	上海奥医高科技实业有限公司
190	上海	博翰堂牌瑞嘉胶囊	上海博翰堂医疗器械科技有限公司
191	上海	春芝堂牌蜂胶银杏软胶囊	上海春芝堂生物制品有限公司
192	上海	春芝堂牌红中超临软胶囊	
193	上海 云南	金脉牌金脉胶囊	上海德丰堂生物科技有限公司 云南云绿生物有限公司
194	上海	海斯莱福牌艾德布兰软胶囊	上海海斯莱福保健食品有限公司
195	上海	海维牌欣能胶囊	上海海维生物科技有限公司
196	上海	长生牌银杏叶软胶囊	上海华爱食品有限公司
197	上海	昂立明视胶囊	上海交大昂立股份有限公司

续表

序号	省区市	产品名称	申请企业名称
198	上海	亿康牌壳达康胶囊	上海金思嘉保健食品有限公司
199	上海	澳西亚纳牌参菊软胶囊	上海诺金科生物科技有限公司
200	上海	百酿工房牌银杏蜂胶软胶囊	上海融氏企业有限公司
201	上海	三港牌银杏蝙蝠蛾拟青霉胶囊	上海三港医药生物科技有限公司
202	上海	森蜂园牌蜂胶银杏软胶囊	上海森蜂园蜂业有限公司
203	上海	天爱康胶囊	上海双基生物工程有限公司
204	上海	唐星牌瑞欣胶囊	上海唐星生物科技有限公司
205	上海	庆康牌三七拟青霉胶囊	上海新康制药厂有限公司
206	上海	白领牌健力胶囊	上海医大绿色保健品有限公司
207	上海 山东	珍情牌颐欣胶囊	上海珍情生物科技有限公司 中国海洋大学
208	四川	润馨堂牌花青源胶囊	成都润馨堂药业有限公司
209	四川	绿福牌银杏灵芝胶囊	成都新世纪科技有限责任公司
210	四川	绿福牌银芪胶囊	
211	四川	绿福牌银杏参麦胶囊	
212	四川	川草牌苏罗玛宝软胶囊	红原雪山红景天生物制品有限公司
213	四川	国鼎牌国鼎酒	四川省宜宾五粮液集团保健酒有限责任公司
214	四川	银杏三七山楂茶多酚胶囊	营养屋(成都)生物医药有限公司
215	四川	营养屋纳豆红曲银杏叶胶囊	
216	天津	金士力牌常心胶囊	金士力佳友(天津)有限公司
217	天津	金士力牌银杏叶滴丸	
218	天津 河北	百奥牌银萃胶囊	天津市百奥生物技术有限公司 石家庄荣立药物研究所
219	天津	阳成牌银杏软胶囊	天津市阳成高科技天然制品有限公司
220	天津	天狮牌纳豆银杏胶囊	天津天狮生物工程有限公司
221	天津	天狮牌银杏叶薄膜包衣片	
222	天津	达洛康胶囊	天津铸源健康科技集团有限公司
223	天津	沃格牌银杏叶精片	沃德(天津)营养保健品有限公司
224	西藏	青之元青稞银杏胶囊	西藏圣伯力生物技术有限公司
225	新疆	紫皮牌怡清胶囊	新疆富沃药业有限公司
226	新疆	康立健牌银杏叶葡萄籽提取物软胶囊	新疆海瑞盛生物工程股份有限公司
227	云南	广泰牌沙棘红花软胶囊	云南摩尔农庄生物科技开发有限公司
228	云南	云思牌健喜软胶囊	云南思茅枫斗有限责任公司
229	云南	豪美牌白领胶囊	云南希陶绿色药业股份有限公司
230	云南	祥康牌三七银杏茶	云南祥康生物科技发展有限公司
231	云南	云科本草牌银杏叶丹参胶囊	云南中科本草科技有限公司

续表

序号	省区市	产品名称	申请企业名称
232	浙江	海王牌博力达软胶囊	
233	浙江	海王牌眼之宝胶囊	杭州海王生物工程有限公司
234	浙江	杭宝牌脂糖康片	
235	浙江	依科源牌卵磷脂银杏叶锌软胶囊	杭州民盛营养保健品有限公司
236	浙江	太和银杏叶胶囊	杭州太和健康食品有限公司
237	浙江	中得忆力胶囊	杭州中得保健食品有限公司
238	浙江	如新华茂牌银杏螺旋藻胶囊	如新(中国)日用保健品有限公司湖州分公司
239	浙江	奥默牌蓝养片	浙江奥默生物医药有限公司
240	浙江	金诺康牌甘平胶囊	浙江金诺康生物制药有限公司
241	浙江	固力本牌伏尔肯胶囊	浙江九烽食品有限公司
242	浙江	康恩贝牌天保宁胶囊	浙江康恩贝集团医疗保健品有限公司
243	浙江	大晟牌舒宁胶囊	浙江省磐安县外贸药业有限公司
244	重庆	太极牌银之康胶囊	太极集团有限公司
245	重庆	喜悦壹佰牌银杏软胶囊	重庆中宝生物制药有限公司

附录七　葡萄多酚保健品批文目录

年份	编号	批准文号	产品名称	厂家
1997	1	卫进食健字(1997)第089号	葡乐安胶囊	—
1998	2	卫食健字(1998)第371号	必绿胶囊	连云港正大天晴
1999	3	卫食健字(1999)第0486号	葡多安胶囊	台州康多利海洋生物保健品有限公司
2000	4	卫食健字(2000)第0551号	雷震子牌护康胶囊	上海北医大生物科技有限公司
2001	5	卫食健字(2001)第0093号	齐梅牌金海康胶囊	黑龙江齐梅生物科技股份有限公司
	6	卫食健字(2001)第0156号	葡身牌葡身康胶囊	通化腾龙保健品有限公司
2002	7	卫食健字(2002)第0266号	海隆达牌葡萄籽油软胶囊	青岛海隆达生化科技有限公司
	8	卫食健字(2002)第0372号	海隆达牌葡萄籽油	青岛海隆达生化科技有限公司
	9	卫食健字(2002)第0403号	康星牌葡萄籽绿卫士胶囊	威海康宝生物科技开发有限公司
	10	卫食健字(2002)第0578号	秋子葡萄籽胶囊	秋生堂生物科技(北京)有限公司
	11	卫食健字(2002)第0619号	迪生牌葡果酸胶囊	乌鲁木齐市新医大科技开发部
2003	12	卫食健字(2003)第0058号	金汉牌葡珍胶囊	北京金汉保健品制造有限公司
	13	卫食健字(2003)第0069号	顶健牌葡参胶囊	威州许氏洋参(南京)有限公司
	14	卫食健字(2003)第0080号	华达牌葡核葆胶囊	北京华达动力生物科技有限公司
	15	卫食健字(2003)第0100号	永利牌葡利安软胶囊	白山市永利药业股份有限公司
	16	卫食健字(2003)第0420号	宝健牌葡萄籽玫瑰颗粒	宝健(中国)日用品有限公司
	17	卫食健字(2003)第0426号	雅芳益美高牌葡萄籽玫瑰饮	广州雅芳保健品制造有限公司

续表

年份	编号	批准文号	产品名称	厂家
2004	18	国食健字 G20040119	超英牌参葡颐年片	西安超英攀达荣化妆品有限公司 北京超英时代科技发展有限责任公司
	19	国食健字 G20040360	美肤婷牌葡萄籽胶囊	苏州正和保健品有限公司
	20	国食健字 G20040488	三也真品牌葡灵安软胶囊	深圳市三也生物科技有限公司
	21	国食健字 G20040563	诺康莱牌葡萄籽胶囊	科蒂生化科技研发(苏州)有限公司
	22	国食健字 G20040595	太极牌劲美胶囊	太极集团·四川天诚制药有限公司 北京桐君阁大药房有限责任公司
	23	国食健字 G20040717	太极牌金福胶囊	太极集团·四川天诚制药有限公司
	24	国食健字 G20040743	葡番硒牌颐丽胶囊	北京珍生康业生物科技有限公司
	25	国食健字 G20040756	金马牌金葡康软胶囊	通化神源药业欣源保健品有限公司 郑州市视新保健品技术服务有限公司
	26	国食健字 G20040974	花青宜牌多维葡萄籽软胶囊	北京里肯生物科技有限公司 北京里肯咨询有限公司
	27	国食健字 G20041171	海之圣牌葡萄籽胶囊	青岛海之圣生物工程有限公司
	28	国食健字 G20041192	嘉融牌舒尔软胶囊	兰州嘉瑞生物医药科技开发有限责任公司
	29	国食健字 G20041220	竞力牌清基胶囊	沈阳中科药业有限责任公司
2005	30	国食健字 G20050270	润馨堂牌花青源胶囊	成都润馨堂药业有限公司
	31	国食健字 G20050291	海音牌生源胶囊	湖北省葛店开发区海音生物医药有限公司
	32	国食健字 G20050351	智灵牌晴舒片	山东智灵生物工程有限公司
	33	国食健字 G20050680	自然美牌葡萄籽玉颜胶囊	上海自然美生物医学有限公司
	34	国食健字 G20050746	美目牌蓝莓愫片	深圳天颐生物科技发展有限公司 天津天颐生物科技发展有限公司
	35	国食健字 G20050939	代代木恩伊贝胶囊	武汉代代木生物科技有限公司
	36	国食健字 G20050955	养康美牌欣慈胶囊	西安华琦科技有限公司
	37	国食健字 G20050958	莱茵牌伊美胶囊	桂林莱茵生物科技股份有限公司
2006	38	国食健字 G20060145	康帮牌水木片	北京宏宇时代科技有限公司
	39	国食健字 G20060528	伊莎美尔牌美怡胶囊	沈阳东宇生物制品有限公司
	40	国食健字 G20060534	恩世牌安普胶囊	沈阳恩世保健品有限公司
	41	国食健字 G20060596	中科牌葡萄籽灵芝胶囊	南京中科药业有限公司
	42	国食健字 G20060643	九极牌益清胶囊	广东九极日用保健品有限公司
	43	国食健字 G20060678	新态牌更欣胶囊	南京中脉科技发展有限公司
	44	国食健字 G20060706	康圣牌葡安胶囊	福州依佳尔生物工程有限公司
2007	45	国食健字 G20070031	和治牌文清胶囊	天津市和治药业有限公司
	46	国食健字 G20070040	图康牌益多多软胶囊	北京金图康科技发展有限公司
	47	国食健字 G20070158	同仁堂牌葡萄籽提取物软胶囊	北京同仁堂健康药业股份有限公司
	48	国食健字 G20070373	椰岛牌抗氧化胶囊	海南健康谷食品有限公司

续表

年份	编号	批准文号	产品名称	厂家
2008	49	国食健字 G20080055	康生健牌参葡胶囊	北京康生健生物科技有限公司
	50	国食健字 G20080112	国珍牌葡萄籽 VE 软胶囊	烟台新时代健康产业有限公司
	51	国食健字 G20080228	如新华茂牌茶沛胶囊	如新(中国)日用保健品有限公司湖州分公司
	52	国食健字 G20080301	滇云牌葡萄籽魔芋胶囊	云南高原生物资源开发有限公司
	53	国食健字 G20080477	尤维斯牌葡萄籽软胶囊	天津万宁保健品有限公司
	54	国食健字 G20080483	百合康牌葡萄籽大豆提取物维生素 E 软胶囊	威海百合生物技术股份有限公司
	55	国食健字 G20080499	海斯维牌维仁软胶囊	北京北方大陆生物工程有限公司
	56	国食健字 G20080618	维妥立牌葡萄籽芦荟软胶囊	仙乐健康科技股份有限公司
	57	国食健字 G20080674	紫薇星牌抗氧化胶囊	汕头市紫薇星保健品有限公司
2009	58	国食健字 G20090047	康星牌葡萄籽维 C 氨基葡萄糖盐酸盐胶囊	威海康宝生物科技开发有限公司
	59	国食健字 G20090131	数维牌抗氧化胶囊	大连数维生物科技开发有限公司
	60	国食健字 G20090313	千拜儿牌葡琪胶囊	西安科豪生物工程有限公司 中国中医科学院中医药科技合作中心
	61	国食健字 G20090431	含康牌葡灵胶囊	济南天增润德科技发展有限公司
	62	国食健字 G20090510	添益美邦牌鹿胎雪蛤葡萄籽软胶囊	上海赫尔伯生物科技有限公司
	63	国食健字 G20090519	桑海施诺达胶囊	江西南昌桑海制药厂
	64	国食健字 G20090542	海斯莱福牌克里艾斯软胶囊	上海海斯莱福保健食品有限公司
	65	国食健字 G20090553	希尔安牌希尔胶囊	重庆希尔安药业有限公司
2010	66	国食健字 G20100239	葆苾康牌葡萄籽维生素 C 片	天津葆婴生物科技有限公司
	67	国食健字 G20100412	纽斯康牌珍珠葡萄籽软胶囊	深圳纽斯康生物工程有限公司
	68	国食健字 G20100617	金奥力牌葡萄籽维 E 软胶囊	威海紫光科技园有限公司
	69	国食健字 G20100618	完美牌参灵胶囊	完美(中国)有限公司
	70	国食健字 G20100660	康宝莱牌葡萄籽灵芝孢子粉胶囊	康宝莱(中国)保健品有限公司
2011	71	国食健字 G20110043	葡氏牌葡灵杞胶囊	深圳市西倍健生物科技有限公司
	72	国食健字 G20110117	纽士健牌欧邦妮软胶囊	山东森健生物科技发展有限公司
	73	国食健字 G20110126	葡萄籽维生素 E 软胶囊	山东圣海保健品有限公司
	74	国食健字 G20110187	玉环春牌怡乐胶囊	湖北阳光医药科技有限公司
	75	国食健字 G20110189	宝德堂牌珍胶葡维片	北京宝德润生医药科技发展有限公司
	76	国食健字 G20110223	金日牌葡萄籽月见草油软胶囊	金日制药(中国)有限公司
	77	国食健字 G20110394	御室牌豆葡丸	承德御室金丹药业有限公司

续表

年份	编号	批准文号	产品名称	厂家
2011	78	国食健字 G20110419	澳天力牌葡萄籽天然维 E 软胶囊	广东美丽康保健品有限公司
	79	国食健字 G20110436	爱灵生乐牌鱼油葡萄籽软胶囊	广州宝兴生物科技有限公司
	80	国食健字 G20110624	雷特康牌番茄红素葡萄籽片	北京雷特康生物科技有限公司
	81	国食健字 G20110700	春芝堂牌三七葡萄籽胶囊	上海春芝堂生物制品有限公司
	82	国食健字 G20110702	舒尼美牌葡萄籽提取物软胶囊	浙江尖峰药业有限公司
2012	83	国食健字 G20120008	中油牌爱星软胶囊	中国农业科学院油料作物研究所
	84	国食健字 G20120012	大渊牌葡萄皮提取物片	南京大渊美容保健有限公司
	85	国食健字 G20120061	真善道牌蜂银葡萄籽软胶囊	北京蜂道馆生物技术有限公司
	86	国食健字 G20120149	中研苑牌颐嘉片	北京神农医药开发研究所
	87	国食健字 G20120224	众诺牌正泰胶囊	上海志雅生物科技有限公司
	88	国食健字 G20120254	海王牌葡萄籽维 E 软胶囊	杭州海王生物工程有限公司
	89	国食健字 G20120406	金葡牌葡萄籽维生素 E 胶囊	天津凯镛药业有限公司
	90	国食健字 G20120455	葡萄籽软胶囊	广东亿超生物科技有限公司
	91	国食健字 G20120511	陆尔草牌异青胶囊	赤峰奇特金生生物科技有限公司
	92	国食健字 G20120631	普众人牌抗氧化胶囊	武汉天天好生物制品有限公司 广东好普多肽生物科技有限公司
2013	93	国食健字 G20130015	安康牌葡萄皮提取物粉	北京世纪中康医药科技有限公司
	94	国食健字 G20130070	洪婺牌茶清胶囊	南昌裕茶道生物科技有限公司
	95	国食健字 G20130073	葡萄籽维生素 C 加 E 片	汤臣倍健股份有限公司
	96	国食健字 G20130326	抗氧化胶囊	哈尔滨怡康药业有限公司
	97	国食健字 G20130348	玫瑰花葡萄籽当归红花川芎维生素 CE 片	威海百合生物技术股份有限公司
	98	国食健字 G20130443	心福牌颐瑞胶囊	浙江省中药研究所有限公司
	99	国食健字 G20130521	联合邦利牌葡萄籽天然维 E 软胶囊	广州联存医药科技有限公司
	100	国食健字 G20130627	润馨堂牌润清软胶囊	北京鼎维芬健康科技有限公司
	101	国食健字 G20130634	济生源牌端律软胶囊	广州健码医药生物科技有限公司
	102	国食健字 G20130677	康立健牌银杏叶葡萄籽提取物软胶囊	新疆海瑞盛生物工程股份有限公司
	103	国食健字 G20130691	赛而牌天葡片	北京赛而生物药业有限公司
	104	国食健字 G20130734	禄美牌缓解视疲劳软胶囊	上海禄美信息技术有限公司
	105	国食健字 G20130804	昇生源牌牛骨髓葡萄籽维生素 C 维生素 E 牛磺酸胶囊	天津铸源健康科技集团有限公司

续表

年份	编号	批准文号	产品名称	厂家
2014	106	国食健字 G20140286	唯亿康红曲葡萄籽胶囊	北京维亿阳光生物技术有限责任公司
	107	国食健字 G20140343	枸杞葡萄籽沙棘油软胶囊	威海百合生物技术股份有限公司
	108	国食健字 G20140420	合辉牌葡萄皮提取物粉	北京世纪合辉医药科技有限公司
	109	国食健字 G20140429	好视牌蓝莓葡萄籽维 A 软胶囊	郑州市新视明科技工程有限公司
	110	国食健字 G20140442	合辉牌葡萄皮提取物胶囊	北京世纪合辉医药科技股份有限公司
	111	国食健字 G20140445	合辉牌葡萄皮提取物颗粒	北京世纪合辉医药科技股份有限公司
	112	国食健字 G20140480	总统牌纳豆葡萄籽胶囊	北京同仁堂健康药业股份有限公司
	113	国食健字 G20140484	同仁堂牌纳豆葡萄籽片	北京同仁堂健康药业股份有限公司
	114	国食健字 G20140498	白特丽亚透明质酸胶原蛋白玫瑰葡萄籽胶囊	营养屋(成都)生物医药有限公司
	115	国食健字 G20140525	千林碧优缇软胶囊	仙乐健康科技股份有限公司
	116	国食健字 G20140605	合辉牌葡萄皮提取物片	北京世纪合辉医药科技有限公司
	117	国食健字 G20140626	棒棰岛牌抗氧化胶囊	大连棒棰岛海洋生物工程有限公司
	118	国食健字 G20140634	颐元胶囊	四川德阳华美制药有限公司
	119	国食健字 G20140636	奥诺康羊胎盘丹参葡萄籽软胶囊	芜湖市诺康生物科技医疗有限责任公司
	120	国食健字 G20140644	庆缘康清朗软胶囊	江苏省庆缘康生物科技有限公司
	121	国食健字 G20140657	陆圣康源牌今康胶囊	遵义陆圣康源科技开发有限责任公司
	122	国食健字 G20140869	采森牌葡萄籽大豆异黄酮片	南昌市草珊瑚生物技术有限公司 江西采森生物药业有限公司
	123	国食健字 G20140958	抗氧化软胶囊	郯城安泰生物科技有限公司
	124	国食健字 G20141063	希望红蕃牌番茄红素葡萄籽软胶囊	北京福海希望医药科技发展有限公司
	125	国食健字 G20141115	尚源泰牌叶黄素葡萄籽软胶囊	北京中通伟业经贸发展有限公司
	126	国食健字 G20141247	银龄牌海汇健胶囊	青岛银色世纪健康产业集团有限公司
	127	国食健字 G20141253	荷韵胶囊	天津市祥康保健用品科贸有限责任公司
	128	国食健字 G20141282	好视牌叶黄素蓝莓葡萄籽维生素 E 软胶囊	郑州市新视明科技工程有限公司

续表

年份	编号	批准文号	产品名称	厂家
2015	129	国食健字 G20150059	葡萄皮提取物片	山东博奥克生物科技有限公司
	130	国食健字 G20150130	海瑞盛牌抗氧化胶囊	新疆海瑞盛生物工程股份有限公司
	131	国食健字 G20150243	绿枝堂牌葡萄籽绿茶胶囊	武汉绿枝堂生物工程有限责任公司
	132	国食健字 G20150250	思健牌紫诺软胶囊	厦门市思健科技开发有限公司 北京天恩生物工程高新技术研究所
	133	国食健字 G20150356	葡萄籽软胶囊	广州万康保健品有限公司
	134	国食健字 G20150465	复原邦牌抗氧化片	山东卫康生物医药科技有限公司
	135	国食健字 G20150479	清大卫仕牌抗氧化胶囊	山东卫康生物医药科技有限公司
	136	国食健字 G20150555	伊莎胶囊	陕西百年健康药业有限公司
	137	国食健字 G20150625	葡萄皮提取物胶囊	哈尔滨怡康药业有限公司
	138	国食健字 G20150630	海瑞盛牌抗氧化片	新疆海瑞盛生物工程股份有限公司
	139	国食健字 G20150699	海明健牌优活胶囊	华熙福瑞达生物医药有限公司
	140	国食健字 G20150918	健博尔牌迪蔓软胶囊	威海康博尔生物药业有限公司
	141	国食健字 G20150925	纳豆红曲植物甾醇葡萄籽颗粒	北京鼎维芬健康科技有限公司
	142	国食健字 G20151052	珍草轩牌紫苏籽油葡萄籽油软胶囊	吉林珍草轩生物科技开发有限公司
2016	143	国食健字 G20160016	欣科奇牌蓝润软胶囊	吉林市新科奇保健食品有限公司
	144	国食健字 G20160020	瑞祥牌葡茶多酚胶囊	湖南金六谷药业有限公司
	145	国食健字 G20160092	葡萄籽维生素 E 软胶囊	安琪酵母股份有限公司

附录八　花青素保健品批文目录

年份	编号	批准文号	产品名称	厂家
2003	1	国食健字 G20030003	百岁健牌蓝莓口服液	大兴安岭超越野生浆果开发有限责任公司
2004	2	国食健字 G20040744	仁和越橘蜂胶软胶囊	江西药都仁和制药有限公司
	3	国食健字 G20041051	仁远牌视捷胶囊	北京仁远泰康生物技术有限公司
	4	国食健字 G20041179	纽崔莱越橘益视胶囊	安利(中国)日用品有限公司
	5	国食健字 G20041500	视博士牌视明胶囊	陕西亿仁康生物科技有限公司 江西省美德食品医药技术发展有限公司
2005	6	国食健字 G20050552	同惟牌越橘爱牟软胶囊	沈阳天灵制药有限公司
	7	国食健字 G20050600	三勒浆牌艾尔悠胶囊	四川省天然药物研究所 成都三勒浆药业集团 四川华美制药有限公司
	8	国食健字 G20050746	美目牌蓝莓愫片	深圳天颐生物科技发展有限公司 天津天颐生物科技发展有限公司
	9	国食健字 G20050762	健民牌亮轻松胶囊	武汉健民中药工程有限责任公司

续表

年份	编号	批准文号	产品名称	厂家
2006	10	国食健字 G20060277	荣德牌荣德胶囊	宝鸡市荣德生物工程有限责任公司
	11	国食健字 G20060280	国风牌绿维胶囊	青岛国风药业股份有限公司
	12	国食健字 G20060659	典奥牌秋毫软胶囊	上海华尚实业有限公司
2007	13	国食健字 G20070031	和治牌文清胶囊	天津市和治药业有限公司
2008	14	国食健字 G20080480	大溪地诺丽牌大溪地诺丽加蓝莓果汁	大溪地诺丽饮料(中国)有限公司
	15	国食健字 G20080499	海斯维牌维仁软胶囊	北京北方大陆生物工程有限公司
2009	16	国食健字 G20090283	天狮牌爱清片	天津天狮生物工程有限公司
	17	国食健字 G20090348	完美牌朗晴胶囊	完美(中国)有限公司
	18	国食健字 G20090519	桑海施诺达胶囊	江西南昌桑海制药厂
	19	国食健字 G20090542	海斯莱福牌克里艾斯软胶囊	上海海斯莱福保健食品有限公司
2010	20	国食健字 G20100047	同仁堂牌净远软胶囊	北京同仁堂健康药业股份有限公司
	21	国食健字 G20100099	中科牌杞越口嚼片	南京中科药业有限公司
	22	国食健字 G20100292	奇正朗舒胶囊	兰州奇正生态健康品有限公司
	23	国食健字 G20100410	凯康牌蓝莓决明片	黑龙江省蓝莓生物药品研究所有限公司
	24	国食健字 G20100615	宝德堂牌蓝莓叶黄素软胶囊	北京宝德润生医药科技发展有限公司
	25	国食健字 G20100674	好辰光牌叶黄素越橘软胶囊	无锡市天赐康生物科技有限公司
2011	26	国食健字 G20110263	保罗牌依麦瑞软胶囊	北京中加保罗生物科技有限公司
	27	国食健字 G20110364	合辉牌越维颗粒(柠檬味)	北京世纪合辉医药科技有限公司
	28	国食健字 G20110365	合辉牌越维咀嚼片	北京世纪合辉医药科技股份有限公司
	29	国食健字 G20110374	车族康牌越维颗粒(草莓味)	四川德阳华美制药有限公司
	30	国食健字 G20110397	合辉牌越维颗粒(香草味)	北京世纪合辉医药科技有限公司
	31	国食健字 G20110588	巨日牌爱尔乐咀嚼片	江西巨日生物技术有限公司
	32	国食健字 G20110644	西拉图牌越维颗粒(香橙味)	北京北卫药业有限责任公司
2012	33	国食健字 G20120196	双健牌双健颗粒(葡萄味)	北京百傲立生物技术有限公司
	34	国食健字 G20120206	越橘叶黄素天然β-胡萝卜素软胶囊	威海百合生物技术股份有限公司
	35	国食健字 G20120253	叶黄素越橘胶囊	广州邦利生物科技有限公司
	36	国食健字 G20120379	雅芳益美高牌缓解视疲劳片	雅芳(中国)有限公司
	37	国食健字 G20120659	康宝莱牌蔓越莓蓝莓越橘胶囊	康宝莱(中国)保健品有限公司

续表

年份	编号	批准文号	产品名称	厂家
2013	38	国食健字 G20130026	航天东方红牌航奕软胶囊	北京东方红航天生物技术股份有限公司
	39	国食健字 G20130223	是清牌越维颗粒(柠檬味)	洛阳新春都生物制药有限公司
	40	国食健字 G20130303	北奇神牌越橘益生菌粉	大兴安岭北奇神保健品有限公司
	41	国食健字 G20130567	吉珍三宝牌蓝莓提取物叶黄素维生素 E 软胶囊	白山市三宝堂生物科技有限公司
	42	国食健字 G20130627	润馨堂牌润清软胶囊	北京鼎维芬健康科技有限公司
	43	国食健字 G20130687	天福地福牌书怡胶囊	同溢堂药业有限公司
	44	国食健字 G20130730	乐龄益康牌朗舒软胶囊	北京天安康健生物科技有限公司
	45	国食健字 G20130734	禄美牌缓解视疲劳软胶囊	上海禄美信息技术有限公司
	46	国食健字 G20130736	太阳神越清片	广东太阳神集团有限公司
	47	国食健字 G20130779	悦亮软胶囊	仙乐健康科技股份有限公司
2014	48	国食健字 G20140061	锐视牌缓解视疲劳颗粒(哈密瓜味)	内蒙古宇航人高技术产业有限责任公司
	49	国食健字 G20140106	越橘维生素 A 软胶囊	广州善元堂健康科技股份有限公司
	50	国食健字 G20140143	禹光牌禹光软胶囊	北京禹光科技发展有限公司
	51	国食健字 G20140290	老来寿银海越微软胶囊	济南老来寿生物股份有限公司
	52	国食健字 G20140215	世纪康牌缓解视疲劳颗粒	北京世纪中康医药科技有限公司
	53	国食健字 G20140244	缓解视疲劳软胶囊	汤臣倍健股份有限公司
	54	国食健字 G20140317	明视佳牌越橘维生素 A 软胶囊	广州健原生物科技有限公司
	55	国食健字 G20140429	好视牌蓝莓葡萄籽维 A 软胶囊	郑州市新视明科技工程有限公司
	56	国食健字 G20140466	世健牌艾司乐片	河南正昌生物医药科技有限公司
	57	国食健字 G20140497	千林善睐软胶囊	仙乐健康科技股份有限公司
	58	国食健字 G20140531	厚德牌缓解视疲劳软胶囊	哈尔滨中泰医药有限公司
	59	国食健字 G20140556	缓解视疲劳胶囊	威海南波湾生物技术有限公司
	60	国食健字 G20140611	蓝素软胶囊	浙江爱生药业有限公司
	61	国食健字 G20140622	怀泉牌缓解视疲劳胶囊	北京国康兄弟医药有限公司
	62	国食健字 G20140643	贝复舒辉胶囊	珠海亿胜生物制药有限公司
	63	国食健字 G20140644	庆缘康清朗软胶囊	江苏省庆缘康生物科技有限公司
	64	国食健字 G20140663	澳天力牌康澈软胶囊	广东美丽康保健品有限公司
	65	国食健字 G20140897	盛蓝牌越橘叶黄素片	长白朝鲜族自治县绿江山食品有限公司
	66	国食健字 G20140922	彩之源牌叶黄素越橘胡萝卜素软胶囊	晨光生物科技集团天津有限公司
	67	国食健字 G20141138	世纪康牌缓解视疲劳片	北京世纪中康医药科技有限公司
	68	国食健字 G20141282	好视牌叶黄素蓝莓葡萄籽维生素 E 软胶囊	郑州市新视明科技工程有限公司

续表

年份	编号	批准文号	产品名称	厂家
2015	69	国食健字 G20150002	亚和信牌缓解视疲劳胶囊	北京亚和信科技发展有限公司
	70	国食健字 G20150127	瞳之素牌缓解视疲劳软胶囊	深圳市瑞霖医药有限公司
	71	国食健字 G20150256	顺亿堂牌缓解视疲劳软胶囊	哈尔滨顺亿堂医药生物科技开发有限公司
	72	国食健字 G20150271	天之素牌紫玉清饮料	北京京研益农科技发展中心
	73	国食健字 G20150277	缓解视疲劳胶囊	北京世纪中康医药科技有限公司
	74	国食健字 G20150427	清大牌艾睐特胶囊	珠海清大弘瑞生物科技有限公司
	75	国食健字 G20150565	叶黄素越橘软胶囊	南宁富莱欣生物科技有限公司
	76	国食健字 G20150661	兰太金视牌盐藻蓝莓牛磺酸软胶囊	内蒙古兰太药业有限责任公司
	77	国食健字 G20150688	坤春牌缓解视疲劳胶囊	北京坤春医药科技有限公司
	78	国食健字 G20150741	林格贝牌蓝莓叶黄素软胶囊	大兴安岭林格贝寒带生物科技股份有限公司
	79	国食健字 G20150770	蓝莓叶黄素胶囊	深圳市麦金利实业有限公司
	80	国食健字 G20150947	蓝莓叶黄素 β-胡萝卜素软胶囊	威海百合生物技术股份有限公司
2016	81	国食健字 G20160016	欣科奇牌蓝润软胶囊	吉林市新科奇保健食品有限公司
	82	国食健字 G20160213	昕爱软胶囊	沈阳兴齐眼药股份有限公司

附录九　我国主要植物多酚原料生产企业名单

编号	公司名称	网址	省区市
1	宁波德沃生物科技有限公司	http://www.delverpharm.cn/	浙江
2	浙江惠松制药有限公司	http://www.huisongpharm.com/	浙江
3	安吉丰美水栀子科技有限公司	https://fmszzkj.1688.com/	浙江
4	湖州荣凯植物提取有限公司	http://www.rongkaiherb.com/	浙江
5	宁波北仑康正生物技术有限公司	http://www.kzbio.com/	浙江
6	宁波杰顺生物科技有限公司	http://jsbotanics.qianyan.biz/	浙江
7	宁波立华制药有限公司	http://www.nbliwah.com/	浙江
8	宁波绿之健药业有限公司	http://www.greenhealth.net.cn/	浙江
9	宁波中药制药股份有限公司	http://www.ningboherb.com/	浙江
10	浙江康恩贝制药股份有限公司	http://gfgs.conbagroup.com/	浙江
11	浙江磐安巍峰植物原料厂	http://www.wfplant.com/	浙江
12	浙江绍兴东灵保健食品有限公司	http://gb.dl-health.com/	浙江
13	浙江天草生物科技股份有限公司	http://www.skyherb.cn/	浙江
14	北京绿色金可生物技术股份有限公司	http://bggworld.com/	北京
15	天津市康友天然色素有限公司	http://www.b2b168.com/c168-10199187.html	天津

续表

编号	公司名称	网址	省区市
16	天津市尖峰天然产物研究开发有限公司	http://www.jf-natural.com/	天津
17	重庆万物春生制药有限公司	http://www.wwcszy.com/	重庆
18	重庆中宝生物制药有限公司	http://www.zbswzy.com/	重庆
19	上海双基药业有限公司	http://cs.yongyao.net/mb/csmb3.aspx?id=ac5227c4-90c7-4e5f-be3f-c4b13f5f30f3	上海
20	上海信谊百路达药业有限公司	http://www.sinepromod.com/	上海
21	上海杏灵科技药业股份有限公司	http://www.pharmnet.com.cn/company/6585/	上海
22	惠州市晟荣生物科技有限公司	http://www.bestgrandapi.com/cn/	广东
23	深圳劲创生物技术有限公司	http://jingchaung.company.lookchem.cn/	广东
24	东明荟仁生物制品有限公司	http://sdhuiren.1688.com/	山东
25	东明盛源生化科技有限公司	http://www.dmshengyuan.com/	山东
26	临朐县华懋生物科技有限公司	http://www.chinarutin.com/	山东
27	青岛海隆达生物科技有限公司	http://www.hailongdacn.com/	山东
28	山东仁和制药有限公司	http://www.chinarenhe.com.cn/	山东
29	山东双花制药有限公司	http://www.sdshzy.cn/	山东
30	山东万得福实业集团有限公司	http://www.chinaprotein.com.cn/	山东
31	宝鸡润木农业开发有限公司	http://www.bj-runmu.com/	陕西
32	陕西惠丰制药有限公司	http://www.xahuifeng.com/	陕西
33	陕西嘉禾生物科技股份有限公司	http://www.jiaherb.com/cn/	陕西
34	陕西天行健生物化工技术有限公司	http://gb.txjherb.com/	陕西
35	西安惠博生物科技有限公司	http://www.xarainbow.com/	陕西
36	西安源森生物科技有限公司	http://www.yuensunshine.cn/	陕西
37	杨凌慈缘生物技术有限公司	http://nana214926.chemdrug.com/	陕西
38	西安天一生物技术股份有限公司	http://www.acetar.com/	陕西
39	山西普德药业有限公司	http://www.pudepharma.com/	山西
40	成都华高药业有限公司	http://www.wagott.com/	四川
41	成都华高生物制品有限公司	http://www.wagottbio.com/	四川
42	什邡市巨邦植物原料有限公司	http://www.sfjb.cn/	四川
43	湖南华诚生物资源股份有限公司	http://www.huachengbio.com/html/cn/	湖南
44	湖南康麓生物科技有限公司	http://www.kangbiotech.com/cn/	湖南
45	湖南绿蔓生物科技股份有限公司	http://www.nutra-max.com	湖南
46	万邦德(湖南)天然药物有限公司	http://www.lushanzy.com/	湖南
47	长沙市惠瑞生物科技有限公司	http://www.phyhuir.com/cn/	湖南
48	崇阳县荣信生物科技有限公司	http://www.cyrx-bio.com/	湖北
49	红河唐人生物发展有限公司	http://www.hhtr.biz/	湖北
50	湖北诺克特药业股份有限公司	http://www.hbnkt.com/	湖北

续表

编号	公司名称	网址	省区市
51	贵州信邦制药股份有限公司	http://www.xinbang.com/	贵州
52	桂林红会药业有限公司	http://www.honghuiyaoye.com/	贵州
53	桂林华艺药业有限公司	http://yl.cyy123.com/guanggao/huayi/	贵州
54	甘肃新汇康生物技术有限公司	http://www.gsxhk.net/	甘肃
55	安徽红星药业股份有限公司	http://www.hx-tea.com/	安徽
56	广西禅方药业股份有限公司	http://www.gxcfyy.com/	广西
57	桂林莱茵生物科技股份有限公司	http://www.layn.com.cn/	广西
58	晨光生物科技集团股份有限公司	http://www.cn-cg.com/	河北
59	河北宝恩生物科技有限公司	http://www.bonherb.com/	河北
60	河北天成药业股份有限公司	http://www.hbtcyy.com/	河北
61	石家庄工大生物制品有限公司	http://kangliwei654321.cn.b2b168.com	河北
62	石家庄健禾生物科技有限公司	http://www.jh-biotech.com/	河北
63	平舆县馨星生化有限公司	http://www.hnxinxing-group.com/	河南
64	大兴安岭林格贝寒带生物科技股份有限公司	http://www.lgberry.com.cn/	黑龙江
65	佳木斯三江水飞蓟素制品有限公司	http://ccn.mofcom.gov.cn/1016359/	黑龙江
66	江苏贝斯康药业有限公司	http://www.jsbskyy.com/	江苏
67	江苏德和生物科技有限公司	http://www.de-he.com/	江苏
68	江苏健佳药业有限公司	http://www.dtlbm.com/	江苏
69	无锡太阳绿宝科技有限公司	https://taiyogreenpower.1688.com/	江苏
70	徐州技源药业有限公司	http://www.xztsi.com/	江苏
71	辽宁沃德药业有限公司	http://en.liverdpharma.com/	辽宁
72	盘锦格润生物科技有限公司	http://www.panjingreen.com/	辽宁
73	盘锦华成制药有限公司	http://www.pjhuacheng.com/	辽宁

参考文献

[1] 石碧,狄莹. 植物多酚[M]. 北京:科学出版社,2000.

[2] 姚远. 银杏国树论再引关注[N]. 中国绿色时报,2014-11-20(B1).

[3] 中国四大茶区和十大名茶[EB/OL]. (2013-09-18)[2016-03-07]. http://www.docin.com/p-702018376.html.

[4] 郑凝. 白藜芦醇能让人长生不老?[N]. 东方早报,2013-10-26(B12).

[5] 周坦洋,罗芙蓉,白彬. 葡萄籽原花青素生物药理活性的研究进展[J]. 哈尔滨医科大学学报,2012,46(1):94-96.

[6] 牟艳华,杨静玉,张弘,等. 原花青素对乙醇引起的神经元抗坏血酸释放的影响[C]//两岸三地药理学与临床药理学术会议论文集. 北京:中国药理学会,2008:1.

[7] 李灿,江波,李瑞生,等. 原花青素对人骨肉瘤 Saos-2 细胞增殖的影响及机制研究[J]. 实用药物与临床,2015,18(2):126-130.

[8] YANG JINGYU, LI YAN, WANG FANG, et al. Hepatoprotective effects of apple polyphenols on CCl_4-induced acute liver damage in mice[J]. Journal of Agricultural and Food Chemistry, 2010,58(10):6525-6531.

[9] 李文正. 解析国内触摸屏产业面临奔溃的边缘[EB/OL]. (2016-03-10)[2016-05-09]. http://www.jiemian.com/article/563452.html.

[10] 杨明,丁立威. 水飞蓟产销历史、现状与后市分析[J]. 特种经济动植物,2013,16(3):19-22.

[11] 李丽敏. 中国蓝莓产业发展研究[D]. 长春:吉林农业大学,2011.

[12] QUIDEAU S, DEFFIEUX D, DOUAT-CASASSUS C, et al. Plant polyphenols: Chemical properties, biological activities, and synthesis[J]. Angewandte Chemie (International Edition), 2011,50(3): 586-621.

[13] WAN J J, BOYD J, SYLVESTER O, et al. Disruption of angiogenesis by anthocyanin-rich extract of Hibiscus sabdariffa[J]. Investigative Ophthalmology & Visual Science, 2015,56(7):203-207.

[14] FERNANDES I, FARIA A, CALHAU C, et al. Multiple-approach studies to assess anthocyanin bioavailability[J]. Phytochemistry Reviews, 2015, 14(6): 899-919.

[15] EHRNHOEFER D E, BIESCHKE J, BOEDDRICH A, et al. EGCG redirects amyloidogenic polypeptides into unstructured, off-pathway oligomers[J]. Nature Structural & Molecular Biology, 2008,15(6): 558-566.

[16] MENENDEZ C, DUEÑAS M, GALINDO P, et al. Vascular deconjugation of quercetin glucuronide: The flavonoid paradox revealed? [J]. Molecular Nutriticn & Food Re-

search, 2011, 55(12): 1780-1790.

[17] WILLIAMSON G, CLIFFORD M N. Colonic metabolites of berry polyphenols: The missing link to biological activity? [J]. The British Journal of Nutrition, 2010, 104(3): S48-S66.

[18] CERDÁ B, ESPLÍN J C, PARRA S, et al. The potent in vitro antioxidant ellagitannins from pomegranate juice are metabolised into bioavailable but poor antioxidant hydroxy-6H-dibenzopyran-6-one derivatives by the colonic microflora of healthy humans[J]. European Journal of Nutrition, 2004, 43(4): 205-220.

[19] SATYAN K S, JAISWAL A K, GHOSAL S, et al. Anxiolytic activity of ginkgolic acid conjugates from Indian Ginkgo biloba [J]. Psychopharmacology, 1998, 136 (2): 148-152.

[20] PASINETTI G M, WANG J, HO L, et al. Rfoles of resveratrol and other grape-derived polyphenols in Alzheimer's disease prevention and treatment [J]. Biochimica et Biophysica Acta (BBA) – Molecular Basis of Disease, 2015, 1852(6): 1202-1208.

[21] XIAO J B, HÖGGER P. Dietary polyphenols and type 2 diabetes: Current insights and future perspectives[J]. Current Medicinal Chemistry, 2015,22(1):23-38.

[22] SANTOS D T, CAVALCANTI R N, ROSTAGNO M A, et al. Extraction of polyphenols and anthocyanins from the Jambul (Syzygium cumini) fruit peels[J]. Food & Public Health,2013,3(1): 12-20.

[23] DEVE A S, KUMAR T S, KUMARESAN K, et al. Extraction process optimization of polyphenols from Indian Citrus sinensis—as novel antiglycative agents in the management of diabetes mellitus[J]. Journal of Diabetes & Metabolic Disorders, 2014,13(1):1-10.

[24] FARÍAS-CAMPOMANES A M, ROSTAGNO M A, COAQUIRA-QUISPE J J, et al. Supercritical fluid extraction of polyphenols from lees: Overall extraction curve, kinetic data and composition of the extracts[J]. Bioresources & Bioprocessing, 2016,2(1):1-13.

[25] NYAMIEN Y B, CHATIGRE O, KOFFI E N, et al. Optimization of polyphenols extraction method from Kola Nuts (Cola nitida Vent. Schott & Endl.) using experimental design [J]. British Biotechnology Journal, 2015,7(1):40-50.

[26] KOFFI E N, LE GUERNEVÉ C, LOZANO P R, et al. Polyphenol extraction and characterization of Justicia secunda Vahl leaves for traditional medicinal uses[J]. Industrial Crops and Products, 2013,49(4): 682-689.

[27] TITUS B M, OBERHOLSTER A. The effects of polyphenols extracted during dry hopping on beer flavor stability[C]. La Quinta, CA: American Society of Brewing Chemists, 2015.

[28] WISSAM Z, GHADA B, WASSIM A, et al. Effective extraction of polyphenols and proanthocyanidins from pomegranate's peel[J]. International Journal of Pharmacy & Pharmaceutical Sciences, 2012 ,4(S3):675-682.

[29] 潘琢. 茶多酚对阿尔茨海默病模型的神经保护作用[D]. 石家庄: 河北师范大

学,2011.

[30] 刘华. 茶多酚对高尿酸血症模型大鼠肾内血管损伤的干预机制研究[D]. 长沙:中南大学,2013.

[31] 刘学义,柴红,杜占彩,等. 茶多酚对维持性血液透析患者氧化应激及微炎症状态的影响[J]. 中国生化药物杂志,2014,34(7):87-89.

[32] 李娜,常征,乔宗旭,等. 银杏黄酮对恶性卵巢肿瘤化疗所致功能损伤的保护作用机制[J]. 西部医学,2015,27(9):1306-1308.

[33] 顾兴智,尤乐都斯·克尤木,张华. 金纳多注射液治疗突发性耳聋的疗效及安全性的系统评价[J]. 新疆医学,2012,42(12):4-8.

[34] 王欢,姚海,郑书国,等. 原花青素对阿尔茨海默病大鼠学习记忆功能及海马 nNOS 表达的影响[J]. 皖南医学院学报,2013(6):444-449.

[35] ZHANG F J, YANG J Y, MOU Y H, et al. Oligomer procyanidins from grape seeds induce a paraptosis-like programmed cell death in human glioblastoma U-87 cells[J]. Pharmaceutical Biology, 2010,48(8):883-890.

[36] 王蕾蕾,王国贤. 水飞蓟素对糖尿病大鼠心肌损伤的保护作用[J]. 中国动脉硬化杂志,2010,18(8):625-629.

[37] 艾文. 水飞蓟宾对心肌肥厚作用及机制研究[D]. 武汉:武汉大学,2010.

[38] 郭娇娇,方敏,林利美,等. 苹果多酚的提取及抗氧化活性研究[J]. 食品科学,2011(20):95-98.

[39] 王艺璇,王世平,马丽艳. 苹果多酚提取物对血管紧张素转化酶活性的抑制[J]. 中国农学通报,2012,28(6):257-261.

[40] 李国秀,李建科,马文哲. 三种来源的石榴多酚抗氧化活性比较[J]. 食品工业科技,2014,35(5):109-112.

[41] 王天然,王蓝天,古宇,等. 槲皮素干预慢性肾衰大鼠贫血及血清铁参数的实验研究[J]. 北京中医药大学学报,2012,35(11):765-760.

[42] 易波. 槲皮素在实验性脑出血大鼠神经功能修复中的作用及机制研究[D]. 合肥:安徽医科大学,2015.

[43] 金顺姬,段链,黄梅,等. 白藜芦醇和抗坏血酸对预防非典型肺炎方剂Ⅰ和Ⅵ所致小鼠外周血液淋巴细胞 DNA 损伤的保护作用[J]. 中草药,2003,34(12):1114-1117.

[44] 王亭兰,汤为. 银杏产业的可行性调研报告[J]. 时珍国医国药,2004,15(5):311-312.

[45] 徐德峰,张卫明,史劲松,等. 国内水飞蓟资源利用现状与展望[J]. 食品研究与开发,2007,28(2):157-161.

[46] 傅晶,康旭亮,张溪,等. 银杏类药物中国专利申请分析[J]. 中国发明与专利,2011(10):53-55.

[47] 李遐松. 银杏国际市场的需求分析与对策[J]. 中药研究与信息,2000,2(10):45-46.

[48] 国家食品药品监督管理总局. 总局关于 65 家涉嫌违法生产销售银杏叶提取物及制

剂企业调查处理情况的通告[EB/OL].(2016-03-18)[2016-09-01]. http://www.sda.gov.cn/WS01/CL0087/147582.html.

[49] 陈西娟,王成章,叶建中.银杏叶化学成分及其应用研究进展[J].生物质化学工程,2008,42(4):57-62.

[50] 中国的主要银杏产区有多少[EB/OL].(2013-06-06)[2016-09-05]. http://www.zgyx.com/news_type.asp? id=24616.

[51] 陈燕,乔洪翔,叶剑锋,等.银杏叶制剂中原花青素的HPLC鉴别方法研究[J].中草药,2013,44(13):1774-1778.

[52] 美多种保健品被查出含有害成分[EB/OL].(2016-03-07)[2016-09-07]. http://www.bjws.roboo.com/web/news/367092/103489170931.htm.

[53] 侯锐,陈琦,王利,等.花青素及其生物活性的研究进展[J].现代生物医学进展,2015,15(28):5590-5593.

[54] 赵宇瑛,张汉锋.花青素的研究现状及发展趋势[J].安徽农业科学,2005,33(5):904-905.

[55] 宋雪,韩勇,籍保平,等.笃斯越橘花色苷提取物对光损伤人视网膜色素上皮细胞的保护作用[J].食品科学,2010,31(21):324-328.

[56] 王静,马养民,龚频.花青素提取物抗结肠癌研究进展[J].食品研究与开发,2013,34(20):118-121.

[57] 李银聪,阚建全,柳中.食品抗氧化剂作用机理及天然抗氧化剂[J].中国食物与营养,2011,17(2):24-26.

[58] 王博,王新现,吕春茂,等.苹果渣中多酚类物质的提取和应用研究进展[J].食品工业科技,2011,32(6):421-423.

[59] 宋玉乔,姚凌云,曹蔚,等.槲皮素的药理作用研究近况[J].西北药学杂志,2002(1):40-42.

[60] 李琳,钱忠明.大豆异黄酮的药理作用和保健功能的研究进展[J].中国药学杂志,2002,37(10):724-726.

[61] 刘洪玲.水飞蓟素的化学成分及药理作用研究进展[J].中国民族民间医药,2008,17(7):23-25.

[62] 谌英.云会计在中小企业会计信息化应用中的SWOT分析[J].交通财会,2015(11):45-48,50.

[63] 第五届中国·大兴安岭国际蓝莓节开幕[EB/OL].(2013-08-08)[2016-09-10]. http://www.chinanews.com/df/2013/08-08/5139804.shtml.